普通高等教育经管类专业"十三五"规划教材

# 财务软件实用教程

（用友U8 V10.1）

孙莲香　秦竞楠　主编

清华大学出版社

北　京

## 内 容 简 介

本书着重讲解财务管理软件(用友 ERP-U8 V10.1)中财务会计业务处理的基本知识和操作方法,使读者在了解用友 ERP 总体架构的基础上,系统学习财务管理软件的基本工作原理和会计核算与管理的全部工作过程,掌握总账管理、薪资管理、固定资产管理和报表系统的工作原理和过程,并从管理和监督的角度了解企业会计业务数据处理的流程,掌握利用财务管理软件查找账务和报表数据资料的方法。

本书中的全部例题都配有微课视频讲解,使学习者可以随时随地通过扫码学习全部业务处理的方法。本书除了第 1 章和第 8 章外,每章后都针对该章的学习内容设计了复习思考题和上机实验,并给出了上机实验的基础数据和实验结果数据,可以有效地提高学习效率和实际动手能力。

本书可作为各类院校会计、税务、审计及相关经济管理专业会计信息化课程的教材,也适用于欲掌握财务管理软件应用的人员作为业务学习资料。

本书封面贴有清华大学出版社防伪标签,无标签者不得销售。
版权所有,侵权必究。举报:010-62782989,beiqinquan@tup.tsinghua.edu.cn。

图书在版编目(CIP)数据

财务软件实用教程:用友 U8 V10.1:微课版 / 孙莲香,秦竞楠 主编. —北京:清华大学出版社,2019(2024.1 重印)
(普通高等教育经管类专业"十三五"规划教材)
ISBN 978-7-302-52719-0

Ⅰ.①财⋯ Ⅱ.①孙⋯ ②秦⋯ Ⅲ.①财务软件—高等学校—教材 Ⅳ.①F232

中国版本图书馆 CIP 数据核字(2019)第 063176 号

责任编辑:刘金喜
封面设计:何凤霞
版式设计:孔祥峰
责任校对:成凤进
责任印制:宋 林

出版发行:清华大学出版社
网　　址:https://www.tup.com.cn,https://www.wqxuetang.com
地　　址:北京清华大学学研大厦 A 座　　　邮　编:100084
社 总 机:010-83470000　　　邮　购:010-62786544
投稿与读者服务:010-62776969,c-service@tup.tsinghua.edu.cn
质 量 反 馈:010-62772015,zhiliang@tup.tsinghua.edu.cn

印 装 者:三河市东方印刷有限公司
经　　销:全国新华书店
开　　本:185mm×260mm　　印　张:16.75　　字　数:387 千字
版　　次:2019 年 4 月第 1 版　　印　次:2024 年 1 月第 4 次印刷
定　　价:58.00 元

产品编号:083158-02

# 前　　言

21世纪将是一个信息时代，会计作为社会经济生活不可缺少的一部分，必将更多地运用信息技术。随着计算机技术的飞速发展，Internet技术和电子商务的广泛应用，ERP企业管理软件的应用平台、开发技术和功能体系也在不断地更新，ERP企业管理软件的应用水平不断提高，应用范围也不断扩大。这对会计工作、税务工作、审计工作及相关经济管理工作人员对财务管理软件的了解、使用和维护提出了更高的要求。

本书着重讲解财务管理软件(用友ERP-U8 V10.1)中财务会计业务处理的基本知识和操作方法，使读者在了解用友ERP总体架构的基础上，系统学习ERP企业管理软件的基本工作原理和会计核算与管理的全部工作过程。

本书共分为8章，主要内容包括：用友ERP-U8简介、系统管理、企业应用平台、总账管理、薪资管理、固定资产管理、UFO报表和上机实验，涵盖2个月的业务内容。无论是本书中的例题还是上机实验，都附有实验准备和实验结果账套，可以有效地提高学习的效果，每一个例题都配有微课讲解的视频，使学习者可以随时随地扫码学习全部的业务处理方法。

本书采用案例教学和实践教学相结合的方式，有针对性地介绍完整的实现会计核算和会计管理的应用方案，内容安排合理，文字简明，突出操作技能的训练，能够适应企业管理现代化对会计人员综合素质的要求。本书除了第1章外，每章后所附的实验可以供读者有的放矢地进行大量的实际操作，以巩固所学习的理论知识。

本书在内容和结构上突出了以下特点。

1. 实用性

采用案例教学和实践教学的方式，有针对性地学习完整的实现会计核算、购销存业务处理和财务监控一体化解决方案，能够适应企业管理现代化对会计人员综合素质的要求，有效地培养学员的综合实践能力和创新精神，促进学员知识、能力、素质的全方位提高。

2. 综合性

在讲解用友ERP总体架构的基础上，具体讲解财务管理软件的使用方法，将理论与实践紧密地结合起来。使读者既能掌握用友ERP的总体架构，又能全面了解利用财务管理软件处理会计业务的原理和方法，从而满足熟练使用财务管理软件处理会计业务和进行会计数据综合查询的需要。

3. 系统性

依据企业会计业务处理的过程，全面、系统地介绍ERP企业管理软件的工作原理和使用方法，使学员全面了解ERP企业管理软件的功能、结构和数据流程，系统地掌握ERP企业管理软件的工作原理和数据处理方法。

  本书可以作为会计及相关专业财务管理软件的教材，也可以作为财务管理软件培训教材和业务学习资料。参加本书编写的人员都是担任会计电算化教学工作多年的教师，我们衷心希望本书能为促进我国会计信息系统的发展尽一点微薄的力量。

  本书由孙莲香、秦竞楠主编，参加本书编写的人员还有康晓林、鲍东梅、陈江北、王亚丽、王皎、郭莹、赵笛、吉曙光、梁润平、刘兆军、江争鸣、曾红卫、周海彬、刘金秋、张家郡、董家荔等。全书由孙莲香负责设计总体结构和总纂。本书是在新道科技股份有限公司大力支持下编写完成的，在此深表谢意！

  限于作者的水平，书中难免存在缺点和不妥之处，诚挚地希望读者对本书的不足之处给予批评指正。

  服务邮箱：wkservice@vip.163.com。

作　者

2019年2月

# 教学资源使用说明

为便于教学和自学，本教程提供了以下资源：
- 用友 U8 V10.1 软件(教学版)
- 实验账套备份
- 微课操作视频
- PPT 教学课件
- 教学大纲、电子教案

上述资源存放在百度网盘上(均为压缩文件)，读者可通过 http://www.tupwk.com.cn/downpage，输入书名或书号搜索到具体网盘链接地址，也可以手动输入链接地址，具体如下：

https://pan.baidu.com/s/1t9mw6OgBXI6U_56Rs00Low （提取码：crsh）

本书微课视频也通过二维码的形式呈现在了纸质教材上，读者可通过移动终端扫码播放。

读者若因链接问题出现资源无法下载等情况，请致电 010-62784096，也可发邮件至 476371891@qq.com。

# 目　　录

第 1 章　用友 ERP-U8 简介 ⋯⋯⋯⋯⋯ 1
 1.1　用友 ERP-U8 概述 ⋯⋯⋯⋯⋯⋯ 1
  1.1.1　用友 ERP-U8 设计理念 ⋯⋯⋯ 1
  1.1.2　用友 ERP-U8 产品特征 ⋯⋯⋯ 2
  1.1.3　用友 ERP-U8 技术特点 ⋯⋯⋯ 4
 1.2　用友 ERP-U8 总体架构 ⋯⋯⋯⋯ 5
  1.2.1　用友 ERP-U8 总体架构图 ⋯⋯ 5
  1.2.2　用友 ERP-U8 系统构成 ⋯⋯⋯ 5
 1.3　用友 ERP-U8 应用模式及环境
    要求 ⋯⋯⋯⋯⋯⋯⋯⋯⋯⋯⋯ 7
  1.3.1　支持多种应用与部署方式 ⋯⋯ 7
  1.3.2　单一企业对异地分支机构的
     管理 ⋯⋯⋯⋯⋯⋯⋯⋯⋯⋯ 8
  1.3.3　用友 ERP-U8 的运行环境 ⋯⋯ 8

第 2 章　系统管理 ⋯⋯⋯⋯⋯⋯⋯⋯⋯ 9
 2.1　系统管理概述 ⋯⋯⋯⋯⋯⋯⋯⋯ 9
  2.1.1　系统管理的主要功能 ⋯⋯⋯⋯ 9
  2.1.2　系统管理与其他子系统的
     主要关系 ⋯⋯⋯⋯⋯⋯⋯⋯ 10
 2.2　账套管理 ⋯⋯⋯⋯⋯⋯⋯⋯⋯⋯ 10
  2.2.1　注册系统管理 ⋯⋯⋯⋯⋯⋯ 10
  2.2.2　建立账套 ⋯⋯⋯⋯⋯⋯⋯⋯ 13
  2.2.3　修改账套 ⋯⋯⋯⋯⋯⋯⋯⋯ 17
  2.2.4　输出与引入账套 ⋯⋯⋯⋯⋯ 20
 2.3　用户及权限管理 ⋯⋯⋯⋯⋯⋯⋯ 23
  2.3.1　角色管理 ⋯⋯⋯⋯⋯⋯⋯⋯ 23
  2.3.2　用户管理 ⋯⋯⋯⋯⋯⋯⋯⋯ 25
  2.3.3　权限管理 ⋯⋯⋯⋯⋯⋯⋯⋯ 26
 2.4　年度账管理 ⋯⋯⋯⋯⋯⋯⋯⋯⋯ 29
  2.4.1　建立年度账 ⋯⋯⋯⋯⋯⋯⋯ 29
  2.4.2　清空年度数据 ⋯⋯⋯⋯⋯⋯ 29
  2.4.3　引入和输出年度账 ⋯⋯⋯⋯ 30
  2.4.4　结转上年数据 ⋯⋯⋯⋯⋯⋯ 30
 2.5　系统安全管理 ⋯⋯⋯⋯⋯⋯⋯⋯ 31
  2.5.1　系统运行监控 ⋯⋯⋯⋯⋯⋯ 31
  2.5.2　设置自动备份计划 ⋯⋯⋯⋯ 32
  2.5.3　升级数据 ⋯⋯⋯⋯⋯⋯⋯⋯ 33
  2.5.4　注销当前操作员 ⋯⋯⋯⋯⋯ 34
  2.5.5　清除系统运行异常 ⋯⋯⋯⋯ 34
  2.5.6　上机日志 ⋯⋯⋯⋯⋯⋯⋯⋯ 34
 复习思考题 ⋯⋯⋯⋯⋯⋯⋯⋯⋯⋯⋯ 35
 上机实验 ⋯⋯⋯⋯⋯⋯⋯⋯⋯⋯⋯⋯ 35

第 3 章　企业应用平台 ⋯⋯⋯⋯⋯⋯⋯ 37
 3.1　企业应用平台概述 ⋯⋯⋯⋯⋯⋯ 37
  3.1.1　企业应用平台的主要功能 ⋯⋯ 37
  3.1.2　企业应用平台与其他子
     系统的主要关系 ⋯⋯⋯⋯⋯ 39
 3.2　基本信息 ⋯⋯⋯⋯⋯⋯⋯⋯⋯⋯ 39
  3.2.1　系统启用 ⋯⋯⋯⋯⋯⋯⋯⋯ 39
  3.2.2　编码方案及数据精度 ⋯⋯⋯⋯ 41
 3.3　基础档案 ⋯⋯⋯⋯⋯⋯⋯⋯⋯⋯ 41
  3.3.1　机构人员的设置 ⋯⋯⋯⋯⋯ 42
  3.3.2　外币设置 ⋯⋯⋯⋯⋯⋯⋯⋯ 48
  3.3.3　会计科目的设置 ⋯⋯⋯⋯⋯ 49
 3.4　单据设置 ⋯⋯⋯⋯⋯⋯⋯⋯⋯⋯ 66
  3.4.1　单据格式设置 ⋯⋯⋯⋯⋯⋯ 66
  3.4.2　单据编号设置 ⋯⋯⋯⋯⋯⋯ 66
 复习思考题 ⋯⋯⋯⋯⋯⋯⋯⋯⋯⋯⋯ 68
 上机实验 ⋯⋯⋯⋯⋯⋯⋯⋯⋯⋯⋯⋯ 68

第 4 章　总账管理 ⋯⋯⋯⋯⋯⋯⋯⋯⋯ 69
 4.1　总账系统概述 ⋯⋯⋯⋯⋯⋯⋯⋯ 69
  4.1.1　总账系统的主要功能 ⋯⋯⋯⋯ 69

4.1.2 总账系统与其他子系统的
　　　　 主要关系……………………71
4.2 系统初始化………………………71
　　4.2.1 设置系统参数………………71
　　4.2.2 录入期初余额………………75
4.3 总账系统日常业务处理…………80
　　4.3.1 填制凭证……………………80
　　4.3.2 出纳及主管签字……………91
　　4.3.3 审核凭证……………………93
　　4.3.4 记账…………………………95
4.4 会计账簿…………………………99
　　4.4.1 总账………………………100
　　4.4.2 余额表……………………101
　　4.4.3 明细账……………………102
　　4.4.4 多栏账……………………103
　　4.4.5 个人往来账………………105
　　4.4.6 部门账……………………106
4.5 出纳业务…………………………108
　　4.5.1 查询日记账………………109
　　4.5.2 支票登记簿………………111
　　4.5.3 银行对账…………………112
4.6 期末业务处理……………………120
　　4.6.1 定义转账凭证……………120
　　4.6.2 生成转账凭证……………127
　　4.6.3 月末结账…………………130
复习思考题………………………………134
上机实验…………………………………134

## 第5章 薪资管理 ……………………135
5.1 薪资管理概述……………………135
　　5.1.1 薪资管理的主要功能……135
　　5.1.2 薪资管理系统与其他子
　　　　 系统之间的关系……………136
　　5.1.3 薪资管理系统的应用
　　　　 方案…………………………137
　　5.1.4 薪资管理系统的操作
　　　　 流程…………………………137
5.2 薪资管理系统初始设置…………139

　　5.2.1 建立工资账套……………139
　　5.2.2 基础设置…………………144
　　5.2.3 工资类别中的基础设置…148
5.3 薪资管理业务处理………………158
　　5.3.1 工资变动管理……………158
　　5.3.2 工资分钱清单……………161
　　5.3.3 扣缴个人所得税…………161
　　5.3.4 银行代发…………………163
　　5.3.5 工资分摊…………………165
5.4 月末业务处理……………………171
　　5.4.1 月末处理…………………171
　　5.4.2 反结账……………………172
5.5 统计分析…………………………172
　　5.5.1 账表管理…………………172
　　5.5.2 凭证查询…………………173
复习思考题………………………………174
上机实验…………………………………174

## 第6章 固定资产管理 ………………175
6.1 固定资产管理概述………………175
　　6.1.1 固定资产管理的主要
　　　　 功能…………………………175
　　6.1.2 固定资产管理系统与
　　　　 其他子系统的主要关系……176
　　6.1.3 固定资产管理系统的
　　　　 操作流程……………………177
6.2 固定资产管理系统初始
　　 设置………………………………178
　　6.2.1 建立固定资产子账套……178
　　6.2.2 基础设置…………………183
　　6.2.3 原始卡片录入……………195
6.3 固定资产管理日常业务
　　 处理………………………………198
　　6.3.1 固定资产卡片管理………198
　　6.3.2 固定资产增减管理………200
　　6.3.3 固定资产变动管理………202
　　6.3.4 固定资产评估管理………206
6.4 固定资产期末处理………………207

|  |  | 6.4.1 折旧处理 …………………… 207 |
|---|---|---|

        6.4.1　折旧处理……………………207
        6.4.2　制单、对账与结账处理……210
        6.4.3　账表管理……………………214
  6.5　固定资产数据维护……………………216
        6.5.1　数据接口管理………………216
        6.5.2　重新初始化账套……………216
  复习思考题…………………………………217
  上机实验……………………………………217

**第7章　UFO 报表** ………………………219
  7.1　UFO 报表概述…………………………219
        7.1.1　UFO 报表的主要功能………219
        7.1.2　UFO 报表与其他子系统的
              主要关系……………………220
        7.1.3　基本操作流程…………………220
        7.1.4　基本术语………………………221
  7.2　报表格式设计…………………………224
        7.2.1　设计表样………………………224
        7.2.2　设置关键字……………………230
        7.2.3　编辑公式………………………231
        7.2.4　保存报表………………………234
  7.3　报表数据处理…………………………234
        7.3.1　进入报表数据状态……………235
        7.3.2　录入关键字……………………235
        7.3.3　整表重算………………………235

  7.4　报表模板………………………………236
        7.4.1　调用报表模板并生成
              报表数据……………………236
        7.4.2　自定义报表模板………………239
  复习思考题…………………………………239
  上机实验……………………………………239

**第8章　上机实验** ………………………241
  实验一　系统管理与基础设置………241
  实验二　总账系统初始化……………243
  实验三　总账系统日常业务处理……245
  实验四　总账期末业务处理及
            账簿管理………………………247
  实验五　薪资系统初始化……………247
  实验六　薪资业务处理………………249
  实验七　固定资产系统初始化………251
  实验八　固定资产业务处理…………253
  实验九　固定资产期末处理…………253
  实验十　报表格式设计………………254
  实验十一　报表数据处理……………255
  实验十二　利用报表模板生成
             报表……………………………256
  综合实验……………………………………256

# 第 1 章

# 用友 ERP-U8 简介

---

**教学目的与要求**

了解用友 ERP(Enterprise Resource Plannig，企业资源管理计划)管理软件的设计理念、产品特征、应用模式和环境要求；了解 ERP 管理软件在经济管理中的重要作用和 ERP 管理软件的基本架构，为进一步学习 ERP 管理软件的工作原理、内部结构和使用方法奠定基础。

---

## 1.1 用友 ERP-U8 概述

用友 ERP-U8 是企业资源计划系统和全面管理解决方案。系统以企业业务流程为导向、以应用价值为主体，将企业基础资源、需求链、供应链 3 个管理与竞争核心构筑成为三角形业务应用体系，再以业务应用为基础，构筑战略决策应用模式，从而形成金字塔式总体应用价值模型。

用友 ERP-U8 工商企业版适用于各类企业，特别是信息化尚未完全深入和亟待提高的企业。系统从提高企业管理水平、优化企业运作的角度出发，实现企业的采购、库存、销售业务管理和全面会计核算。财务管理的一体化，提供了事前计划、事中控制、事后分析的手段来控制经营风险，各系统既相对独立，又分别具有完善和细致的功能，最大限度地满足了用户全面深入的管理需要；同时又能融会贯通，有机地结合为一体化应用，来满足用户经营管理的整体需要。

### 1.1.1 用友 ERP-U8 设计理念

ERP-U8 的应用设计基于优化后的企业价值链结构。系统的创新性的组织优化之后的工业企业和商品流通企业的价值链结构,如图 1-1 和图 1-2 所示。

| 工业企业的价值链结构 | | | | | | | |
|---|---|---|---|---|---|---|---|
| 产品设计层 | BOM/配方 | 模具管理 | ECN | 试验管理 | PDM | CAD | |
| 生产组织层 | MRP | 产能计划 | 车间管理 | 生产质量 | 设备维护 | 委外加工 | CAPP | CIMS |
| 经营运作层 | 经营计划 | 采购管理 | 资金管理 | 成本管理 | 绩效管理 | 集团财务 | 项目管理 | 投资管理 | 进出口管理 |
| 基础资源层 | 财务会计 | 人力资源 | 资产管理 | 税务 | 银行 | 政府/行业规范 | |

图 1-1 工业企业的价值链结构

| 工商企业的价值链结构 | | | | | | | |
|---|---|---|---|---|---|---|---|
| 战略决策层 | 经营计划 | 预算管理 | 资金管理 | 成本管理 | 绩效管理 | 集团财务 | 项目管理 | 投资管理 |
| 经营运作层 | 供应商管理 | 采购管理 | 库存管理 | 销售管理 | 运输管理 | 服务管理 | 渠道管理 | 客户管理 | 进出口管理 |
| 基础资源层 | 财务会计 | 人力资源 | 资产管理 | 税务 | 银行 | 政府/行业规范 | |

图 1-2 工商企业的价值链结构

以上企业价值链结构,突出了企业管理的层次性,也表明了用友 ERP-U8 的业务特长所在。用友 ERP-U8 以企业价值链结构为导向,在总结十几年来国内大量企业信息化管理的应用经验并吸取国内外先进管理理念、借鉴融合经济发达地区企业实践的基础上,提供了适应中端市场需求的 ERP 软件产品和部署方案。用友 ERP-U8 的核心领域在于企业基础资源管理、经营运作管理、战略支持管理,以及生产组织和产品设计中的非技术系统管理。而对于生产组织和产品设计中的技术系统则采取了与第三方系统集成的方式来平滑解决。

## 1.1.2 用友 ERP-U8 产品特征

用友 ERP-U8 具有 3 层管理特征:以精细管理为基础,以规范业务为先导,以战略支持为目标。

### 1. 精细管理

用友 ERP-U8 在业务操作的层面上，更加突出了关于业务模式和业务关联控制的内容。不管是从财务管理中资金的精确管理，到库存物料价值的准确分析，再到整个供应链的执行过程；还是从预警机制、信用控制机制、价格管理及针对不同角色而设置的个性化的应用环境等各个方面都突出了精细管理的特点。

用友 ERP-U8 在积累财务管理的基础上，向企业业务运作管理方面的扩展，展现了自己的特点。产品特征主要表现在：财务管理上的灵活运用(特别是对于离散行业的支持灵活自如)、生产管理上的科学统筹、供应链管理的全程集成，以及人力资源管理的示范指标体系模板等。

用友 ERP-U8 借鉴先进的经营管理方法与经验，不仅提供了有效的经营分析工具，还提供了改善经营的策略。例如，对于经营各环节的状况进行及时反馈和跟踪，对于关键环节如库存、销售、资金运用等进行预警。

### 2. 规范业务

在建立业务规范上主要体现在以下几个方面。

首先，遵循国家财务制度的相关规定，形成了处理财务事务的规范化流程和标准化功能。

其次，在采购管理、库存管理、销售管理、药品经营质量管理规范(Good Supply Practice，GSP)中，积累了国内企业运作的经验，有了典型的业务流程处理模式。

最后，在生产管理中，严格遵守 MRP 的规则，对于保证制造企业产品按期交付、成本准确核算提供了可靠的运作机制。另外，用友 ERP-U8 人力资源管理，除了能够满足人力资源管理的日常业务需求外，还提供了业绩考核、资源规划等高级管理功能的典型标准和模板。对于业务经营中的异常状况进行严格的审批控制管理。例如，通过系统权限、数据期限、金额权限等，来控制业务的操作范围，保证重大业务的规范处理。

### 3. 战略支持

管理驾驶舱和集团管理的功能，提供了企业战略决策支持的方法、技术和工具。

ERP-U8 管理驾驶舱面向企业高级决策者，通过优秀的应用和技术框架，从企业整体信息化的角度出发，整合并抽取各个业务层面与高级决策者和战略目标相关的信息，形成闭环反馈式管理。

ERP-U8 管理驾驶舱提供了企业整体运行的系统指标，而不是单独就一个局部进行分析，从而为企业的经营决策提供了可靠的依据。其包括的关键业务指标有：财务运营指标、库存周转率、销售业绩评估、生产成本分析等，不仅提供了分析录制、目标管理等工具，还提供了杜邦指标分析及沃尔比重分析等技术分析模块。

ERP-U8 绩效管理采用平衡记分卡(KPI)管理思想，帮助企业从财务、运营、顾客、成长性 4 个视角评价绩效、监控运营。通过绩效管理系统可以全方位透视企业各部门运营状况，并可针对绩效评估状况进行讨论、协调和反馈，针对问题指标可以追溯其产生的原因和责任人。

对于集团企业，提供了关于全面预算、资金管理、集团合并报表、专家分析等功能，可以及时制订集团企业经营计划，控制并分析、调整集团业务经营状况，提供财务专家分析报告。

### 1.1.3 用友 ERP-U8 技术特点

#### 1. 技术构架

采用 3 层架构设计，可以提高效率与安全性、降低硬件投资成本。采用组件化开发，提高了代码的重用性。通过 Web 应用的支持，实现了企业远程业务的管理；基于标准的 XML 数据交换格式，形成了 ERP-U8 开放的系统特征；提供了各种自定义的报表、打印模板、显示模板，适应了使用者的需求习惯；提供 PDM 接口支持了企业的数字化设计工作，条形码机接口支持了企业供应商及物品管理的快捷需求。另外，还提供了多语言、多计量单位、多组织(库存、采购、销售、财务、行政)、信用机制、价格机制、安全库存等方便灵活的技术支持的应用设置，提高了企业客户的应用适应度。

#### 2. 安全机制

系统管理工具中，提供了安全备份计划、层级递进的权限管理机制、数据快照备份技术、升级工具、总账工具及远程配置工具，为企业历史数据的统一、安全和高效的保存提供了方便。

#### 3. 支持 Web 应用

通过 Web 应用，支持采购、销售、库存、存货、财务及资金的远程应用，极大地提高了企业对于异地资源的利用效率。

#### 4. 提供企业应用集成——EAI 平台

ERP-U8 EAI(Enterprise Application Integration，企业应用整合)具有信息总线功能，实现了 ERP-U8 系统的对外标准接口，其他的软件系统可以和 ERP-U8 系统进行挂接，实现协调工作，数据共享，使软件的价值最大化。通过 ERP-U8 EAI 可以实现 ERP-U8 模块之间的数据交互，第三方软件与 ERP-U8 系统各模块的交互，甚至于 ERP-U8 不同账套之间的数据交互及多套 ERP-U8 数据的交互。即通过 ERP-U8 EAI 使 ERP-U8 成为一个开放式的系统，数据完全是共享的，打破了"信息孤岛"的现象，使企业的其他软件系统可以和 ERP-U8 很好地协同工作。

ERP-U8 EAI 以 XML 作为格式标准，采用 SOAP(Simple Object Access Protocol，简单对象访问协议)实现 Internet 的传输。EAI 是一个开发式的系统，支持多种开发接口，其他系统可以在 EAI 的基础上进行开发。EAI 提供一个统一的标准接口，参数是定义好的标准 XML 格式，只要符合标准的格式，即可轻松地与 EAI 挂接。

**5. 支持多种部署方案**

ERP-U8 系统技术部署方案,支持局域网内的完全集中模式及通过数据导入/导出、数据复制、Web 应用支持的分布式集中管理模式。采用分布式部署,具有安全、高效、低成本的特点,很好地适应了当前信息基础设施建设的现状。局域网内的完全集中和基于 Internet 的分布式集中管理部署方案,可以通过电话线、网线、专线、Internet 等多种技术工具来实现。

## 1.2 用友 ERP-U8 总体架构

### 1.2.1 用友 ERP-U8 总体架构图

用友 ERP-U8 总体架构图如图 1-3 所示。

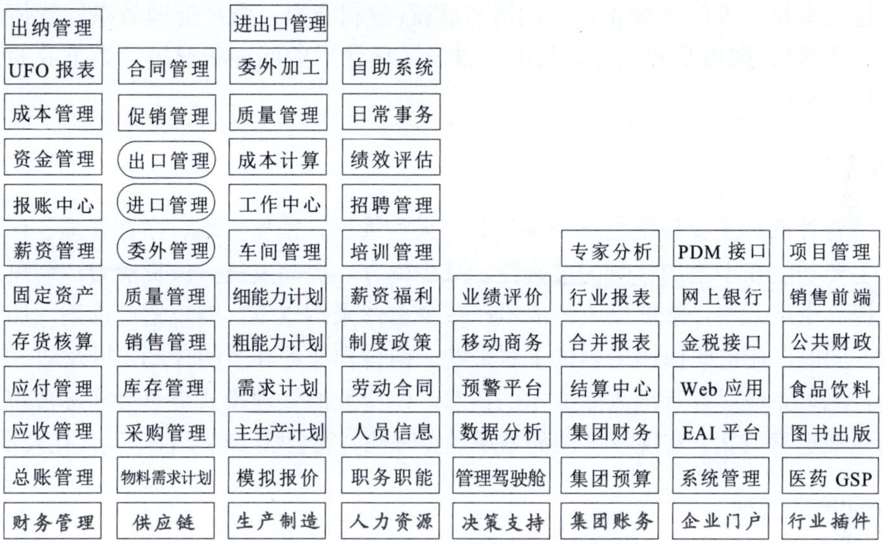

| 出纳管理 | | 进出口管理 | | | | |
|---|---|---|---|---|---|---|
| UFO 报表 | 合同管理 | 委外加工 | 自助系统 | | | |
| 成本管理 | 促销管理 | 质量管理 | 日常事务 | | | |
| 资金管理 | 出口管理 | 成本计算 | 绩效评估 | | | |
| 报账中心 | 进口管理 | 工作中心 | 招聘管理 | | | |
| 薪资管理 | 委外管理 | 车间管理 | 培训管理 | 专家分析 | PDM 接口 | 项目管理 |
| 固定资产 | 质量管理 | 细能力计划 | 薪资福利 | 业绩评价 | 行业报表 | 网上银行 | 销售前端 |
| 存货核算 | 销售管理 | 粗能力计划 | 制度政策 | 移动商务 | 合并报表 | 金税接口 | 公共财政 |
| 应付管理 | 库存管理 | 需求计划 | 劳动合同 | 预警平台 | 结算中心 | Web 应用 | 食品饮料 |
| 应收管理 | 采购管理 | 主生产计划 | 人员信息 | 数据分析 | 集团财务 | EAI 平台 | 图书出版 |
| 总账管理 | 物料需求计划 | 模拟报价 | 职务职能 | 管理驾驶舱 | 集团预算 | 系统管理 | 医药 GSP |
| 财务管理 | 供应链 | 生产制造 | 人力资源 | 决策支持 | 集团账务 | 企业门户 | 行业插件 |

图 1-3 用友 ERP-U8 总体架构图

### 1.2.2 用友 ERP-U8 系统构成

用友 ERP-U8 根据业务范围和应用对象的不同,划分为财务管理、供应链、生产制造、人力资源、决策支持、集团账务、企业门户、行业插件等系列产品,由 40 多个系统构成,各系统之间信息高度共享。

**1. 财务会计领域**

财务会计部分主要包括总账管理、薪资管理、固定资产管理、应收款管理、应付款管理、报账中心、财务票据套打、网上银行、UFO 报表和财务分析等模块。这些模块从不同的角度，实现了从预算到核算再到报表分析的财务管理的全过程。其中，总账管理是财务系统中最核心的模块，企业所有的核算最终在总账中体现；薪资管理完成对企业工资费用的计算与管理；固定资产管理包括对设备的管理和折旧费用的核算；应收款管理、应付款管理主要用于核算和管理企业销售和采购业务所引起的资金的流入、流出；报账中心是为解决单位发生的日常报账业务的管理系统；财务票据套打是为了满足单位财务部门、银行部门及票据交换中心对现有各种票据进行套打、批量套打和打印管理功能的需求；网上银行解决了企业足不出户实现网上支付业务的问题；UFO报表生成企业所需的各种管理分析表；财务分析提供预算的管理分析、现金的预测及分析等功能，现金流量表则帮助企业进行现金流入、流出的管理与分析。通过财务会计系统中模块的应用，可以充分满足企事业单位对资金流的管理和统计分析需求。

### 2. 管理会计领域

管理会计部分主要包括项目管理、成本管理、专家财务分析等模块，通过项目和成本管理实现各类工业企业对成本全面的掌控和核算；运用专家财务分析系统帮助企业对各种报表及时进行分析，及时掌握本单位的财务状况(盈利能力、资产管理效率、偿债能力和投资回报能力等)、销售及利润分配状况，以及各项费用的明细状况等，为企业的管理决策提供依据并指明方向。

### 3. 供应链管理

供应链管理部分主要包括物料需求计划、采购管理、销售管理、库存管理、存货核算等模块，主要功能在于增加预测的准确性，减少库存，提高发货、供货能力；缩短工作流程周期，提高生产效率，降低供应链成本；减少总体采购成本，缩短生产周期，加快市场周转速度。同时，在这些模块中提供了对采购、销售等业务环节的控制，以及对库存资金占用量的控制，完成对存货出入库成本的核算。使企业的管理模式更符合实际情况，制定出最佳的企业运营方案，实现管理的高效率、实时性、安全性、科学性、现代化及职能化。

### 4. 集团账务管理

集团账务管理部分主要包括资金管理、行业报表、合并报表等模块及分行业的解决方案。资金管理实现对企业资金的计息与管理；行业报表和合并报表等则为行业和集团型的用户进行统一管理提供便利模式。

### 5. Web 应用

Web 应用部分实现了企业互联网模式的运作方式，主要包括 Web 财务、Web 资金管理、Web 购销存，通过 Web 应用系统，实现了集团账务业务信息及时性、可靠性和准确性，并加强了远程仓库、销售部门或采购部门的管理。

### 6. 商务智能

通过管理驾驶舱帮助企业领导实现了移动办公的需求，企业领导可以随时了解企业的动作信息，起到了对企业进行实时监控的作用。

### 7. 行业解决方案系列

参照各个行业的最佳业务实践，并总结了 30 万家用户的成功经验，提炼共性需求，开发个性插件，用友 ERP-U8 平台可以为以下行业提供个性化的服务并制定出完美的解决方案。

- 工业标准供应链一体化解决方案
- 图书出版行业解决方案
- 医药经营企业解决方案(GSP)
- 批发、零售、连锁业解决方案
- 工程建筑施工业解决方案
- 化工业一体化解决方案
- 集团资金管理解决方案
- 旅游业管理解决方案
- 食品饮料业运营管理方案
- 公共财政解决方案
- 多行业运作的解决方案

## 1.3 用友 ERP-U8 应用模式及环境要求

### 1.3.1 支持多种应用与部署方式

用友 ERP-U8 应用系统提供了 3 种部署方式支持集团对下属企业的管理：分布式集中、分布式、完全集中式。3 种部署方式的比较如表 1-1 所示。

表 1-1  3 种部署方式的比较

| | 分布式集中 | 分 布 式 | 完全集中式 | |
|---|---|---|---|---|
| 适用情形 | 集团对下属企业：紧密型管理 | 集团对下属企业：松散型管理 | 集团对下属企业：完全管理 | 企业对异地分支机构：远程管理 |
| 技术实现 | 数据分布存储，下属企业业务组织在本地进行业务处理，定期将业务数据复制到总部，实现总部对下属企业业务组织的统一管理 | 数据分布存储，下属企业业务组织在本地进行业务处理，通过业务协同实现组织内部业务处理，总部通过绩效指标及预算实现对下属企业组织的管理 | 数据集中存储，下属企业业务组织直接通过 Internet 访问应用服务器处理业务 | 非独立核算的分支机构通过 Web 进行异地业务操作。集团通过 Web 对独立核算的分支机构业务状况进行远程查询 |

### 1.3.2 单一企业对异地分支机构的管理

通过采用 Web 财务、Web 业务、Web 资金实现业务协同。根据分支机构是否独立核算分别支持两种应用模式。如果分支机构独立核算,则分支机构通过 Web 功能向企业传递数据;如果分支机构不独立核算,则企业通过 Web 对分支机构进行查询。

### 1.3.3 用友 ERP-U8 的运行环境

用户的硬件及网络环境会直接影响 ERP-U8 应用系统的运行效率与稳定性,建议用户在准备运行环境的过程中遵循一定的标准进行建设。

- 用友 ERP-U8 的硬件环境

目前常见的客户机和服务器系统硬件配置均可满足相应要求(内存 2GB 以上,CPU 双核或多核、频率 2GHz 以上,磁盘空间 200GB 以上)。

- 用友 ERP-U8 的软件环境
  - 操作系统:Windows XP/7/10
  - 数据库:SQL Server 2000/2005/2008

# 第 2 章

# 系统管理

**教学目的与要求**

系统学习 ERP 管理软件中系统管理的工作原理和应用方法。能够在系统管理中设置用户、建立账套和设置权限,并且对年度账管理和系统安全管理的方法有所了解。

用友 ERP-U8 由多个子系统组成,各个子系统都是为同一个主体的不同方面服务的;各个子系统本身既具有相对独立的功能,彼此之间又具有紧密的联系,所有数据共用一个数据库,拥有公共的基础信息、相同的账套和年度账,为实现企业管理提供了基本条件。

## 2.1 系统管理概述

用友 ERP-U8 为各个系统提供了一个公共平台,用于对整个系统的公共任务进行统一管理,如企业账套的建立、修改、删除和备份,操作员的建立、角色的划分和权限的分配等,其他任何系统的独立运行都必须以此为基础。系统管理模块的设立对于企业的资金流、物流、信息流的统一管理和实时反映提供了有效的方法和工具。

### 2.1.1 系统管理的主要功能

系统管理的主要功能是对用友 ERP-U8 的各个产品进行统一的操作管理和数据维护,具体包括以下几个方面。

**1. 账套管理**

账套指的是一组相互关联的数据,每一个企业(或每一个核算部门)的数据在系统内都体现为一个账套。在用友 ERP-U8 应用系统中,可以为多个企业(或企业内多个独立核算的部门)分别建账,且各账套数据之间相互独立,互不影响,使资源得以最大程度的利用。系统最多允许建立 999 个账套。

账套管理的功能主要包括账套的建立、修改、引入和输出等。

### 2. 年度账管理

在用友 ERP-U8 应用系统中,每个账套里都存放有企业不同年度的数据,称为年度账。年度账管理包括年度账的建立、引入和输出、结转上年数据及清空年度数据。

### 3. 系统用户及操作权限的集中管理

为了保证系统及数据的安全性与保密性,系统管理提供了用户及操作权限的集中管理功能。通过对系统操作分工和权限的管理,一方面可以避免与业务无关的人员进入系统,另一方面可以对系统所包含的各个子系统的操作进行协调,以保证各负其责,流程顺畅。

操作权限的集中管理包括定义角色、设定系统用户和设置功能权限。

### 4. 设立统一的安全机制

对企业来说,系统运行安全、数据存储安全是必需的。为此,用友 ERP-U8 应用系统设立了强有力的安全保障机制。

在系统管理中,可以监控并记录整个系统的运行过程,设置数据自动备份、清除系统运行过程中的异常任务等。

## 2.1.2 系统管理与其他子系统的主要关系

系统管理是用友 ERP-U8 应用系统的运行基础,它为其他子系统提供了公共的账套、年度账及其他相关的基础数据,各子系统的操作员均需要在系统管理中统一设置并分配权限。

## 2.2 账套管理

账套管理包括账套的建立、修改、引入和输出。其中,系统管理员有权进行账套的建立、引入和输出的操作;而账套信息的修改则由账套主管负责。

### 2.2.1 注册系统管理

在进行账套管理之前应先注册系统管理。系统允许以两种身份注册进入系统管理:一是以系统管理员的身份,二是以账套主管的身份。

## 1. 以系统管理员的身份注册系统管理

系统管理员负责整个应用系统的总体控制和维护工作，可以管理该系统中所有的账套。以系统管理员身份注册进入，可以进行账套的建立、引入和输出，设置用户、角色和权限，设置备份计划，监控系统运行过程及清除异常任务等。

**例 2-1** 以系统管理员 admin 的身份注册系统管理。

**操作步骤：**

(1) 选择"开始"|"程序"|"用友 U8 V10.1"|"系统服务"|"系统管理"命令，打开"用友 U8〖系统管理〗"窗口。

(2) 选择"系统"|"注册"命令，打开"注册〖系统管理〗"对话框。

(3) 在"操作员"文本框中出现 admin(默认系统管理员的密码为空)。

(4) 单击"账套"下拉列表框的下三角按钮，选择 default，如图 2-1 所示。

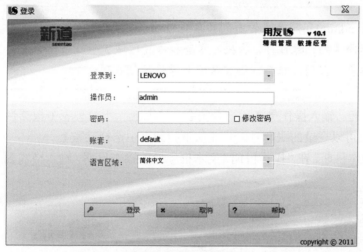

图 2-1 以系统管理员的身份注册系统管理

(5) 单击"登录"按钮，即以系统管理员的身份进入"用友 U8〖系统管理〗"界面。

**提示：**

系统管理员是用友 ERP-U8 应用系统中权限最高的操作员，其对系统数据安全和运行安全负责。因此，企业安装用友 ERP-U8 应用系统后，应该及时更改系统管理员的密码，以保障系统的安全性。

设置(更改)系统管理员密码的方法是：在系统管理员"注册〖系统管理〗"对话框中，输入操作员密码后，选中"修改密码"复选框，单击"确定"按钮，打开"设置操作员口令"对话框，在"新口令"文本框中输入要设置的系统管理员的密码，在"确认新口令"文本框中再次输入相同的密码，单击"确定"按钮进入"用友 U8〖系统管理〗"界面。

## 2. 以账套主管的身份注册系统管理

账套主管负责所选账套的维护工作，主要包括对所管理的账套进行修改、对年度账的管理(包括创建、清空、引入、输出以及各子系统的年末结转)，以及该账套操作员权限的设置。

以账套主管的身份注册系统管理，主要操作步骤如下。

(1) 选择"开始"|"程序"|"用友 U8 V10.1"|"系统服务"|"系统管理"命令，打开"用友 U8〖系统管理〗"窗口。

(2) 选择"系统"|"注册"命令，打开"注册〖系统管理〗"对话框。

(3) 输入操作员名称及密码。在"操作员"文本框中，输入登录系统的账套主管的姓名或编号，在"密码"文本框中，输入账套主管的密码。

**提示：**

系统管理员(admin)和账套主管看到的系统管理"登录"界面是有差异的。系统管理员登录界面只包括登录到、操作员、密码、账套和语言区域 5 项，而账套主管登录界面则包括登录到、操作员、密码、账套、语言区域和操作日期 6 项。

(4) 选择账套。输入操作员之后，系统会在"账套"下拉列表中根据当前操作员的权限显示该操作员可以登录的账套号。只能从下拉列表中选择某账套。

(5) 输入操作日期。在"操作日期"文本框中录入操作日期。输入格式为 yyyy-mm-dd，如图 2-2 所示。

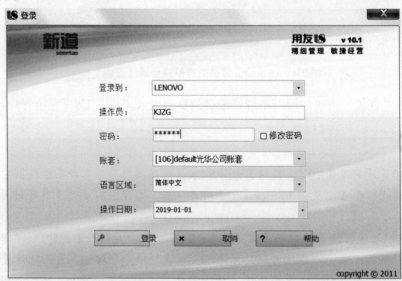

图 2-2  以账套主管的身份注册系统管理

(6) 单击"登录"按钮，即以账套主管的身份进入"用友 U8〖系统管理〗"界面。

> **提示：**
> 如果是初次使用本系统，第一次必须以系统管理员的身份注册系统管理，建立账套和指定相应的账套主管之后，才能以账套主管的身份注册系统管理。
> 系统自动根据"模块+站点"保存最后一次登录的信息。

### 2.2.2 建立账套

企业采用用友 ERP-U8 应用系统之前，需要在系统中建立企业的基本信息、核算方法、编码规则等，即建账，然后在此基础上启用用友 ERP-U8 应用系统的各个子系统，进行日常业务处理。

**例 2-2** 创建 211 账套，单位名称为"一品股份有限公司"（以下简称"一品公司"），机构代码为"101-123456"，启用会计期为"2019 年 1 月"。该企业的记账本位币为"人民币(RMB)"，企业类型为"工业"，执行"2007年新会计制度科目"，账套主管为 demo，按行业性质预置会计科目。该企业不要求进行外币核算，对经济业务进行处理时，需对供应商进行分类。需要设置的分类编码分别为：科目编码级次"4222"，供应商分类编码级次"122"。创建账套后暂时不启用任何子系统。

**操作步骤：**

(1) 在系统管理窗口中，选择"账套"|"建立"命令，打开"创建账套——建账方式"对话框，单击"下一步"按钮，打开"创建账套——账套信息"对话框，输入账套信息，如图 2-3 所示。

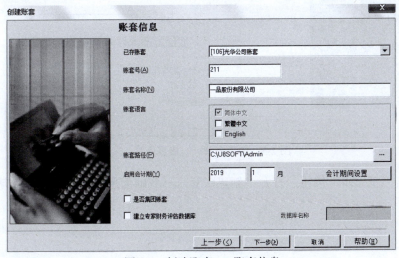

图 2-3 创建账套——账套信息

(2) 单击"下一步"按钮,打开"创建账套——单位信息"对话框。
(3) 输入单位信息,如图2-4所示。

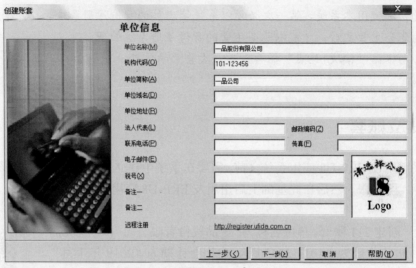

图2-4 创建账套——单位信息

(4) 单击"下一步"按钮,打开"创建账套——核算类型"对话框。
(5) 输入核算信息,如图2-5所示。

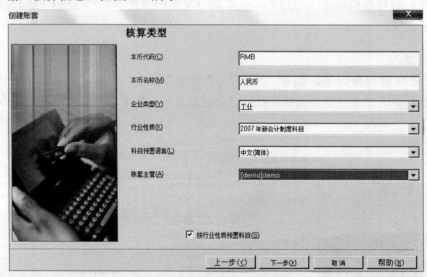

图2-5 创建账套——核算信息

(6) 单击"下一步"按钮,打开"创建账套——基础信息"对话框。输入基础信息,如图2-6所示。

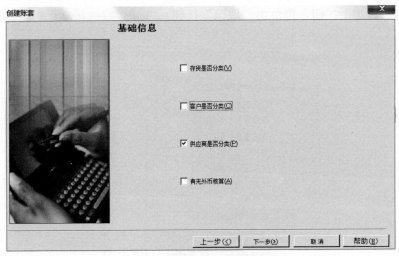

图 2-6　创建账套——基础信息

(7) 单击"下一步"按钮，打开"创建账套——开始"对话框，单击"完成"按钮。系统提示"可以创建账套了么？"，单击"是"按钮，完成上述信息设置，系统自动打开分类"编码方案"对话框。

(8) 修改编码方案中科目编码级次为"4222"，供应商分类编码级次为"122"，如图 2-7 所示。

| 项目 | 最大级数 | 最大长度 | 单级最大长度 | 第1级 | 第2级 | 第3级 | 第4级 | 第5级 | 第6级 | 第7级 | 第8级 | 第9级 |
|---|---|---|---|---|---|---|---|---|---|---|---|---|
| 科目编码级次 | 13 | 40 | 9 | 4 | 2 | 2 | 2 | | | | | |
| 供应商分类编码级次 | 5 | 12 | 9 | 1 | 2 | 2 | | | | | | |
| 部门编码级次 | 9 | 12 | 9 | 1 | 2 | | | | | | | |
| 地区分类编码级次 | 5 | 12 | 9 | 2 | 3 | 4 | | | | | | |
| 费用项目分类 | 5 | 12 | 9 | 1 | 2 | | | | | | | |
| 结算方式编码级次 | 2 | 3 | 3 | 1 | 2 | | | | | | | |
| 货位编码级次 | 8 | 20 | 9 | 2 | 3 | 4 | | | | | | |
| 收发类别编码级次 | 3 | 5 | 5 | 1 | 1 | 1 | | | | | | |
| 项目设备 | 8 | 30 | 9 | 2 | 2 | | | | | | | |
| 责任中心分类档案 | 5 | 30 | 9 | 2 | 2 | | | | | | | |
| 项目要素分类档案 | 6 | 30 | 9 | 2 | 2 | | | | | | | |
| 客户权限组级次 | 5 | 12 | 9 | 2 | 3 | 4 | | | | | | |

图 2-7　分类编码方案设置

(9) 单击"确定"按钮,再单击"取消"按钮,打开"数据精度"对话框,如图 2-8 所示。

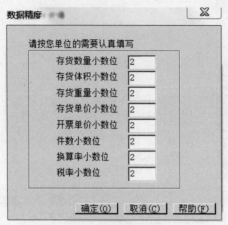

图 2-8　数据精度定义

> **提示:**
> 设置的编码方案级次不能超过最大级数;同时系统限制最大长度,只能在最大长度范围内,增加级数,改变级长。
> 若需要删除级长,必须从最末一级开始删除。
> 如果在建立账套时设置存货(客户、供应商)不需分类,则在此不能进行存货分类(客户分类、供应商分类)的编码方案设置。
> 该编码方案的设置在此可以按系统默认值设定,待建账完毕后在"企业信息门户"|"基础信息"|"基本信息"命令中根据企业实际情况进行修改。

(10) 单击"确定"按钮,系统提示是否进行系统启用设置,如图 2-9 所示。

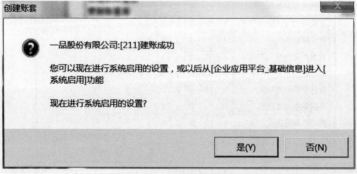

图 2-9　创建账套成功

(11) 单击"否"按钮。系统提示"请进入企业应用平台进行业务操作！"，如图 2-10 所示。

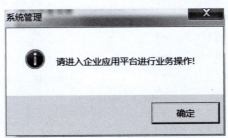

图 2-10　结束建账时的提示

(12) 单击"确定"按钮，返回系统管理窗口。

**注意：**

在"创建账套成功"对话框中，单击"是"按钮，可以立即进行系统启用的设置，也可以单击"否"按钮暂时不进行系统启用的设置，以后在企业应用平台中的"基础信息"中再进行设置。

在建账过程的每个步骤中，均可以单击"上一步"按钮返回上一个对话框进行修改，或单击"取消"按钮取消建账过程。

### 2.2.3　修改账套

由系统管理员(admin)建立账套并设置了账套主管后，在未使用相关信息的前提下，可以对某些信息进行调整，以使信息更真实准确地反映企业的相关内容，可以对账套信息进行适当的调整。只有账套主管可以修改其具有操作权限的账套中的信息，系统管理员无权修改。

**例 2-3**　以 211 账套主管 demo 的身份，在 2019 年 1 月 3 日，注册进入 211 账套，修改账套信息为"有外币核算"的步骤。

**操作步骤：**

(1) 在"用友 U8〖系统管理〗"窗口中，选择"系统"|"注册"命令，打开"登录"对话框。

(2) 在"操作员"文本框中输入 demo，输入密码 demo，单击"账套"下拉列表框中的下三角按钮，选择"[211]default 一品股份有限公司"，如图 2-11 所示。

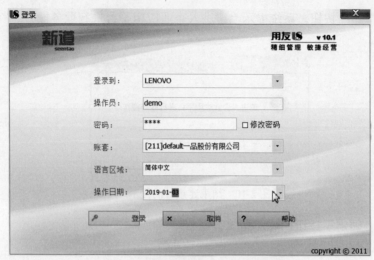

图 2-11 账套主管登录注册系统管理

(3) 单击"确定"按钮。

 提示：

若当前操作员不是要修改账套的主管，则应在"用友 U8〖系统管理〗"窗口中更换操作员。

(4) 选择"账套"|"修改"命令，打开"修改账套——账套信息"对话框，如图 2-12 所示。

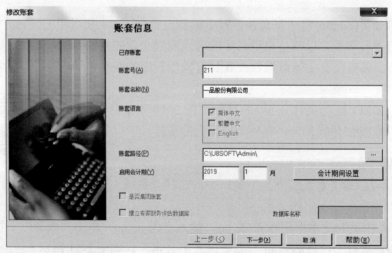

图 2-12 "修改账套——账套信息"对话框

(5) 单击"下一步"按钮，打开"单位信息"对话框，再单击"下一步"按钮，打开"核算类型"对话框，再单击"下一步"按钮，打开"修改账套——基础信息"对话框。

(6) 单击选中"有无外币核算"前的复选框，如图 2-13 所示。

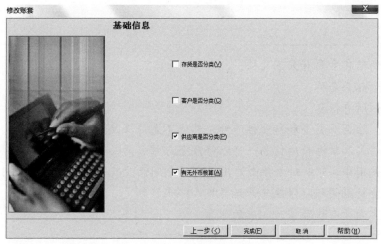

图 2-13　修改账套的基础信息

(7) 单击"完成"按钮，系统提示"确认修改账套了么？"，如图 2-14 所示。

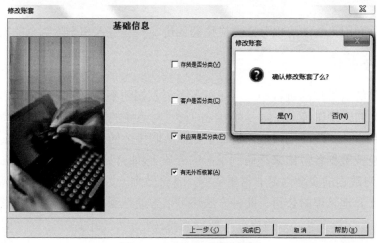

图 2-14　确认修改账套信息

(8) 单击"是"按钮，打开分类"编码方案"对话框，再单击"取消"按钮，打开"数据精度"对话框，再单击"确定"按钮，系统提示"修改账套成功"，如图 2-15 所示。

图 2-15　"修改账套成功"的信息提示

(9) 单击"确定"按钮。

> **提示：**
>
> 可以修改的信息主要有如下几项。
>
> 账套信息：账套名称。
>
> 单位信息：所有信息。
>
> 核算信息：除企业类型和行业性质外，其他不允许修改。
>
> 账套分类信息和数据精度信息：可以修改全部信息。
>
> 在账套的使用中，可以对本年未启用的会计期间修改其开始日期和终止日期。只有没有业务数据的会计期间可以修改其开始日期和终止日期。
>
> 只有账套主管才有权限修改相应的账套。

### 2.2.4　输出与引入账套

账套的输出和引入功能可以分别完成账套备份、账套引入和删除账套的操作。

**1. 输出账套**

在企业生产经营管理的过程中，存在很多不可预知的不安全因素，如地震、火灾、计算机病毒、人为的误操作等，任何一种情况的发生对系统的安全来说都是致命性的。如何在意外发生时将企业损失降到最低，是每个企业共同关注的问题。对于企业系统管理员来讲，定时地将企业数据备份出来存储到不同的介质上(如常见的 U 盘、移动硬盘、光盘、网络磁盘等)，对数据的安全性是非常重要的。备份数据一方面用于必要时恢复数据之用；另一方面，对于异地管理的公司，此种方法还可以方便地满足审计和数据汇总的需要。

**例 2-4**　将 211 账套备份到"D:\211 账套备份-1"文件夹中。

**操作步骤：**

(1) 以系统管理员(admin)的身份注册进入"用友 U8〖系统管理〗"窗口。

(2) 选择"账套"|"输出"命令，打开"账套输出"对话框。

(3) 单击"账套号"下拉列表框中的下三角按钮，选择需要输出的账套，如图 2-16 所示。

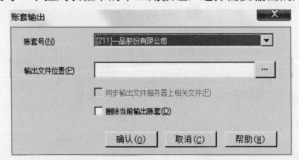

图 2-16　"账套输出"对话框

(4) 单击"确认"按钮,打开"请选择账套备份路径"对话框。

(5) 单击选中 D 盘,新建文件夹"211 账套备份-1",如图 2-17 所示。

(6) 单击该对话框中的"确认"按钮,检查新建文件夹正确后,再单击"请选择账套备份路径"对话框中的"确定"按钮。

(7) 系统提示账套"输出成功",如图 2-18 所示。

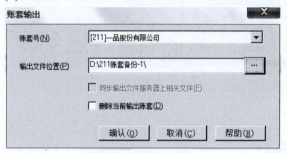
图 2-17 账套备份

图 2-18 账套输出成功

(8) 单击"确定"按钮。

**提示：**

只有系统管理员(admin)有权限进行账套输出。

一个目录下只能存放一个账套备份数据。如果备份账套时所选择的文件夹中已有账套备份,则新备份账套数据会覆盖原有账套备份数据。

#### 2. 删除账套

如果要将某个账套从系统中删除,则应使用账套输出功能中的删除账套功能进行账套删除。

**例 2-5** 将 211 账套删除。

**操作步骤：**

(1) 以系统管理员(admin)的身份注册打开"用友 U8〖系统管理〗"窗口。

(2) 选择"账套"|"输出"命令,打开"账套输出"对话框。

(3) 选择"账套号"下拉列表框中的下三角按钮,选择需要删除的账套。

(4) 选中"删除当前输出账套(D)"前的复选框,如图 2-19 所示。

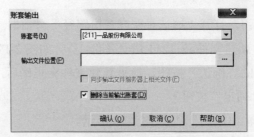

图 2-19 选择要删除的账套

(5) 单击"确认"按钮。打开"请选择账套备份文件"对话框,如图 2-20 所示。

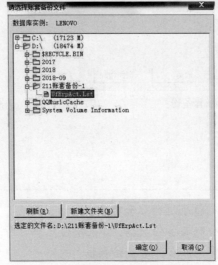

图 2-20 选择删除账套的备份路径

(6) 单击"确定"按钮。系统提示"真要删除该账套么?"。
(7) 单击"是"按钮。系统提示"输出成功"。
(8) 单击"确定"按钮。

提示:

只有系统管理员(admin)有权限进行账套输出。
正在使用的账套不允许删除。

### 3. 引入账套

引入账套功能是指将系统外某账套数据引入本系统中。该功能的增加将有利于集团公司的操作,子公司的账套数据可以定期被引入母公司系统中,以便进行有关账套数据的分析与合并工作。如果是作为集团公司的管理人员应用本系统,最好在建立账套之前就预先做好规划,为每个子公司分配不同的账套号,以有效避免引入子公司数据时因为账套号相同而覆盖其他账套的数据。

**例 2-6** 引入"D:\211 账套备份-1"文件夹中的账套备份数据。

**操作步骤：**

(1) 以系统管理员(admin)的身份注册进入"用友 U8〖系统管理〗"窗口。选择"账套"|"引入"命令，打开"请选择账套备份文件"对话框。

(2) 选择要引入的账套数据备份文件，如图 2-21 所示。

(3) 单击"确定"按钮。系统提示"请选择账套引入的目录"，如图 2-22 所示。

图 2-21 引入账套的指定路径提示

图 2-22 确认引入账套的指定路径提示

(4) 账套[211]引入成功。

(5) 单击"确定"按钮。

**提示：**

如果要引入的账套在系统中已存在，在引入时系统则会提示"此项操作将覆盖[211]账套的所有信息，继续吗？"单击"是"按钮则会继续引入，否则，将放弃当前所引入的账套的操作。

## 2.3 用户及权限管理

用户及权限的管理主要包括角色管理、用户管理及权限管理等几项内容。

### 2.3.1 角色管理

角色是指在企业管理中拥有某一类职能的组织，这个角色组织可以是实际的部门，也可以是由拥有同一类职能的人构成的虚拟组织。例如，在实际工作中最常见的会计和出纳两个角色。在系统中设置了角色后，就可以定义角色的权限，当用户归属某一角色后，就相应地拥有了该角色的权限。

角色管理包括角色的增加、删除、修改等维护工作。

**例 2-7** 增加编号为"1"、名称为"往来会计"的角色。

**操作步骤：**

(1) 以系统管理员(admin)的身份注册进入"用友 U8〖系统管理〗"窗口，选择"权限"|"角色"命令，打开"角色管理"对话框。

(2) 单击"增加"按钮，打开"角色详细情况"对话框，输入角色编号和角色名称，如图 2-23 所示。

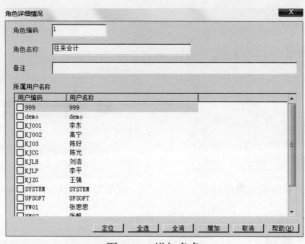

图 2-23 增加角色

(3) 单击"增加"按钮，保存新增设置。

**提示：**

如果要修改角色信息，单击"修改"按钮，进入角色编辑界面，对当前所选角色记录进行编辑，除角色编号不能进行修改之外，其他的信息均可以修改。

如果要删除角色信息，单击"删除"按钮，系统弹出提示信息要求确认，用户确认后即可删除。如果该角色有所属用户，则不允许删除。必须先进行修改，将所属用户置于非选中状态，然后才能进行角色的删除。

用户和角色的设置可以不分先后顺序，但对于自动传递权限来说，应该首先设定角色，然后分配权限，最后进行用户的设置。这样在设置用户的时候，选择其归属哪一个角色，则其自动具有该角色的权限，包括功能权限和数据权限。

一个角色可以拥有多个用户，一个用户也可以分属于多个不同的角色。

只有系统管理员有权限进行角色的设置。

## 2.3.2 用户管理

用户是指有权限登录系统，对应用系统进行操作的人员，即通常意义上的"操作员"。每次注册登录应用系统，都要进行用户身份的合法性检查。只有设置了具体的用户之后，才能进行相关的操作。

用户管理主要完成用户的增加、删除及修改等维护工作。

例2-8  211账套的用户资料如表2-1所示。

表2-1  211账套用户资料

| 编　号 | 姓　名 | 口　令 | 所属部门 | 角　色 |
|---|---|---|---|---|
| CW001 | 陈建 | 000000 | 财务部 | 账套主管 |
| CW002 | 王丹 | 000000 | 财务部 |  |
| CW003 | 黄宏 | 000000 | 财务部 |  |

**操作步骤：**

(1) 以系统管理员(admin)的身份注册进入"用友 U8〖系统管理〗"窗口，选择"权限"|"用户"命令，进入"用户管理"对话框。

(2) 单击"增加"按钮，打开"操作员详细情况"对话框，输入编号、姓名、口令、所属部门等信息，同时选中该操作员所属角色前的复选框，如图2-24所示。

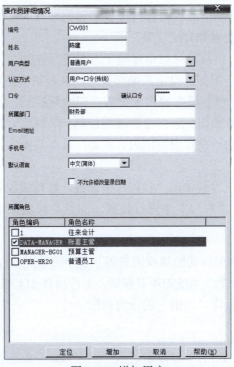

图2-24  增加用户

(3) 单击"增加"按钮，保存新增设置。
(4) 继续设置其他用户。

**提示：**

在增加了用户之后，如果在用户列表中看不到该用户，可以单击"刷新"按钮进行页面的更新。

若角色已经设置过，系统则会将所有的角色名称自动显示在角色设置中的所属角色名称的列表中。用户自动拥有所属角色所拥有的所有权限，同时可以额外增加角色中没有包含的权限。

若修改了用户的所属角色，则该用户对应的权限也跟着角色的改变而相应地改变。

### 2.3.3 权限管理

为保证系统安全、有序地运行，适应企业精细管理的要求，权限管理必须向更细、更深的方向发展。用友 ERP-U8 应用系统提供了权限的集中管理功能。除了提供用户对各模块操作权限的管理之外，还相应地提供了金额的权限管理和对于数据的字段级和记录级的控制，不同的组合方式使得权限控制更灵活、更有效。在用友 ERP-U8 应用系统中可以实现以下 3 个层次的权限管理。

(1) 功能级权限管理。功能级权限管理提供了更为细致的功能级权限的管理功能，包括各功能模块相关业务的查看和分配权限。

(2) 数据级权限管理。该权限可以通过两个方面进行控制，一个是字段级权限控制，另一个是记录级权限控制。例如，设定某操作员只能录入某一种凭证类别的凭证。

(3) 金额级权限管理。该权限主要用于完善内部金额控制，实现对具体金额数量划分级别，对不同岗位和职位的操作员进行金额级别控制，限制他们制单时可以使用的金额数量，不涉及内部系统控制的不在管理范围内。例如，设定某操作员只能录入金额在 20 000 元以下的凭证。

功能权限的分配在系统管理中的"权限"中设置，数据级权限和金额级权限在"企业应用平台"|"系统服务"|"权限"中进行设置，并且必须是在系统管理的功能权限分配之后才能进行。

**例 2-9** 在系统管理中进行功能级权限管理。其中陈建是 211 账套的主管，黄宏拥有 211 账套"总账"系统的所有权限，王丹拥有 211 账套总账——凭证中"出纳签字"和总账中"出纳"的所有权限。

**操作步骤：**

(1) 以系统管理员(admin)的身份注册进入"用友 U8〖系统管理〗"窗口，选择"权限"|"权限"命令，打开"操作员权限"对话框。

(2) 设置账套主管。从左侧的操作员列表中选择操作员"陈建",从"账套"下拉列表中选择账套"[211]一品股份有限公司",如图 2-25 所示。

图 2-25　设置账套主管

### 提示：

此时"账套主管"复选框为选中(灰色)状态,原因是在设置陈建这个用户时已经将其设置为"账套主管"的角色,所以此时不需要为陈建设置账套主管的权限。如果此时要将 CW001 号操作员设置为账套主管,则应选中"账套主管"复选框,系统弹出提示信息"设置用户[CW001]账套主管权限吗？",单击"是"按钮,则该操作员具有该年度账所有子系统的操作权限。

只有以系统管理员(admin)的身份注册才能设置账套主管。如果以账套主管的身份注册,只能分配所辖账套子系统的操作权限。

一个账套可以有多个账套主管。

如果在角色管理或用户管理中已将"用户"归属于"账套主管"角色,则该"用户"即已定义为系统内所有账套的账套主管。

(3) 继续设置用户的权限。从"操作员权限"对话框左侧的操作员列表中选择操作员"黄宏",从"账套"下拉列表中选择账套"[211]一品股份有限公司"。

(4) 单击"修改"按钮　,打开"增加和调整权限"对话框。

(5) 单击选中"财务会计"前的复选框,如图 2-26 所示。

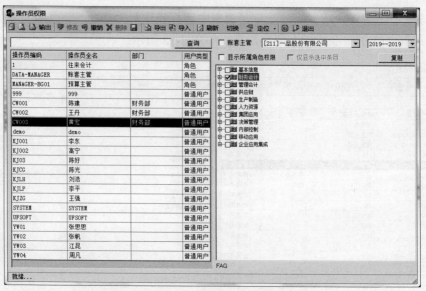

图 2-26 增加和调整操作员黄宏的权限

(6) 单击"保存"按钮。

(7) 再从"操作员权限"对话框左侧的操作员列表中选择操作员"王丹",单击"修改"按钮,打开"增加和调整权限"对话框。

(8) 双击"总账""凭证"前的复选框,展开凭证子目录,选中"出纳签字"复选框,再选中"总账"子目录中的"出纳"复选框,如图 2-27 所示。

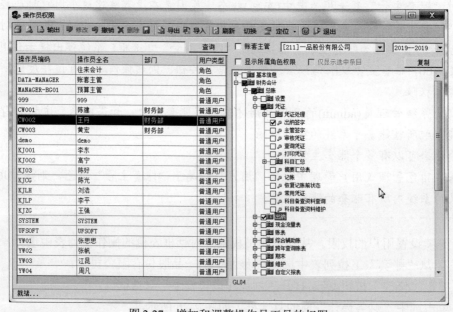

图 2-27 增加和调整操作员王丹的权限

(9) 单击"保存"按钮。

> **提示：**
> 如果选中子目录前的复选框，则子目录的下级目录的功能自动全部选中，单击"确认"按钮完成设置。
> 查看每个用户权限时并不能看到该用户自动拥有的所属角色的权限，只能看到额外单独授权的内容。
> 已经使用的用户权限及正在使用的用户权限均不能进行修改或删除操作。如果对某个角色分配了权限，则所有属于此角色的用户自动拥有此角色具有的权限。

## 2.4 年度账管理

在系统中，用户不仅可以建立多个账套，且每一个账套中可以存放不同年度的会计数据。对不同的核算单位、不同时期数据的操作只需通过设置相应的系统路径即可进行，而且由于系统自动保存了不同会计年度的历史数据，对利用历史数据的查询和比较分析也显得特别方便。年度账管理主要包括建立年度账、清空年度数据、引入和输出年度账及结转上年数据等内容。

### 2.4.1 建立年度账

年度账的建立是在已有上年年度账套的基础上，通过年度账建立，在每个会计期间结束时自动将上个年度账的基本档案信息结转到下一年度账中。对于上年余额等信息则需要在年度账结转操作完成后，由上个年度自动转入下一年的新年度账中。

**操作步骤：**
(1) 以账套主管的身份选定需要建立新年度账的账套和时间，注册进入"用友 U8〖系统管理〗"窗口。
(2) 选择"年度账"|"建立"命令，打开"建立年度账"对话框。
(3) 在"建立年度账"对话框中有"账套"和"会计年度"两个栏，均为系统默认，不能修改。"账套"栏自动显示的是用户注册进入时所选的账套；"会计年度"栏自动显示的是当前会计年度的下一个年度。

> **提示：**
> 只有建立了上一年度的账套后，才能建立下一年的年度账(初次使用的客户要特别注意)。

### 2.4.2 清空年度数据

当用户发现某年度账中错误太多，或不希望将上一年度的余额或其他信息全部转到下一年度时,可使用清空年度数据的功能将年度数据清空。"清空"并不是指将年度账的数据全部清空,而是要保留一些信息,主要有基础信息、系统预置的科目报表等。保留这些信息主要是为了方便用户使用清空后的年度账重新做账。

操作步骤:

(1) 以账套主管的身份注册进入"用友U8〖系统管理〗"窗口,选择"年度账"|"清空年度数据"命令,打开"清空年度数据库"对话框。

(2) 从"会计年度"下拉列表中选择要清空的年度账的年度,单击"确定"按钮。为了保险起见,系统还将弹出一个窗口,要求用户再度进行确认,确认后系统进行清空年度数据操作。

(3) 年度数据清空后,系统弹出提示信息"清空年度数据库成功!",单击"确定"按钮返回。

提示:

清空年度账数据前一定要将数据备份到其他存储介质中,然后再进行操作。
清空年度账只是清空数据并不清除基础设置和档案的内容。

### 2.4.3 引入和输出年度账

年度账操作中的引入和输出与账套操作中的引入和输出的含义基本一致,作用都是对数据的备份与恢复。所不同的是,年度账操作中的引入和输出不是针对整个账套,而是针对账套中的某一年度的年度账进行的。

年度账的引入操作与账套的引入操作基本一致,不同之处在于引入的是年度数据备份文件。在输出操作的界面上选择的是具体的年度而非账套。

利用年度账的输出,可以为有多个异地单位的客户及时集中管理提供解决方案。例如,某单位总部在北京,其上海分公司每月需要将最新的数据传输到北京总部。此时第一次只需在上海分公司将账套输出(备份),然后传输到北京总部进行引入(恢复备份),以后再需要传输数据时只需要将年度账进行输出(备份)然后引入(恢复备份)即可。这种方式使得以后传输只传输年度账即可,其好处是传输的数据量小,便于传输,同时也提高了效率和降低了费用。

提示:

年度账的备份数据是年度开始至备份时刻的所有数据。例如,1月份启用,现在是10月份,则年度账数据是指从1月份到10月份的所有数据。

### 2.4.4 结转上年数据

企业的日常工作是持续进行的,为了进行统计分析,需要人为地将企业持续的经营时间划分为一定的时间段,一般以年为最大单位来统计。每到年末,启用新年度账时,需要将上一年度中的相关账户的余额及其他信息结转到新的年度账中。

**操作步骤:**

(1) 以账套主管的身份注册进入"用友 U8〖系统管理〗"窗口。此时注册的年度应该是需要进行结转的年度,如需要将 2018 年的数据结转至 2019 年,则需要以 2019 年注册进入。

(2) 选择"年度账"|"结转上年数据"命令,选择相应模块结转功能进行上一年度数据的结转。各相关模块确认后,系统将自动进行检查并给出相关提示。

由于系统内模块众多,彼此之间存在数据传递关系,因此,结转上一年度数据的操作不能随意地进行,需要遵从一定的顺序,用户应根据本企业所启用的所有功能模块的实际情况按顺序进行结转。

## 2.5 系统安全管理

### 2.5.1 系统运行监控

以系统管理员(admin)的身份注册进入系统管理后,可以看到系统管理的功能列表分为上下两个部分,上一部分所列的是正登录到系统管理的子系统,下一部分所列的是登录的操作员在子系统中正在执行的功能。这两部分的内容都是动态的,它们会随着系统的执行情况而自动变化,如图 2-28 所示。

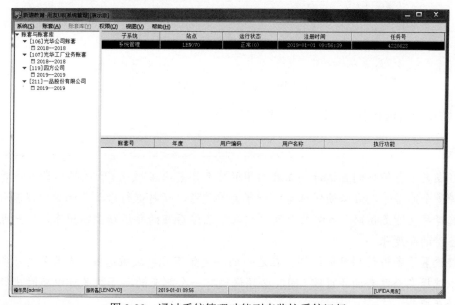

图 2-28　通过系统管理功能列表监控系统运行

## 2.5.2 设置自动备份计划

在用友 ERP-U8 应用系统中提供了设置自动备份计划的功能,其作用是能够定期自动地对所设置的账套进行输出(备份)。利用该功能,可以达到定时、自动输出多个账套的目的,有效地减轻了系统管理员的工作量,保障了系统数据的安全。

**例 2-10** 设置 211 账套的备份计划为:计划编号"001",计划名称"周计划",备份类型"账套备份",发生频率"每周",发生天数"7"天,开始时间"15:00:00",有效触发"2"小时,保留天数"0"天,备份路径为"D:\211 账套备份-1\"。

**操作步骤:**

(1) 以系统管理员(admin)的身份注册进入"用友 U8〖系统管理〗"窗口。选择"系统"|"设置备份计划"命令,打开"设置备份计划"对话框。

(2) 单击"增加" 按钮,打开"备份计划详细情况"对话框,录入备份计划中各项的具体内容,选择备份路径,如图 2-29 所示。

图 2-29 设置自动备份计划

(3) 单击"请选择备份路径"的"增加"按钮。

**提示:**

已经设置了备份计划且该计划正在启用的账套不能再次被选择;选择账套备份时一次可以选择多个账套号,且必须保证有一个账套号是可以随时进行修改与选择的账套号。

当选择年度账备份时,系统会自动将列表中已经存在的年度账显示出来,用户可以选择需要备份的年度账。

已经设置了备份计划且该计划正在启用的年度账不能再次被选择;选择年度账备份时一次可以选择多个账套的年度账,同时必须保证有一个账套的年度账是可以随时进行修改与选择的年度账。

各选项说明如下。

- 发生频率：系统提供每天、每周、每月 3 个时间段以供选择，可以根据备份文件的实际要求进行选择。
- 发生天数：系统根据发生频率，确认执行备份计划的确切天数。如果选择"每天"为周期，系统不允许选择发生天数；如果选择"每周"为周期，系统允许选择的天数为 1~7 之间的数字(1 代表星期日，2 代表星期一，依次类推)；如果选择"每月"为周期，系统允许选择的天数为 1~31 之间的数字，如果其中某月的天数不足设置的天数，则系统会在当月的最后一天进行数据备份。例如，在系统中设置为 30 天，但在 2 月份实际不足 30 天时，系统会在 2 月的最后一天进行数据备份。
- 开始时间：即在指定的发生频率中的某一天的某一时刻开始进行数据备份。例如，选择在每周的第 5 天的 12:00:00 进行备份时，就在发生频率中选择"每周"，在"发生天数"中选择 5，在"开始时间"选择 12:00:00。
- 有效触发：如遇到网络故障或数据冲突无法备份时，以备份开始时间为准，在有效的触发时间范围内，系统可以反复进行数据备份，直到备份完成为止。
- 保留天数：保留天数是指系统可以自动删除时限之外的备份数据，当数值为 0 时系统认为永不删除备份。例如，设置为 100，则系统以机器时间为准，将前 100 天的备份数据自动删除。
- 备份路径：可以选择本机或者一个网络路径来存放备份数据文件。系统自动根据设置的路径对应每一个账套或年度账套建立子目录，并自动保存最新的两份数据备份文件。

(4) 设置完成后，单击"增加"按钮保存。

(5) 单击"修改" 按钮，可以修改备份计划的内容。除"计划编号"不能修改外，其他都可以进行修改。特别需要说明的一点是，在单击"修改"按钮进入系统后，系统会显示"注销当前计划"按钮，可以注销或启用当前设置好的备份计划。

> **提示：**
> 
> 对于系统输出的路径，只能是本地磁盘。
> 
> 对于发生天数可以按规定范围进行选择，如果手工输入超过规定数值，则在增加、修改时系统会提示有效范围。
> 
> "路径"按钮是在设置备份时使用的临时压缩路径，该路径对手工备份数据同样有效。

## 2.5.3 升级数据

任何一个应用系统的功能拓展和完善都是无止境的。随着信息技术的不断发展，应用系统的开发不断融入新的技术和更为先进的管理理念，这样就存在需要不断地对老系统的数据进行更新的问题。为保证客户数据的一致性和可追溯性，用友 ERP-U8 应用系统在系统管理中提供了升级工具，可以使用此功能一次性地将数据升级到新产品中。

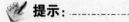 提示：

在升级之前，一定要将原有数据进行备份，并在用友ERP-U8中建立基本设置参数与以前版本一致的账套。

建议此项工作由用友公司的技术人员来完成。

### 2.5.4 注销当前操作员

如果需要以一个新的操作员注册进入，以启用系统其他功能，就需要将当前的操作员从系统管理中注销；或者操作员需要暂时离开时，又不希望他人对系统管理进行操作，同样也需要注销当前操作员。

选择"系统"|"注销"命令，就可以注销以前的注册，然后选择"系统"|"注册"命令，进行重新登录操作。

### 2.5.5 清除系统运行异常

系统运行过程中，由于死机、网络阻断等都有可能造成系统异常，针对系统异常，系统管理中提供了"清除单据锁定"和"清除异常任务"两项功能。

在使用过程中由于不可预见的原因造成单据锁定时，有关单据的操作不能正常进行，此时选择"视图"|"清除单据锁定"命令，即可恢复正常功能的使用。

系统除了提供手动清除异常任务之外，还增加了自动处理异常任务的功能，不用每次都由系统管理员登录系统管理后手工清除。用户在使用过程中，可以在U8服务管理器中设置服务端异常超时和服务端失效超时的时间，提高使用中的安全性和高效性。如果用户服务端超过限制时间未工作或由于不可预见的原因非法退出某系统，则系统会视此为异常任务，在系统管理主界面显示提示信息"运行状态异常"，系统会在到达服务端失效时间时，自动清除异常任务。在等待时间内，用户也可以选择"视图"|"清除异常任务"命令，自行删除异常任务，以释放异常任务所占用的系统资源。

### 2.5.6 上机日志

为了保证系统的安全运行，系统随时会对各个产品或模块中的每位操作员的上下机时间、操作的具体功能等情况进行登记，形成上机日志，以便使所有的操作都有记录、有迹可循。

**操作步骤：**

(1) 用户以系统管理员(admin)的身份注册进入"用友U8〖系统管理〗"窗口。

(2) 选择"视图"|"上机日志"命令，打开"日志过滤"对话框，输入或选择过滤条

件，即可查看符合条件的上机日志。

**提示：**

用户可以对上机日志的内容进行删除。

删除时可以与过滤功能结合起来使用，即先利用过滤功能将需要删除的上机日志内容过滤出来或直接选中要删除的内容，然后在菜单条中单击"删除"按钮即可。

为了方便用户查看上机日志，系统还提供了排序的功能，具体方法是：用户选择要进行排序的列，然后单击"排序"按钮即可。

上机日志是动态的，它随着系统的使用情况而不断发生变化，因此要想看到最新的上机日志，就要实时地将上机日志的内容予以刷新。刷新的方法是：单击菜单栏中的"刷新"按钮。

当日志存储到一定数量的时候，系统会提示用户进行清除日志工作。具体的操作方法按系统提示进行即可。

本章例题的操作结果已经备份到了教学资源"211 账套(例题)备份/"第 2 章例题账套备份"中，以供读者查询使用。

## 复习思考题

1. 如果在建立账套时将是否对"供应商"或"客户"进行分类设置错误，怎么办？
2. 如果在建立账套时将分类"编码方案"设置错误，怎么办？
3. 系统管理员与账套主管的权限有何区别？
4. 解释角色、用户与权限的关系。

## 上机实验

(具体实验内容请见第 8 章)

实验一　系统管理与基础设置

# 第 3 章

# 企业应用平台

---

**教学目的与要求**

系统学习 ERP 管理软件中企业应用平台的主要功能、启用系统、设置各种基础档案、明细权限设置及单据设计的内容和方法。

能够了解各种基础档案的作用并正确地设置基础档案，能够在需要的时候进行系统启用的操作；了解设置明细权限的作用和方法及单据设计的方法。

---

为了使企业员工、用户和合作伙伴能够从单一的渠道访问其所需要的存储在系统中的企业内部和外部的各种信息，系统中提供了企业应用平台。在企业应用平台中，可以通过单一的访问入口访问企业的各种信息，定义自己的业务工作，并设计自己的工作流程。信息的及时沟通，资源的有效利用，与合作伙伴的联机和实时的链接，将提高企业员工的工作效率及处理各种业务的能力。

## 3.1 企业应用平台概述

### 3.1.1 企业应用平台的主要功能

在用友 ERP-U8 应用系统中，企业应用平台扮演着很重要的角色。要进入用友 ERP-U8 应用系统，首先，用户要注册进入"企业应用平台"，从而取得无须再次验证而进入任何子系统的"通行证"，充分体现了数据共享和系统集成的优势；其次，系统的基础档案信息将集中在企业应用平台中进行维护；最后，通过企业应用平台还可以实现个性化业务工作与日常办公的协同进行。

企业应用平台主要提供了以下几个方面的功能：业务工作、基础设置、系统服务、消息中心、流程导航和用友远程服务等。

用友 ERP-U8 应用系统包括基础设置、财务会计、管理会计、供应链、生产制造、人力资源、集团应用及企业应用集成等十几个子系统，以及系统管理、系统配置等多个软件管理工具。这些子系统与功能模块都集中列示在"业务导航视图"中，方便用户进行集中管理、快速进入各相关子系统。

"工作列表"分为"业务工作""基础设置"和"系统服务"3 个选项卡。在使用 ERP-U8 应用系统前，需要做很多准备工作，包括启用需要使用的子系统、根据本单位信息化管理的需要设置基础档案、业务内容及会计科目等，这些功能模块都集中在"基础设置"选项卡中。在"业务工作"选项卡中则包含了财务会计、供应链、生产制造、人力资源等日常业务工作所使用的子系统，提供了快速进入业务工作的途径；还可以定义自己的功能组及功能菜单。"系统服务"选项卡集中了系统管理、服务器配置、工具和权限等。

**例 3-1** 2019 年 1 月 3 日，以账套主管"陈建"(操作员编号：CW001，密码：000000)的身份注册进入"一品股份有限公司"的企业应用平台，并查看工作列表。

**操作步骤：**

(1) 执行"开始"|"程序"|"用友 U8 V10.1"|"企业应用平台"命令，录入注册信息，如图 3-1 所示。

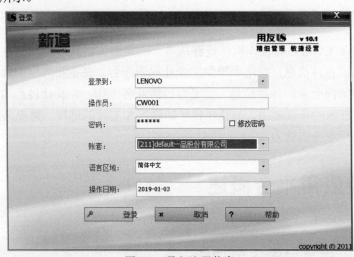

图 3-1 录入注册信息

(2) 单击"登录"按钮，打开"新道教育——UFIDA U8"窗口，如图 3-2 所示。

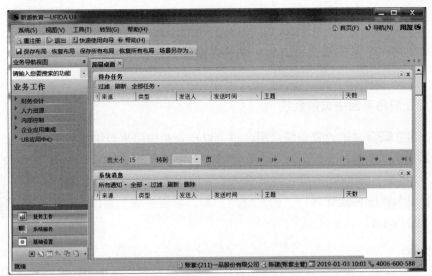

图 3-2 "新道教育——UFIDA U8"窗口

（3）在窗口左侧"业务导航视图"下方，单击"业务工作""系统服务"和"基础设置"选项卡进行查看。

日常使用时，不同的操作人员通过注册进行身份识别，进入企业应用平台后看到的界面是相同的，包括主界面和位于主界面左方的业务导航图。但由于不同的操作人员具有不同的操作权限，因此，每个人能进入的功能模块是不同的。需要进入某一模块时，只需在业务工作列表中打开该模块所属的子系统，单击相应模块即可。

### 3.1.2 企业应用平台与其他子系统的主要关系

企业应用平台集中了用友 ERP-U8 应用系统的所有功能，为各个子系统提供了一个公共的交流平台。通过企业应用平台中的"基础设置"，可以完成各模块的基础档案管理及数据权限划分等设置。通过企业应用平台，可以对各模块的界面风格进行个性化定制，也可以方便地进入任何一个有权限的模块。

## 3.2 基本信息

在"基础设置"的"基本信息"功能中可以完成"系统启用""编码方案"和"数据精度"的设置。

### 3.2.1 系统启用

系统启用是指设定在用友 ERP-U8 应用系统中各个子系统开始使用的日期。只有启用后的子系统才能进行登录。系统启用有以下两种方法。

### 1. 在系统管理中创建账套时启用系统

当用户创建一个新的账套完成后，系统弹出提示信息，可以选择立即进行系统启用设置。

### 2. 在企业应用平台中启用系统

如果在建立账套时未设置系统启用，也可以在企业应用平台中进行设置。

**例 3-2**　2019 年 1 月 3 日，由 211 账套的账套主管"陈建"(操作员编号：CW001，密码：000000)的身份注册进入企业应用平台后，启用"总账""应收款管理""应付款管理""固定资产"和"薪资管理"系统，启用日期均为"2019-1-1"。

**操作步骤：**

(1) 在企业应用平台中，选择工作列表中的"基础设置"选项卡，选择"基本信息"|"系统启用"命令，打开"系统启用"对话框。

> **提示：**
> "系统启用"对话框所列出的子系统全部是已安装的子系统，未安装的子系统不予列示。

(2) 启用"总账"系统。单击"总账"系统前的复选框，弹出"日历"对话框，选择系统启用的年度，再从下拉列表中选择系统启用的月份，最后从日历表中单击选择系统启用的日期，如图 3-3 所示。

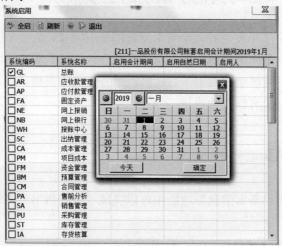

图 3-3　"日历"对话框

(3) 单击"确定"按钮，弹出系统提示"确实要启用当前系统吗？"，单击"是"按钮，完成总账系统启用，系统将自动记录启用日期和启用人。

(4) 重复操作步骤(2)和(3)，启用总账、应收款管理、应付款管理和固定资产管理系统，如图 3-4 所示。

图 3-4　已启用的系统

 **提示：**

只有系统管理员和账套主管拥有系统启用的权限。
各子系统的启用会计期间必须大于等于账套的启用期间。

### 3.2.2　编码方案及数据精度

编码方案主要应用于设置有编码级次档案的分级方式和各级编码长度，用友 ERP-U8 应用系统中的所有子系统均需要用到编码方案。如果在建立账套时所设置的编码方案不能满足企业的需要，则可以在此处进行修改。

数据精度主要用于设置业务系统中的一些特定数据的小数位长度，其意义及设置方法参见"第 2 章　系统管理"。

## 3.3　基础档案

一个账套是由若干个子系统构成的，这些子系统共享公用的基础信息，基础信息是系统运行的基石。在启用新账套时，应根据企业的实际情况，结合系统基础信息设置的要求，事先做好基础数据的准备工作，这样可使初始建账顺利进行。

基础档案的内容共有三十多项，需要在"企业应用平台"|"基础信息"|"基础档案"命令中进行设置。设置基础档案之前应首先确定基础档案的分类编码方案，基础档案的设置必须遵循分类编码方案中的级次和各级编码长度的设定。以下分别说明部分基础档案的设置。

### 3.3.1 机构人员的设置

设置机构人员主要包括设置部门档案和设置人员档案两部分内容。

**1. 设置部门档案**

部门是指某使用单位下辖的具有分别进行财务核算或业务处理要求的单位,不一定与企业实际的职能部门相对应。部门档案用于设置部门相关信息,包括部门编码、名称、负责人和部门属性等。

**例 3-3** 一品股份有限公司的部门档案如表 3-1 所示。

表 3-1 一品股份有限公司的部门档案

| 部 门 编 码 | 部 门 名 称 |
| --- | --- |
| 1 | 行政部 |
| 2 | 财务部 |
| 3 | 研发部 |
| 4 | 销售部 |
| 5 | 采购部 |

**操作步骤:**

(1) 在"企业应用平台"中,打开工作列表中的"基础设置"选项卡,单击"基础档案"|"机构人员"|"部门档案"命令,打开"部门档案"对话框。

(2) 单击"增加"按钮,在右窗口的"部门编码""部门名称"文本框中分别输入"1""行政部",如图 3-5 所示。

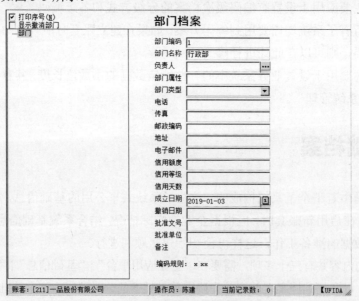

图 3-5 设置部门档案

(3) 单击"保存"按钮。
(4) 重复操作步骤(2)和(3)，增加其他部门档案。已设置的部门档案如图 3-6 所示。

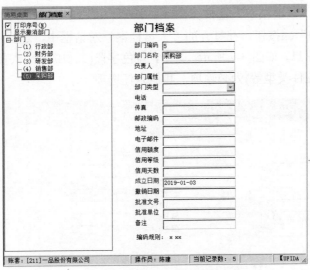

图 3-6 已设置的部门档案

**提示：**

由于在设置"部门档案"时还未设置"人员档案"，所以此时还不能设置部门档案中的负责人。

### 2. 设置人员档案

这里的人员是指企业的各个职能部门中参与企业的业务活动，且需要对其进行核算和业务管理的职员。

设置人员档案前，必须先设置好部门档案才能在这些部门下设置相关的人员档案。除了固定资产和成本管理之外，其他科目均需设置人员档案。如果企业不需要对职员进行核算和管理，则可以不设置人员档案。

**例 3-4** 一品股份有限公司的人员档案如表 3-2 所示。

表 3-2 一品股份有限公司的人员档案

| 人员编码 | 人员姓名 | 雇佣状态 | 人员性别 | 人员类别 | 行政部门 |
|---|---|---|---|---|---|
| 1001 | 巩立伟 | 在职 | 男 | 正式工 | 行政部 |
| 2001 | 陈 建 | 在职 | 男 | 正式工 | 财务部 |
| 2002 | 王 丹 | 在职 | 女 | 正式工 | 财务部 |
| 2003 | 黄 宏 | 在职 | 男 | 正式工 | |
| 3001 | 杨 娟 | 在职 | 女 | 正式工 | 研发部 |
| 4001 | 李 勇 | 在职 | 男 | 正式工 | 销售部(业务员) |
| 5001 | 赵 政 | 在职 | 男 | 正式工 | 采购部(业务员) |

**操作步骤：**

(1) 在"企业应用平台"中，打开工作列表中的"基础设置"选项卡，单击"基础档案"|"机构人员"|"人员档案"窗口。

(2) 单击"增加" 按钮，在打开的"人员档案"对话框中，选择"基本"信息选项卡并分别输入相关信息，如图 3-7 所示。其中，蓝色字段(人员编码、人员姓名、人员类别、行政部门、性别及证件类型等)为必输项，其他为任选项。

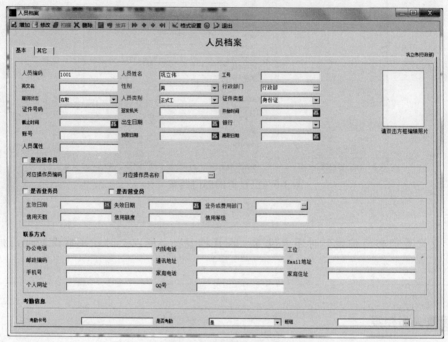

图 3-7　设置人员档案

(3) 单击"保存"按钮。

(4) 重复操作步骤(2)和(3)，增加其他人员，结果如图 3-8 所示。

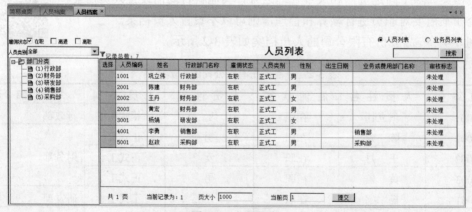

图 3-8　人员列表

### 提示：

人员类别在"人员类别"档案中设置。企业可用来对人员进行分类设置和管理。一般是按树形层次结构进行分类，系统预置在职人员、离退休人员、离职人员和其他人员4种基本类别，用户可以自定义扩充人员子类别。

当此人员选择为业务员时，需填写"业务"选项卡中的信息。

在人员列表中双击要修改的人员，进入"人员档案"窗口，单击"修改"按钮，即可进入修改状态进行修改。人员编号不可修改。

在人员列表中双击要删除的人员，进入"人员档案"窗口，单击"删除"按钮，即可删除此人的人员档案。

#### 3. 设置供应商及客户分类

企业可以从自身管理要求出发对供应商、客户进行相应的分类，以便于对业务数据进行统计和分析；也可以按照行业或者地区对供应商、客户进行划分。建立起供应商、客户分类后，必须将供应商、客户设置在最末级的分类之下。如果在建账时选择了供应商分类、客户分类，就必须先建立供应商和客户分类，再增加供应商和客户档案；若对供应商及客户没有进行分类管理的需求，可以直接建立供应商档案和客户档案。

**例 3-5** 一品股份有限公司在进行经济业务处理时，需要对供应商进行分类，不需要对客户进行分类。一品股份有限公司供应商分类如表 3-3 所示。

表 3-3 一品股份有限公司供应商分类

| 类 别 编 码 | 类 别 名 称 |
|---|---|
| 1 | 本地 |
| 2 | 外地 |

**操作步骤：**

(1) 在"企业应用平台"中，打开工作列表中的"基础设置"选项卡，单击展开"基础档案"|"客商信息"|"供应商分类"文件夹，打开"供应商分类"对话框。

(2) 单击"增加" 按钮，在右侧的"分类编码""分类名称"栏目中分别输入"1""本地"，如图 3-9 所示。

(3) 单击"保存" 按钮。

(4) 重复操作步骤(2)和(3)，增加其他分类。

### 提示：

新增的供应商分类的分类编码必须与"编码方案"中设定的编码级次结构相符。

供应商分类必须逐级增加。

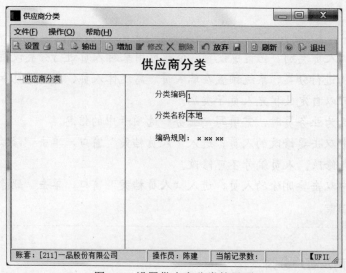

图 3-9 设置供应商分类的界面

客户分类的增加、修改和删除与供应商分类的操作步骤类似,这里不再赘述。

**4. 设置供应商及客户档案**

供应商(客户)档案主要应用于设置往来供应商(客户)的档案信息,以便于对供应商(客户)资料进行管理和业务数据的录入、统计及分析。如果在建立账套时选择了供应商(客户)分类,则必须在设置完成供应商(客户)分类档案的情况下才能编辑供应商(客户)档案。

建立供应商(客户)档案的主要目的是便于企业进行采购和销售等业务中所发生的往来账款的核算和管理。

**例 3-6** 一品股份有限公司的供应商档案和客户档案如表 3-4 所示。

表 3-4 一品股份有限公司的供应商档案和客户档案

| 供应商档案 | | | 客户档案(无分类) | |
|---|---|---|---|---|
| 编 号 | 供应商简称 | 所属分类 | 编 号 | 客户简称 |
| 001 | 伟创公司 | 本地 | 101 | 宏基公司 |
| 002 | 四方公司 | 本地 | 102 | 明光公司 |
| 003 | 特邦公司 | 外地 | 103 | 大宇公司 |

**操作步骤:**

(1) 在"企业应用平台"中,打开工作列表中的"设置"选项卡,单击展开"基础档案"|"客商信息"|"客户档案"文件夹,打开"客户档案"窗口。

(2) 单击"增加"按钮,打开"增加客户档案"对话框。在"增加客户档案"对话框的"客户编码""客户简称"文本框中分别输入"101"和"宏基公司",如图 3-10 所示。

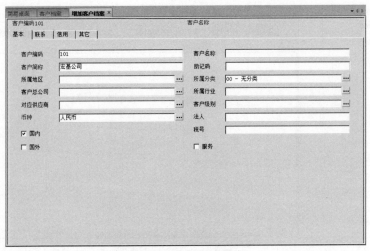

图 3-10 增加客户档案

> **提示：**
> "客户编码""客户简称""所属分类"和"币种"等蓝色字段为必输项，其他信息自行选择输入。

(3) 单击"保存并新增"按钮。

(4) 在"增加客户档案"对话框中增加其他客户档案，如图 3-11 所示。

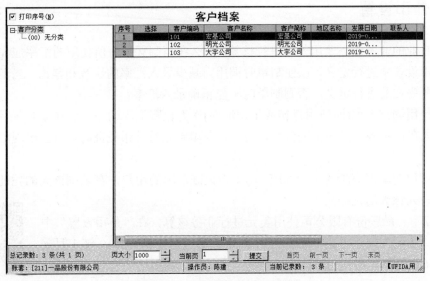

图 3-11 已设置的客户档案

(5) 用此方法设置供应商档案。已设置的供应商档案如图 3-12 所示。

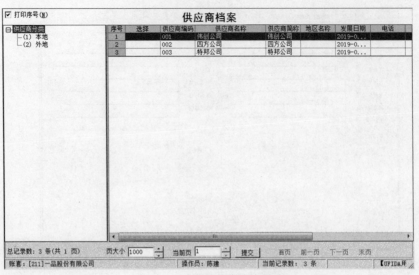

图 3-12 已设置的供应商档案

**提示：**

客户档案和供应商档案记录可以设置对应关系，主要处理既是客户又是供应商的往来单位，这种对应关系只能一对一。

## 3.3.2 外币设置

如果企业的业务还需要用外币进行核算，那么在填制凭证时所使用的汇率应先在基础档案的外币设置中进行定义，以便制单时调用，减少录入汇率的次数和差错。当汇率变化时，也应预先在此进行定义，否则制单时不能正确录入汇率。

对于使用固定汇率(即使用月初或年初汇率)作为记账汇率的用户，在填制每月的凭证前，应预先在此录入该月的记账汇率，否则，在填制该月外币凭证时，将会出现汇率为零的错误。

对于使用变动汇率(即使用当日汇率)作为记账汇率的用户，在填制该天的凭证前，应预先在此录入该天的记账汇率。

**例 3-7** 一品股份有限公司使用美元进行业务核算，在"外币设置"中增加币种"美元"，币符为 USD，使用固定汇率进行核算，2019 年 1 月美元汇率为 6.8。

**操作步骤：**

(1) 在"企业应用平台"中，打开工作列表中的"设置"选项卡，单击展开"基础档案"|"财务"|"外币设置"文件夹，进入"外币设置"窗口。

(2) 单击"增加"  按钮，在"币符"及"币名"文本框中分别输入"USD"和"美元"，单击"确认"按钮，保存输入的内容。

(3) 在"外币设置"窗口中，选中左侧框中的"美元"币种，单击选择"固定汇率"单选按钮，在"2019.01"的"记账汇率"栏中输入"6.8"，如图3-13所示。

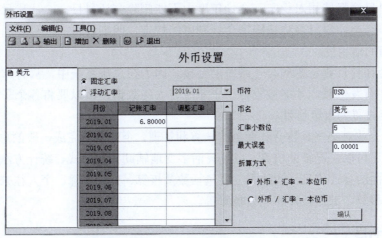

图3-13 "外币设置"窗口

提示：

此处仅供用户录入固定汇率与浮动汇率，并不决定在制单时使用固定汇率还是浮动汇率；在总账模块的"选项"中，"汇率方式"的设置决定了制单使用固定汇率还是浮动汇率。

## 3.3.3 会计科目的设置

### 1. 会计科目

会计科目是对会计对象具体内容进行分类核算的目录。会计科目是填制记账凭证、登记账簿、编制会计报表的基础。会计科目设置的完整性直接影响会计工作的顺利进行，会计科目设置的层次深度直接影响会计核算的准确程度。

本功能完成对会计科目的设置和管理，用户可以根据业务的需要方便地增加、插入、修改、查询或打印会计科目。

软件中所采用的一级会计科目，必须符合国家会计制度的规定。各使用单位可根据实际情况，在满足核算和管理要求及报表数据来源的基础上，对明细科目自行设定。具体设置原则如下。

- 会计科目的设置必须满足会计核算与宏观管理和微观管理的要求，在会计核算时，资产、负债、共同、权益、成本、损益等各类科目中所有可能用到的各级明细科目均需设置。
- 会计科目的设置必须满足编制财务会计报告的要求，凡是报表所用数据，需要从总账系统中提取的，必须设立相关的科目。

- 会计科目的设置必须保持科目与科目间的协调性和体系的完整性,不能只有下级科目,而没有上级科目,既要设置总账科目又要设置明细科目,用来提供总括和详细的会计核算资料。
- 会计科目要保持相对稳定,会计年度中不能删除会计科目。会计科目名称的设置中,一级会计科目名称按国家会计制度的规定,明细科目的名称要通俗易懂,具有普遍的适用性。
- 设置会计科目要考虑到与子系统的衔接。因为在总账系统中,只有末级会计科目才允许有发生额,才能接收各个子系统转入的数据,所以要将各个子系统中的核算大类设置为末级科目。

为了满足企业对某些具体会计业务的核算和管理,企业除了完成一般的总账、明细账核算设置外,还可以设置辅助核算,以更灵活多变地辅助核算形式、统计方法,为管理者提供准确、全面的会计信息。辅助账主要包括数量核算、外币核算、个人往来核算、客户与供应商往来核算、部门核算和项目核算等。

**增加会计科目**

由于在现行的会计制度中规定了会计核算和会计管理中应使用的一级会计科目,为了方便用户设置会计科目,软件在建立账套功能中提供了预置会计科目的功能,如果用户所使用的会计科目基本上与所选行业会计制度规定的一级会计科目一致,则可以在建立账套时选择预置会计科目。这样,在会计科目初始设置时只需对不同的会计科目进行修改,对缺少的会计科目进行增加即可。

如果所使用的会计科目与会计制度规定的会计科目相差较多,则可以在建立账套时选择不预置会计科目,这样可以根据自身的需要自行设置全部会计科目。

例 3-8 增加会计科目。会计科目信息如表 3-5 所示。

表 3-5 会计科目信息

| 科目编码 | 科目名称 | 辅助核算 |
| --- | --- | --- |
| 222101 | 应交增值税 | |
| 22210101 | 进项税额 | |
| 22210102 | 销项税额 | |
| 500101 | 材料费 | 项目核算 |
| 500102 | 人工费 | 项目核算 |
| 500103 | 制造费用 | 项目核算 |

**操作步骤:**

(1) 在"企业应用平台"中,打开工作列表中的"基础设置"选项卡,单击展开"基础档案"|"财务"|"会计科目"文件夹,进入"会计科目"窗口,如图 3-14 所示。

图3-14 "会计科目"窗口

(2) 在"会计科目"窗口中,选择"编辑"|"增加"命令,或单击工具栏上的"增加"按钮(或按F5键),打开"新增会计科目"对话框。

(3) 录入科目编码"222101"、科目名称"应交增值税",如图3-15所示。

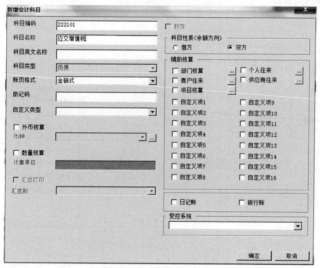

图3-15 新增会计科目

(4) 单击"确定"按钮保存。
(5) 用相同的方法录入其他会计科目。

### 提示:

增加会计科目时,要遵循先建上级再建下级的原则;会计科目编码的长度及每级位数要符合编码规则;编码不能重复。

科目已经使用后再增加明细科目,系统自动将上级科目的数据结转到新增加的第一个明细科目上,以保证账账相符。

**修改会计科目**

如果需要对原有会计科目的某些项目进行修改，如科目名称、账页格式、辅助核算、汇总打印、封存标识等，可以通过"修改"功能来完成。

**例 3-9** 将"1002 银行存款"科目修改为有"日记账""银行账"的核算要求；"1001 库存现金"科目修改为有"日记账"核算要求的会计科目；将"1122 应收账款"修改为"客户往来"辅助核算的会计科目(没有受控系统)；"2202 应付账款"修改为"供应商往来"辅助核算的会计科目(没有受控系统)；将"1221 其他应收款"修改为"个人往来"辅助核算的会计科目。

**操作步骤：**

(1) 在"会计科目"对话框中，将光标移到"1002 银行存款"科目所在行。

(2) 单击"修改"按钮(或双击该会计科目)，打开"会计科目_修改"对话框，再单击"修改"按钮。

(3) 选中"日记账""银行账"复选框，如图 3-16 所示。

图 3-16 "会计科目_修改"对话框

(4) 单击"确定"按钮。

(5) 单击"上一页"按钮，再单击"修改"按钮，直接修改"1001 库存现金"科目。继续修改其他会计科目。已修改的"1122 应收账款"科目如图 3-17 所示。

图 3-17　已修改的"1122　应收账款"科目

(6) 单击"返回"按钮,退出"会计科目_修改"对话框。继续修改其他会计科目。

**提示:**

非末级会计科目不能再修改科目编码。

已经使用过的末级会计科目不能再修改科目编码。

已有数据的会计科目,应先将该科目及其下级科目余额清零后再进行修改。

被封存的科目在制单时不可以使用。

只有末级科目才能设置汇总打印,且只能汇总到该科目本身或其上级科目。

只有处于修改状态才能设置汇总打印和封存。

**批量复制会计科目**

如果某一科目的下级与另一个或几个科目的下级内容相同,还可以将某一科目的下级科目成批复制到另一科目中作为下级科目。

例 3-10　一品股份有限公司的部分会计科目如表 3-6 所示。试在先增加"销售费用"的明细科目后再利用批量复制会计科目功能增加"管理费用"的所有下级科目。

表 3-6　一品股份有限公司的部分会计科目

| 科 目 编 码 | 科 目 名 称 | 辅 助 核 算 |
|---|---|---|
| 6601 | 销售费用 | |
| 660101 | 差旅费 | 部门核算 |
| 660102 | 办公费 | 部门核算 |
| 660103 | 折旧费 | |
| 660104 | 职工薪酬 | |
| 660105 | 其他 | |

(续表)

| 科目编码 | 科目名称 | 辅助核算 |
|---|---|---|
| 6602 | 管理费用 | |
| 660201 | 差旅费 | 部门核算 |
| 660202 | 办公费 | 部门核算 |
| 660203 | 折旧费 | |
| 660204 | 职工薪酬 | |
| 660205 | 其他 | |

**操作步骤：**

(1) 在"会计科目"窗口中，分别增加"销售费用"的所有二级会计科目，如图3-18所示。

图3-18 已增加的销售费用的二级会计科目

(2) 选择"编辑"|"成批复制"命令，打开"成批复制"对话框。

(3) 在"成批复制"对话框中输入源科目编码"6601"和目标科目编码"6602"，并选择"辅助核算"选项，如图3-19所示。

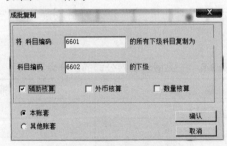

图3-19 成批复制会计科目

(4) 单击"确认"按钮，由系统自动生成与6601下级科目相同的6602的所有下级会计科目。

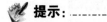**提示:**

源科目与目标科目的级次必须相同。

源科目与目标科目的级次必须是非末级。

如果想将本账套某一科目的下级复制到其他账套同一科目的下级,可选择"其他账套",出现如图 3-20 所示的对话框,根据栏目提示输入相关内容并选择目标账套,然后单击"确认"按钮保存。

图 3-20　异账套科目复制保留

**提示:**

没有会计科目设置权的用户只能在此浏览科目的具体定义,而不能进行修改。

已有下级科目,不能修改其编码,应遵循"自下而上"的原则,即先删除下一级科目,然后修改本级科目。

已经输入余额的科目,不能修改其编码,必须先删除本级及其下级科目的期初余额(设为 0),才能修改该科目。

已有数据的科目不能修改科目的相应属性。

**删除会计科目**

如果某些会计科目暂时不需使用或者不适合用户科目体系的特点,可以在未使用之前将其删除。

**例 3-11**　将"2621 独立账户负债"科目删除。

**操作步骤:**

(1) 将光标移到"2621 独立账户负债"科目上。

(2) 单击"删除"按钮。

(3) 系统弹出"记录删除后不能修复!真的删除此记录吗?"提示对话框,如图 3-21 所示。

图 3-21 删除会计科目

(4) 单击"确定"按钮。

提示：

删除科目后不能被自动恢复，但可通过增加功能来完成。

非末级科目不能删除。

已有数据的会计科目，应先将该科目及其下级科目余额清零后再删除。

被指定的会计科目不能删除。如想删除，必须先取消指定。

**指定现金、银行及现金流量的会计科目**

指定会计科目是确定出纳的专管科目。被指定为现金、银行总账科目的可以查询库存现金、银行日记账，进行银行对账，以及在制单中进行支票控制和资金赤字控制，从而实现现金、银行存款管理的保密性。

一般情况下，库存现金科目要设置为日记账；银行存款科目要设置为银行账和日记账。此处指定的现金流量科目供 UFO 编制现金流量表取数时使用，所以在录入凭证时，对指定的现金流量科目系统自动弹出窗口，要求指定当前录入分录的现金流量项目。

**例 3-12** 根据一品股份有限公司的业务需要，指定"1001 库存现金"科目为现金总账科目，指定"1002 银行存款"科目为银行总账科目，指定"1001 库存现金""1002 银行存款"和"1012 其他货币资金"科目为现金流量会计科目。

**操作步骤：**

(1) 在"会计科目"窗口中，选择"编辑"|"指定科目"命令，打开"指定科目"对话框。

(2) 单击选择"现金科目"单选按钮，在"待选科目"列表框中选择"1001 库存现金"科目，单击按钮 > 或双击该科目，将"1001 库存现金"科目添加到"已选科目"列表框中，如图 3-22 所示。

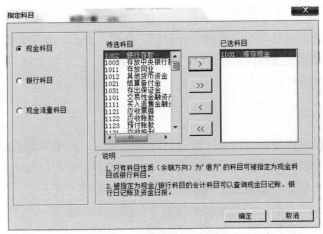

图 3-22　指定现金总账科目

(3) 单击选择"银行科目"单选按钮，在"待选科目"列表框中选择"1002 银行存款"科目，单击按钮 > 或双击该科目，将"1002 银行存款"科目添加到"已选科目"列表框中。

(4) 单击选择"现金流量科目"单选按钮，在"待选科目"列表框中分别选择"1001 库存现金""1002 银行存款"及"1012 其他货币资金"科目，单击按钮 > 或双击该科目，将其添加到"已选科目"列表框中，如图 3-23 所示。

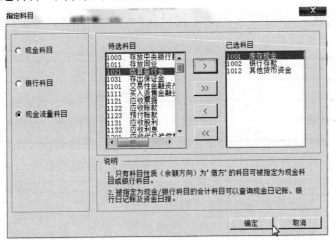

图 3-23　指定现金流量科目

(5) 单击"确定"按钮保存。

**提示：**

在指定科目时，如果本科目已被制过单或已录入期初余额，则不能删除、修改该科目。如要修改该科目必须先删除使用该科目填制的凭证，并将该科目及其下级科目余额清零，再修改。

查找科目

如果想快速查找某科目，可以选择"查看"|"查找"命令，或者单击"查找"按钮，或按 Ctrl+K 键，打开"查找科目"对话框，输入科目编码、名称或助记码，单击"查找"按钮，即可找到指定科目。

2. 凭证类别

根据企业管理和核算要求，将会计凭证进行分类编制，系统提供了设置凭证类别的功能，以便于管理、记账和汇总。但是，无论如何分类都不会影响记账结果。

第一次使用总账系统，首先应正确选择凭证类别的分类方式。

用户完全可以按照本单位的需要对凭证进行分类。如果是第一次进行凭证类别设置，可以按以下几种常用分类方式进行定义。

- 记账凭证。
- 收款、付款、转账凭证。
- 现金、银行、转账凭证。
- 现金收款、现金付款、银行收款、银行付款、转账凭证。
- 自定义凭证类别。

选择"分类方式"后，可以设置该种凭证的限制条件，以便提高凭证处理的准确性。凭证类别的限制条件是指限制该凭证类别的使用范围。

例 3-13 一品股份有限公司的凭证类型设置如表 3-7 所示。

表 3-7 一品股份有限公司的凭证类型

| 类 别 字 | 类 别 名 称 | 限 制 类 型 | 限 制 科 目 |
|---|---|---|---|
| 收 | 收款凭证 | 借方必有 | 1001,1002 |
| 付 | 付款凭证 | 贷方必有 | 1001,1002 |
| 转 | 转账凭证 | 凭证必无 | 1001,1002 |

操作步骤：

(1) 在"企业应用平台"中，打开工作列表中的"基础设置"选项卡，单击展开"基础档案"|"财务"|"凭证类别"文件夹，打开"凭证类别预置"对话框。

(2) 在"凭证类别预置"对话框中，选择"收款凭证 付款凭证 转账凭证"单选按钮，如图 3-24 所示。

(3) 单击"确定"按钮，打开"凭证类别"对话框。在"凭证类别"对话框中，单击"修改"按钮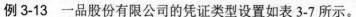，依次输入"收""付""转"3 个凭证类别，选择限制类型为"借方必有""贷方必有"和"凭证必无"，限制科目均输入"1001,1002"，结果如图 3-25 所示。

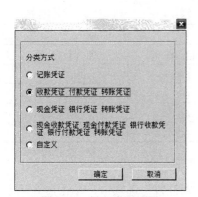

图 3-24 凭证类别预置

图 3-25 设置凭证类别

(4) 单击"退出"按钮。

 提示：

凭证类别的前后顺序将决定明细账中账项的排列顺序。例如，设置凭证类别排列顺序为收、付、转，那么在查询明细账、日记账时，同一日的凭证将按照收、付、转的顺序进行排列。

若选有科目限制，则至少要输入一个限制科目。若限制类型选择"无限制"，则不能录入限制科目。

若限制科目为非末级科目，则在制单时，其所有下级科目都将受到同样的限制。

已使用的凭证类别不能删除，也不能修改类别字。

输入多个限制科目时，科目之间必须用半角逗号分隔，否则会出现错误信息。

### 3. 项目目录

在企业中，项目核算的种类繁多，如在建工程、对外投资、技术开发、融资成本、在产品成本等。为了满足企业的实际需要，可定义多类项目核算，将具有相同特性的一类项目定义成一个项目大类，一个项目大类可以核算多个项目。为了便于管理，企业还可以对这些项目进行分类以便统计管理。

使用项目核算与管理之前必须设置项目档案，项目档案设置包括：增加或修改项目大类，定义项目核算科目、项目分类、项目栏目结构并进行项目目录的维护。这些工作都是在基础档案的"项目目录"中完成的。

例 3-14 一品股份有限公司需要对"产品成本"进行项目核算，具体内容如表 3-8 所示。

表3-8 项目档案

项目大类：产品成本　　　　　　　　　　　　　　　　项目级次：一级，1位

| 核算科目 | 项目分类 | | 项目目录 | |
|---|---|---|---|---|
| | 分类编码 | 分类名称 | 项目编号 | 项目名称 |
| 500101 材料费<br>500102 人工费<br>500103 制造费用 | 1 | 2019A 产品 | 001 | A001 产品 |
| | | | 002 | A002 产品 |
| | 2 | 2019B 产品 | 003 | B001 产品 |
| | | | 004 | B002 产品 |

**操作步骤：**

(1) 在"企业应用平台"中，打开工作列表中的"基础设置"选项卡，单击展开"基础档案"|"财务"|"项目目录"文件夹，打开"项目档案"对话框。

(2) 单击工具栏上的"增加"按钮，打开"项目大类定义_增加"对话框。

(3) 输入新项目大类名称为"产品成本"；选择新增项目大类的属性为"普通项目"，如图3-26所示。

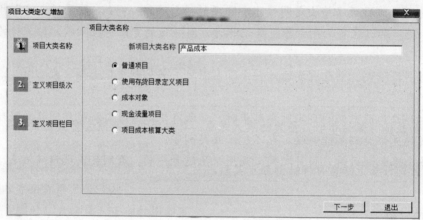

图3-26 增加项目大类

栏目说明如下。

- 普通项目：除了系统预置的成本对象、项目管理、存货核算和现金流量项目大类之外，还可以自由设置任何具有相同经济性质的一类经济业务，并组成为一个项目大类。例如，一份合同、一张订单、一个建筑项目、投资项目等。
- 使用存货目录定义项目：如果企业使用了存货核算系统，可以在这里选择存货档案中已定义的存货目录作为项目进行核算管理。新增项目大类时，选择"使用存货目录定义项目"，定义"存货核算"为项目大类名称，系统自动将存货分类设置为项目分类，并将存货目录设置为项目目录。
- 成本对象：如果需要进行成本核算，可以以成本对象作为项目大类进行核算管理，定义"成本对象"为项目大类名称。项目栏目中增加"对应产品结构父项编码"和"对应产品结构父项名称"，其类型和长度由系统预置。
- 现金流量项目：以现金流量项目为项目大类进行核算管理，定义"现金流量项目"

为项目名称。除了系统预置的 4 个固定栏目外，还增加一个"方向"标题，用以定义现金的流入或流出方向，为现金流量统计提供基础参数设置。
- 项目成本核算大类：系统预置的固定项目，除了 4 个固定栏目外，还增加一个"完工日期"标题，类型是日期型，长度为 10 个字符，不可修改类型和长度。

(4) 单击"下一步"按钮。
(5) 选择项目级次：一级，1 位，如图 3-27 所示。

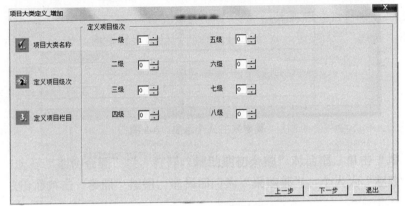

图 3-27　定义项目级次

(6) 单击"下一步"按钮，定义项目栏目。取系统默认值。
(7) 单击"完成"按钮保存设置，返回"项目档案"对话框，如图 3-28 所示。

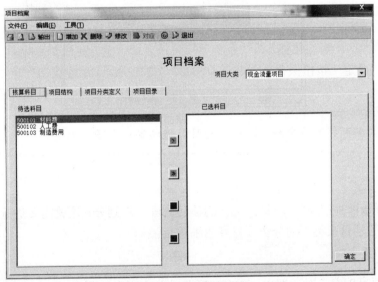

图 3-28　选择核算科目

提示：

如果用户需要修改项目大类名称、项目分类级次、项目栏目结构等项目大类的相关信息，可单击工具栏上的"修改"按钮，进入项目大类修改向导，进行修改。

### 指定核算科目

指定核算科目就是具体指定核算此大类项目所使用的会计科目。

指定核算科目之前,必须在总账系统的会计科目设置中,将需要进行项目核算的科目的辅助核算属性设置为项目核算。

**操作步骤:**

(1) 在"项目档案"对话框中,选择项目大类为"产品成本"。

(2) 单击"核算科目"选项卡。

(3) 单击"传递" >> 按钮,将待选科目添加到已选科目栏内,如图 3-29 所示。

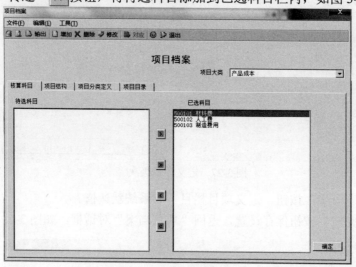

图 3-29 指定核算科目

(4) 单击"确定"按钮保存。

 **提示:**

一个项目大类可指定多个科目,一个科目只能指定一个项目大类。

### 定义项目分类

为了便于统计,可对同一项目大类下的项目做进一步划分,这就需要进行项目分类的定义,如工程的项目大类下的分类项目及明细项目。

**操作步骤:**

(1) 在"项目档案"对话框中,打开"项目分类定义"选项卡。

(2) 在项目大类栏选择"产品成本",输入分类编码"1"、分类名称"2019A 产品",如图 3-30 所示。

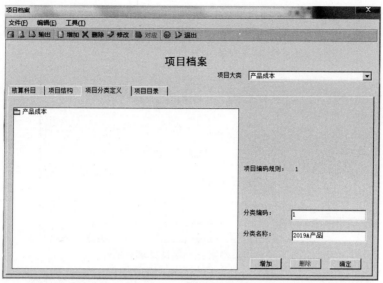

图 3-30　定义项目分类

(3) 单击"确定"按钮，保存设置。

(4) 重复步骤(1)和(2)，设置"2019B 产品"项目分类。

 提示：

分类编码应该遵循定义项目分类时的设置。

不能隔级输入分类编码。

显示"已使用"标记的项目分类不能删除。

若某项目分类下已定义下级项目则不能删除，也不能定义下级分类，必须先删除项目，再删除该项目分类或定义下级分类。

**定义项目目录**

定义项目目录是将各个项目大类中的具体项目输入系统。而具体输入的内容又取决于项目栏目中所定义的栏目名称。在项目目录下，系统将列出所选项目大类下的所有项目，其中"所属分类码"为此项目所属的最末级项目分类的编码。

**操作步骤：**

(1) 在"项目档案"对话框中，打开"项目目录"选项卡，如图 3-31 所示。

(2) 单击"维护"按钮，进入"项目目录维护"窗口。

(3) 在"项目目录维护"窗口中，单击工具栏上的"增加"按钮，输入项目编号"001"、项目名称"A001 产品"、所属分类码"1"，或单击参照按钮进行选择。

(4) 重复步骤(3)，增加项目"A002 产品"、所属分类码为"1"。继续录入其他的项目目录，如图 3-32 所示。

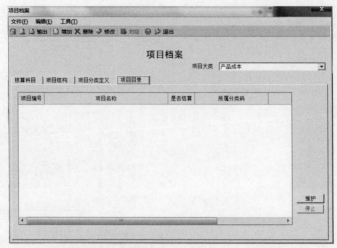

图 3-31 项目档案——项目目录对话框

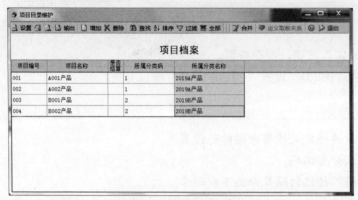

图 3-32 已设置的项目目录

(5) 单击"退出"按钮。

### 提示：

"维护"功能用于输入各个项目的名称及定义的其他数据，因此，当项目目录有变动时应及时在本功能中进行调整。在每年年初应将已结算或不用的项目删除。

标识结算后的项目将不能再使用。

#### 4. 结算方式

为了便于管理和提高银行对账的效率，系统中提供了设置银行结算方式的功能，用来建立和管理用户在经营活动中所涉及的结算方式。它与财务结算方式一致，如现金结算、支票结算等。

结算方式设置的主要内容包括结算方式编码、结算方式名称、票据管理标志等。

**例 3-15** 一品股份有限公司的结算方式如表 3-9 所示。

表 3-9　一品股份有限公司的结算方式

| 结算方式名称 | 结算方式编码 | 是否票据管理 |
| --- | --- | --- |
| 现金 | 1 | 否 |
| 支票 | 2 | 否 |
| 现金支票 | 201 | 是 |
| 转账支票 | 202 | 是 |

**操作步骤：**

(1) 在"企业应用平台"中，打开工作列表中的"设置"选项卡，单击展开"基础档案"|"收付结算"|"结算方式"文件夹，打开"结算方式"窗口。

(2) 单击工具栏上的"增加"按钮，输入结算方式编码"1"、结算方式名称"现金"，如图 3-33 所示。

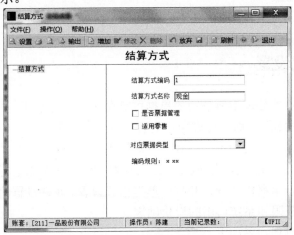

图 3-33　结算方式(1)

(3) 单击"保存"按钮，保存设置。

(4) 重复步骤(2)，增加"支票"及其下属结算方式，选择"是否票据管理"选项，单击"保存"按钮，结果如图 3-34 所示。

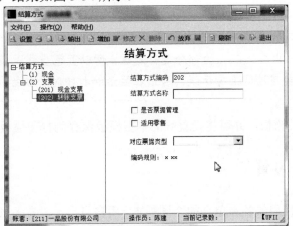

图 3-34　结算方式(2)

> **提示：**
> 票据管理标志是为出纳对银行结算票据的管理而设置的功能，类似于手工系统中的支票登记簿的管理方式。用户可根据实际情况，选择该结算方式下的票据是否要进行票据管理。
> 结算方式最多可以分为2级。
> 如果要修改或删除某种结算方式，单击工具栏上的"修改"或"删除"按钮即可，结算方式一旦被引用，便不能进行修改和删除的操作。

## 3.4 单据设置

### 3.4.1 单据格式设置

不同的企业各项业务处理中所使用的单据可能存在细微的差别，用友ERP-U8应用系统不仅预置了常用单据模板，而且允许用户对各单据类型的多个显示模板和多个打印模板进行设置，以定义本企业需要的单据格式。系统提供了对U8系列产品中的报账中心、采购、存货、库存、项目管理、销售、应收、应付模块中的各种单据进行格式设计。每一种单据格式设置分为显示单据格式设置和打印单据格式设置。允许设置的单据类型格式将根据当前操作员拥有的权限和系统启用的模块确定。

单据格式设计的具体步骤如下。

(1) 在"单据格式设计"窗口左边的"U8单据目录分类"中，选择要设置的单据名称，选择是设置显示模板还是打印模板。

(2) 根据单据显示的格式设置、单据打印格式设置的描述，设计单据模板样式。

> **提示：**
> 在单据标题下方有一条蓝色的虚线，这条虚线是划分标题区域和单据表头区域的界限，在显示和打印单据中虚线以上的部分是标题区，所以蓝色虚线是提醒用户在单据设计时，单据表头项目不要超过这条警示线，否则在显示和打印时会被标题区隐藏。

(3) 保存修改后的模板，并可将设置好的单据模板保存为打印模板或显示模板。

### 3.4.2 单据编号设置

根据企业业务中使用的各种单据的不同需求，用户可自己设置各种单据类型的编码生成原则。"单据编号设置"包括编号设置、对照表、查看流水号3个功能。

1. 编号设置

(1) 在"企业应用平台"中,打开工作列表中的"设置"选项卡,单击展开"单据设置"|"单据编码设置"文件夹,打开"单据编号设置"对话框。单击"编号设置"选项卡,可设置单据编码方案,具体操作步骤为:在左边目录区"单据类型"中选择要修改的单据,单击"修改"按钮,激活修改状态,可设置修改前缀内容。

(2) 选择编号原则如下。

- 是否"完全手工编号":是指用户新增单据时,不自动带入用户设置的单据流水号,单据号为空,用户可以直接输入单据号,此种方式主要应用于企业的某种单据号之间无关联或不连续的情况下,如采购发票等。
- 是否"手工修改,重号时自动重取":此功能为本版新增,故在用户选择"完全手工编号"功能的情况下,有推式生单功能的单据由于生成的单据、单据号都为空,所以应将这些单据显示给用户,以便输入单据号后进行保存;如果批量生单和自动生单不能显示生成的单据及填入单据号,则无法保存单据,此种情况下建议用户不使用"完全手工编号",而采用"手工修改,重号时自动重取"功能。
- 是否"按收发标志流水":指对于入库、出库单按照流水方式编号。

(3) 选择输入前缀 1 至前缀 3 的内容和前缀编码"长度"。

(4) 如果选择的前缀内容为有级次,则要选择按不同级次设置编码方案。

(5) 从已选的 3 个前缀内容中选择一个作为流水编号的依据。

(6) 选择编号的起始号码,如果选择 1,就从 1 开始编号。如果已存在单据记录,则编号按单据最大号+1 排列。

(7) 单击"保存"按钮,保存对单据类型的编码方案设置。

2. 对照表

打开"对照表"选项卡,可查看编码方案中可用前缀的详细信息。

3. 查看流水号

打开"查看流水号"选项卡,可查看单据的流水号,包括流水依据、编码、级次等信息。这里的流水号是指该种单据的最大编号。

> **提示:**
> 本章例题的操作结果已经备份到了教学资源"211 账套(例题)备份/"第 3 章例题账套备份"中。

## 复习思考题

1. 在设置"部门档案"时为什么不能设置"负责人"?
2. 试说明企业应用平台与其他子系统的主要关系。
3. 设置会计科目应遵循哪些原则?
4. 会计科目不能被删除的原因主要有哪些?
5. 指定会计科目有何作用?
6. 在"用友 ERP-U8"系统中主要有哪些权限管理功能?

## 上机实验

(具体实验内容请见第 8 章)
实验一　系统管理与基础设置

# 第 4 章

# 总 账 管 理

---

**教学目的与要求**

系统学习总账管理的主要功能、系统初始化、日常业务处理和期末业务处理的内容和操作方法。

能够完成总账管理中系统初始化、日常业务处理和期末业务处理的操作；了解总账系统与其他子系统之间的关系、总账管理中错误凭证的修改方法、银行对账的方法及各种账表资料的作用和查询方法。

---

总账管理是企业会计核算与会计管理的核心内容，是确保企业会计信息的科学性和标准化的关键。总账管理适用于各类企业、行政事业单位，可以完成从建立账簿资料、凭证处理、标准账表到月末处理和辅助管理等会计核算和会计管理的各项工作。

## 4.1 总账系统概述

总账系统的任务就是利用已经建立的会计科目体系，输入和处理各种记账凭证，完成记账、结账及对账的工作，输出各种总分类账、日记账、明细账和有关辅助账。

### 4.1.1 总账系统的主要功能

总账系统的功能主要包括系统设置、凭证处理、账表管理、出纳管理、综合辅助账、期末处理等模块。总账系统模块结构图如图 4-1 所示。

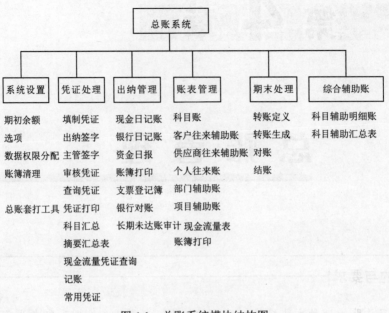

图 4-1 总账系统模块结构图

### 1. 系统设置

系统设置可通过严密的制单控制保证填制凭证的正确性。其提供资金赤字控制、支票控制、预算控制、外币折算误差控制及查看科目最新余额等功能,加强对发生业务的及时管理和控制。制单赤字控制可控制出纳科目、个人往来科目、客户往来科目、供应商往来科目。

### 2. 凭证处理

凭证处理可输入、修改和删除凭证,对机内凭证进行审核、查询、汇总和打印。根据已经审核的记账凭证登记明细账、日记账和总分类账。

### 3. 出纳管理

出纳管理为出纳人员提供一个集成办公环境,加强对现金及银行存款的管理。其提供支票登记簿功能,用来登记支票的领用情况;并可完成银行日记账、现金日记账,随时生成最新的资金日报表。定期将企业银行日记账与银行出具的对账单进行核对,并编制银行存款余额调节表。

### 4. 账表管理

账表管理提供按多种条件查询总账、日记账、明细账等,具有总账、明细账和凭证联查功能,月末打印正式账簿。

### 5. 期末处理

期末处理功能可自动完成月末分摊、计提、对应转账、销售成本、汇兑损益、期间损益结转等业务,进行试算平衡、对账、结账,生成月末工作报告。

#### 6. 综合辅助账

综合辅助账用于综合查询科目辅助明细账。

### 4.1.2 总账系统与其他子系统的主要关系

总账系统是财务管理系统的一个基本的子系统,既可独立运行,也可同其他系统协同运转。总账系统概括地反映企业供产销等全部经济业务的综合信息,在财务管理系统中处于中枢地位。总账系统与其他系统之间的数据传递关系如图4-2所示。

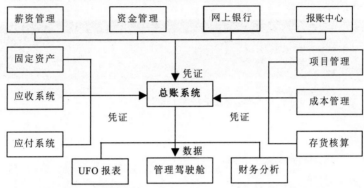

图 4-2 总账系统与其他系统之间的数据传递关系

总账系统接收薪资管理、固定资产、应收系统、应付系统、资金管理、网上银行、报账中心、项目管理、成本管理、存货核算等系统生成的凭证。

总账系统向 UFO 报表系统、管理驾驶舱、财务分析系统等提供财务数据,生成财务报表及其他财务分析表。

## 4.2 系统初始化

总账系统初始化是将一个通用的总账系统改造为适合本企业核算要求的"专用总账系统"的过程,是应用总账系统的基础。总账系统初始化的内容主要包括设置系统参数和录入期初余额。

### 4.2.1 设置系统参数

在首次启动总账系统时,需要确定反映总账系统核算要求的各种参数,使通用总账系统适用于本单位的具体核算要求。总账系统的业务参数将决定总账系统的输入控制、处理方式、数据流向、输出格式等,设定后一般不能随意更改。

**例 4-1** 以账套主管"CW001 陈建"的身份在 2019 年 1 月 3 日注册进入 211 账套,启动总账系统。

**操作步骤:**

(1) 执行"开始"|"程序"|"用友 U8 V10.1"|"企业应用平台"命令,打开"登录"对话框。

(2) 在"登录"对话框中录入各种账套登录信息。

(3) 单击"确定"按钮,打开企业应用平台"新道教育——UFIDA U8"对话框。

(4) 在"企业应用平台"中,单击"业务工作"选项卡,选择"财务会计"|"总账"文件夹,如图 4-3 所示。

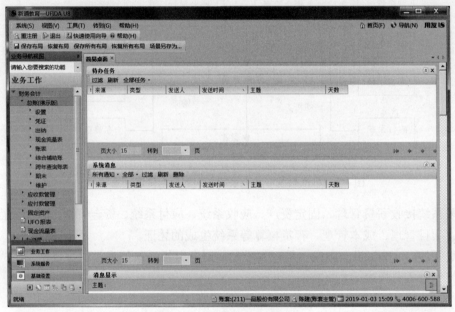

图 4-3 总账系统的主要功能

总账系统启动后,系统内预设了一系列总账系统业务处理控制参数,用户可以根据企业的具体需要进行更改。可通过总账系统的"设置"|"选项"功能,实现参数的调整。

**1. 凭证参数设置**

在凭证"选项"选项卡下包括"制单控制""凭证控制"和"凭证编号方式"等选项。

**例 4-2** 设置 211 账套取消"可以使用存货受控科目"和"现金流量科目必录现金流量项目"的"凭证"控制参数。

**操作步骤:**

(1) 在总账系统中,单击展开"设置"|"选项"文件夹,打开"选项"对话框。

(2) 选择"凭证"选项卡,单击"编辑"按钮,取消选中"可以使用存货受控科目"

和"现金流量科目必录现金流量项目"前的复选框(即取消系统预置的√，由选中状态变为未选中状态)，如图4-4所示。

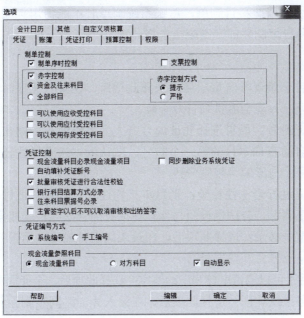

图4-4 "选项"对话框中的"凭证"参数设置

(3) 单击"确定"按钮。

各栏目说明如下。

**制单控制**

制单控制主要设置在填制凭证时，系统应对哪些操作进行控制。

- 制单序时控制：控制系统保存凭证的顺序，可以按凭证号顺序排列，也可以按日期顺序排列。选择此项制单时，凭证编号必须按日期顺序排列。
- 支票控制：若选择此项，在制单时使用银行科目编制凭证时，系统针对票据管理的结算方式进行登记，如果输入的支票号在支票登记簿中已存在，则系统提供登记支票报销的功能；否则，系统提供登记支票登记簿的功能。
- 赤字控制：若选择了此项，在制单时，当"资金及往来科目"或"全部科目"的最新余额出现负数时，系统将予以提示或不允许保存该凭证。
- 赤字控制方式：选择赤字控制且制单时余额出现负数时，如果选择"提示"单选按钮，系统仅仅提示该科目出现负数；如果选择"严格"单选按钮，系统不允许保存该张凭证。
- 可以使用应收受控科目：若科目为应收款系统的受控科目，为了防止重复制单，只允许应收系统使用此科目制单，总账系统制单时不能使用。如果希望在总账中也能使用这些科目填制凭证，则应当选择此项。
- 可以使用应付受控科目：若科目为应付款系统的受控科目，为了防止重复制单，只允许应付系统使用此科目制单，总账系统制单时不能使用。如果希望在总账中也能使用这些科目填制凭证,则应当选择此项。
- 可以使用存货受控科目:若科目为存货系统的受控科目,为了防止重复制单,只允许存货系统使用此科目制单,总账系统制单时不能使用。如果希望在总账中也能使用这些科目填制凭证,则应当选择此项。

**凭证控制**
- 现金流量科目必录现金流量项目:选择此项后,在录入凭证时如果使用现金流量科目,则必须输入现金流量项目及金额。
- 自动填补凭证断号:如果选择凭证编号方式为系统编号,则在新增凭证时,系统按凭证类别自动查询本月的第一个断号,默认为本次新增凭证的凭证号。如无断号,则为新号,与原编号规则一致。
- 批量审核凭证进行合法性校验:批量审核凭证时,针对凭证进行二次审核,提高凭证输入的正确率,合法性校验与保存凭证时的合法性校验相同。
- 往来科目票据号必录:选择此项后,在录入凭证时如果使用银行科目或往来科目,则必须输入结算方式和票据号。
- 主管签字以后不可以取消审核和出纳签字:选择此项后,不能取消审核和出纳签字。
- 同步删除业务系统凭证:选择此项后,在录入凭证时同步删除业务系统凭证。

**凭证编号方式**
- 系统编号:即在填制凭证时由系统按月份和凭证类别顺序编号,不能手工修改。
- 手工编号:即在填制凭证时根据月份和凭证类别手工依次编号。

**现金流量参照科目**
- 现金流量科目:以现金流量科目为参照科目。
- 对方科目:以对方科目为参照科目。
- 自动显示:选择此项,自动显示参照科目。

### 2. 账簿参数设置

"账簿"选项下包括"打印位数宽度""明细账(日记账、多栏账)打印输出方式""凭证、账簿套打""凭证、正式账每页打印行数""明细账查询权限控制到科目""制单、辅助账查询控制到辅助核算"等选项。

### 3. 凭证打印

- 打印凭证页脚姓名:在打印凭证时,是否自动打印制单人、出纳、审核人、记账人的姓名。
- 打印包含科目编码:在打印凭证时,是否自动打印科目编码。

### 4. 会计日历设置

在"会计日历"选项卡中,可以查看启用会计年度和启用日期,以及各会计期间的起始日期与结束日期。

### 5. 其他参数设置

"其他"选项卡下包括"数量小数位""单价小数位""本位币精度""部门排序方式""个人排序方式""项目排序方式""打印设置按客户端保存"等选项。

## 4.2.2 录入期初余额

为了保证会计数据连续完整,并与手工账簿数据衔接,在 UFIDA ERP-U8 系统第一次投入使用前,还需要将各种基础数据录入系统。这些基础数据主要是各明细科目的年初余额和系统启用前各月的发生额,其上级科目的余额和发生额由系统自动进行汇总。一般情况下,资产类科目余额在借方,负债、所有者权益、利润类科目余额在贷方。如果是数量金额类科目还应录入相应的数量和单价。如果是外币科目还应录入相应的外币金额。

在录入期初数据时,如果某一科目设置了辅助核算类别,还应录入辅助核算类别的有关初始余额。数据录入完毕后,为了保证数据的准确性,满足数据间的平衡关系,还需要对数据进行校验。

### 1. 录入基本科目余额

在开始使用总账系统时,应先将各账户启用月份的月初余额和年初到该月的借、贷方累计发生额计算清楚,并录入总账系统中。

如果是年初建账,可以直接录入年初余额,即期初余额;如果是在年中建账,则可录入启用当月(如 3 月)的期初余额及年初至今的月份(即 1 月至 2 月)的借、贷方累计发生额,系统自动计算年初余额。

**例 4-3** 2019 年 1 月,211 账套基本科目的期初余额如表 4-1 所示。

表 4-1 211 账套基本科目的期初余额

| 科 目 名 称 | 方 向 | 期 初 余 额 |
| --- | --- | --- |
| 库存现金 | 借 | 120 000 |
| 银行存款 | 借 | 223 230 |
| 库存商品 | 借 | 146 452 |
| 固定资产 | 借 | 2 123 600 |
| 累计折旧 | 贷 | 253 422 |
| 短期借款 | 贷 | 700 000 |
| 长期借款 | 贷 | 664 550 |
| 实收资本 | 贷 | 1 180 000 |

**操作步骤:**

(1) 在总账系统中,单击展开"设置"|"期初余额"文件夹,打开"期初余额录入"对话框。

(2) 将光标定在"1001 库存现金"科目的期初余额栏,录入期初余额为"120 000",如图 4-5 所示。

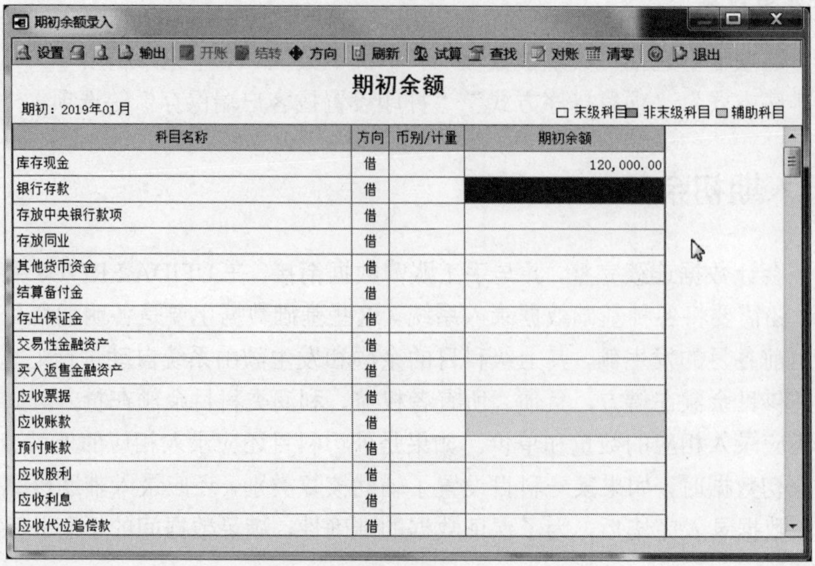

图 4-5 "期初余额录入"对话框

(3) 继续录入其他会计科目的期初余额。

**提示:**

如果某科目为数量金额类、外币核算,应录入期初数量、外币余额,而且必须先录入本币余额,再录入数量、外币余额。

非末级会计科目余额不用录入,系统将根据其下级明细科目自动汇总计算填入。

出现红字余额用负号录入。

修改余额时,直接录入正确数据即可。

凭证记账后,期初余额变为浏览只读状态,不能再修改。

### 2. 录入个人往来科目余额

如果某科目涉及个人往来辅助核算,则应在系统打开的"个人往来期初"对话框中录入相关信息。

**例 4-4** 输入"1221 其他应收款"科目的期初余额。相关信息:采购部赵政出差借款 12 000 元。

**操作步骤:**

(1) 在"期初余额录入"对话框中,将光标移到"1221 其他应收款"科目所在行,系统提示"个人往来"信息,如图 4-6 所示。

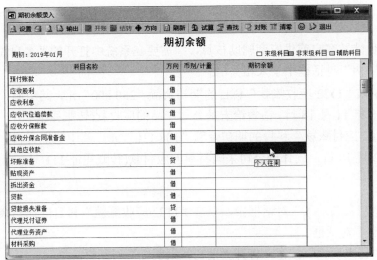

图 4-6 提示个人往来核算

(2) 双击此行"期初余额"栏，打开"辅助期初余额"对话框，单击"增行"按钮，直接录入或双击后单击"参照"按钮，选择部门为"采购部"、个人为"赵政"、金额为"12 000"，如图 4-7 所示。

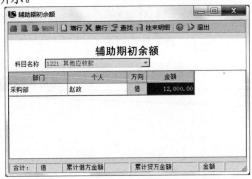

图 4-7 "辅助期初余额"对话框

(3) 单击"退出" 按钮。

**提示：**

可以单击"往来明细"继续录入个人往来的明细内容，主要包括业务发生的时间、摘要、凭证号等。

如果系统启用的时间不是 1 月份，则期初余额还应该包括年初余额和累计发生额。

只要求录入最末级科目的余额和累计发生数，上级科目的余额和累计发生数由系统自动计算。

借贷方累计发生额直接录入，期初余额在辅助项中录入。

如果某科目涉及部门辅助核算，则必须按辅助项录入期初余额。具体操作步骤参照个人往来科目期初余额的录入。

### 3. 录入单位往来科目余额

如果某科目涉及客户或供应商辅助核算，则需要在系统中打开的"客户往来期初"或"供应商往来期初"对话框中录入相关信息。

**例 4-5** 录入"1122 应收账款"科目的期初余额"280 800"元，其中明细资料是：2018 年 11 月 18 日，销售给宏基公司产品的应收款(转账凭证 261 号)。录入"2202 应付账款"科目的期初余额"108 110"元，其中明细资料是：2018 年 12 月 18 日，向伟创公司采购材料的应付款(转账凭证 111 号)。

**操作步骤：**

(1) 在"期初余额录入"对话框中，双击"1122 应收账款"科目的期初余额栏，打开"辅助期初余额"对话框。

(2) 单击"往来明细"按钮，打开"期初往来明细"对话框。

(3) 单击"增行"按钮，直接录入或单击"参照"按钮，选择日期为"2018-11-18"、凭证号为"转 261"、客户为"宏基公司"、摘要为"销售未收款"。系统默认方向为"借"、输入金额为"280 800"，如图 4-8 所示。

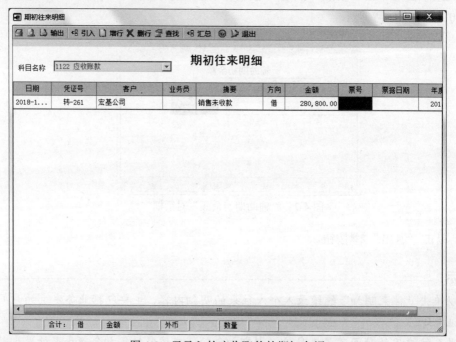

图 4-8 已录入的应收账款的期初余额

(4) 单击"汇总"按钮后，再单击"退出"按钮。

(5) 重复步骤(1)~(3)，继续录入"2202 应付账款"科目的期初余额"108 110"元。

### 4. 调整余额方向

一般情况下，系统默认资产类科目的余额方向为借方，负债及所有者权益类科目的余额方向为贷方。但是，在实际工作中，有一部分会计科目与原有的系统设置的余额方向不一致，也没有在建立会计科目时对其进行相应的调整，如"坏账准备""累计折旧"等科目的余额方向与同类科目默认的余额方向相反。在录入会计科目余额时，系统提供了调整余额方向的功能，即在还未录入会计科目余额时，如果发现会计科目的余额方向与系统设置的方向不一致，可以将其方向调整。

**例4-6** 将"材料成本差异"科目余额的方向由"借"调整为"贷"。

**操作步骤：**

(1) 在"期初余额录入"对话框中，单击"材料成本差异"科目所在行，再单击"方向"按钮，打开"调整余额方向"信息提示框，如图4-9所示。

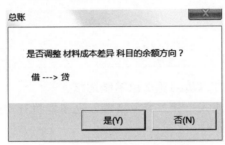

图4-9 "调整余额方向"信息提示框

(2) 确定需调整的方向，单击"是"按钮返回，此时"材料成本差异"科目的余额方向调整为"贷"方。

> **提示：**
> 总账科目与其下级明细科目的余额方向必须一致。
> 余额的方向应以科目属性或类型为准，不以当前余额方向为准。

### 5. 试算平衡

期初余额及累计发生额录入完成后，为了保证初始数据的正确性，必须依据"资产=负债+所有者权益"的原则进行平衡校验。

校验工作由计算机自动完成，校验完成后系统会自动生成一个校验结果报告，如果试算结果不平衡，则应依次逐项进行检查、更正后，再次进行平衡校验，直至平衡为止。

**例4-7** 进行期初余额试算平衡。

**操作步骤：**

(1) 在"期初余额录入"对话框中，单击"试算"按钮，打开"期初试算平衡表"对话框，如图4-10所示，可查看期初余额试算平衡表，检查余额是否平衡。

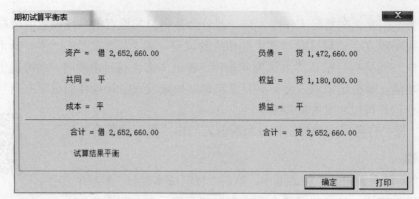

图 4-10 "期初试算平衡表"对话框

(2) 单击"确定"按钮。

 提示：

期初余额试算不平衡，可以填制凭证但不能记账。

已经记过账，则不能再录入、修改期初余额，也不能执行"结转上年余额"的功能。

## 4.3 总账系统日常业务处理

总账中的初始设置完成后，就可以开始进行日常业务处理了。日常业务处理的任务是通过录入和处理各种记账凭证，完成记账工作，查询和打印输出各种日记账、明细账和总分类账，同时对个人往来和单位往来等辅助账进行管理。

### 4.3.1 填制凭证

**1. 增加凭证**

记账凭证一般包括两部分：一是凭证头部分，包括凭证类别、凭证编号、凭证日期和附件张数等；二是凭证正文部分，包括摘要、科目、借贷方向和金额等。如果录入的会计科目有辅助核算要求，则应录入辅助核算内容；如果一个科目同时兼有多种辅助核算，则同时要求录入各种辅助核算的有关内容。

**例 4-8** 以"CW003 黄宏"（口令：000000）的身份登录 211 账套填制记账凭证。1 月 11 日，以现金支付财务部的办公用品费 322 元。

**操作步骤：**

(1) 在"企业应用平台"的"业务工作"选项卡中，单击展开"总账"|"凭证"|"填制凭证"文件夹，进入"填制凭证"窗口。

(2) 单击"增加"按钮(或按 F5 键)，增加一张新凭证。选择凭证类别为"付款凭证"，确认凭证日期为"2019.01.11",如图4-11所示。

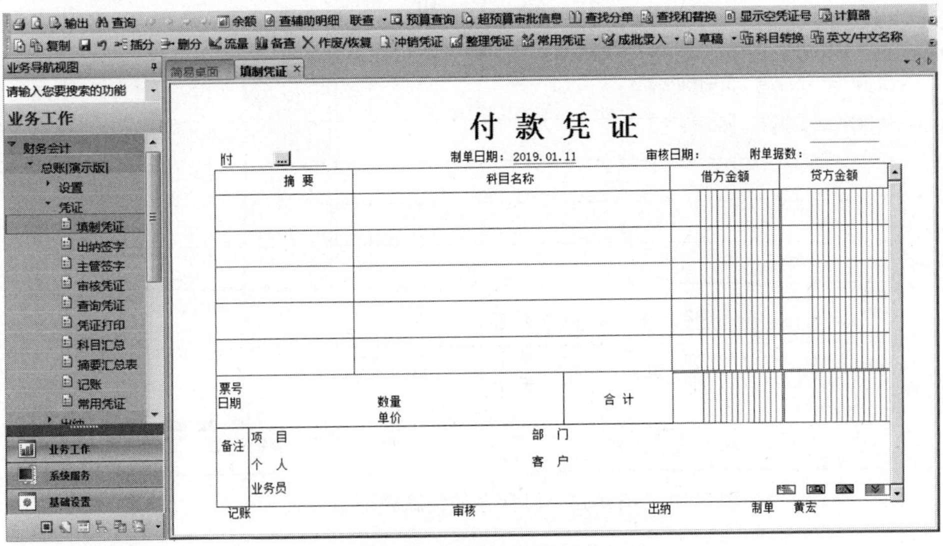

图4-11 填制凭证头部分

(3) 在"摘要"栏录入"支付财务部办公用品费",在"科目名称"栏录入"管理费用/办公费"科目的编码"660202",或单击"参照"按钮,选择"660202 办公费"科目,按Enter键,出现"辅助项"对话框,单击"部门"文本框的"参照"按钮,选择"财务部",如图4-12所示。

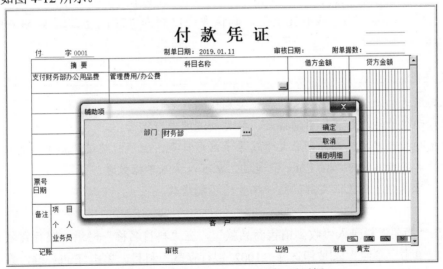

图4-12 输入部门的"辅助项"对话框

(4) 单击"确定"按钮。录入借方金额"322"元,按Enter键,继续录入下一行。

(5) 在第二行"科目名称"栏录入"库存现金"的编码"1001",或单击"参照"按钮,选择"1001 库存现金"科目,录入贷方金额"322"元(或单击"="键)。单击"保存"按钮,如图4-13所示。

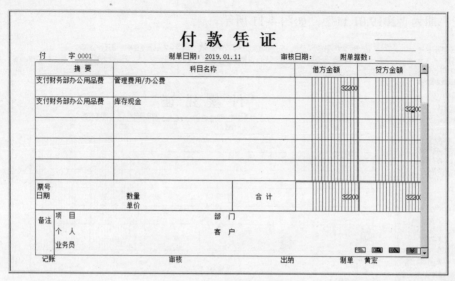

图 4-13 已保存的付款凭证

**例 4-9** 1 月 11 日,销售商品一批,收到货税款(转账支票)共计 14 040 元,其中货款 12 000 元,应交增值税(销项税)2 040 元(附单据 2 张,转账支票号 2525-366)。

**操作步骤:**

(1) 在"填制凭证"对话框中,单击"增加" 按钮(或按 F5 键),增加一张新凭证。

(2) 选择凭证类别为"收款凭证",确认凭证日期为"2019.01.11",录入附单据数为"2"。

**提示:**

凭证类别为初始设置时已定义的凭证类别代码或名称。

采用自动编号时,计算机自动按月、按类别连续进行编号。

采用序时控制时,凭证日期应大于或等于启用日期,但不能超过计算机系统日期。

在"附单据数"处可以按 Enter 键通过,也可以录入单据数量。

凭证一旦保存,其凭证类别、凭证编号均不能修改。

(3) 在"摘要"栏录入"收到销售商品款",在"科目名称"栏录入银行存款的编码"1002"或单击"参照"按钮选择"1002 银行存款"科目。单击 Enter 键,系统打开"辅助项"对话框。

(4) 录入结算方式"202",或单击"参照"按钮,选择"202 转账支票"。录入票号"2525-366",如图 4-14 所示。

(5) 单击"确定"按钮。

(6) 录入借方金额"14 040"元,按 Enter 键,继续输入下一行。

(7) 在第二行"科目名称"栏录入主营业务收入的编码"6001"或单击"参照"按钮,

选择"6001 主营业务收入"科目,录入贷方金额"12 000"元,按 Enter 键,继续输入下一行。

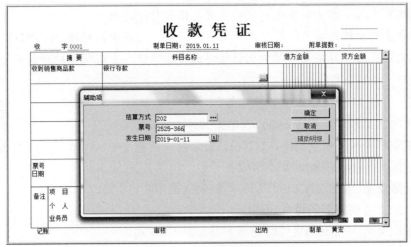

图 4-14 录入辅助信息

(8) 在第三行"科目名称"栏录入"应交税费——应交增值税——销项税额"的编码"22210102",或单击"参照"按钮,选择"22210102 销售项税额"科目,录入贷方金额"2 040"元(或按"="键生成最后一条分录的金额)。

**提示:**

凭证中不同行的摘要可以相同也可以不同,但不能为空。每行摘要将随相应的会计科目在明细账、日记账中出现。新增分录完成后,按 Enter 键,系统将摘要自动复制到下一分录行。

科目编码必须是末级的科目编码。

金额不能为"零",红字以"-"号表示。

(9) 单击"保存" 按钮,系统显示一张完整的凭证,如图 4-15 所示。

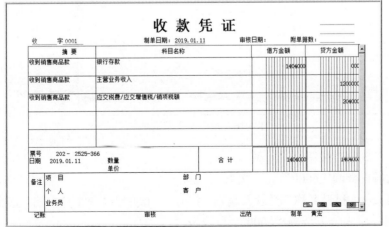

图 4-15 已保存的付款凭证

> **提示：**
> 录入的结算方式、票号和发生日期将在进行银行对账时使用。
> 若当前分录的金额为其他所有分录的借贷方差额，则在金额处按"="键即可。
> 凭证填制完成后，只要继续增加凭证或退出当前凭证，当前凭证均可自动保存。

**例 4-10** 1月17日发生以下6笔业务。
① 销售部李勇预借差旅费6000元(单据共计1张)。
② 收到宏基公司转账支票(No.22206)，偿还前欠货款280 800元。
③ 以转账支票(No.3306)购买小型设备一台，价款共计50 000元。
④ 以转账支票(No.3722)支付伟创公司前欠货款108 110元。
⑤ 以现金支付销售部的租金5000元。
⑥ 以转账支票(No.3309)支付财务部的办公费1200元。

**第1笔业务的操作步骤：**
(1) 在"填制凭证"窗口中，单击"增加" 按钮(或按F5键)，增加一张新凭证。
(2) 录入或选择凭证类别"付款凭证"、制单日期"2019.01.17"、附单据数"1"。
(3) 录入摘要"预借差旅费"、科目名称"1221 其他应收款"，系统打开"辅助项"对话框。
(4) 单击"部门"文本框"参照"按钮，选择"销售部"，单击"个人"文本框"参照"按钮，选择"李勇"，如图4-16所示。

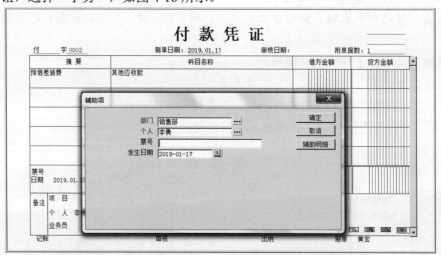

图 4-16 录入个人辅助项

(5) 单击"确定"按钮。
(6) 录入借方金额"6000"元，按Enter键。
(7) 在第二行"科目名称"栏录入编码"1001"，或单击"参照"按钮，选择"1001 库存现金"科目，录入贷方金额"6000"元(或按"="键)。

**第 2 笔业务的操作步骤：**

(1) 单击"增加"按钮(或按 F5 键)，增加一张新凭证。

(2) 录入或选择凭证类别"收款凭证"、制单日期"2019.01.17"。

(3) 录入摘要"收到宏基公司还款"、科目名称"1002 银行存款"(转账支票结算方式，票号为 22206)，录入借方金额为"280 800"元，按 Enter 键。在第二行"科目名称"文本框中录入编码"1122"(即 1122 应收账款)，按 Enter 键，选择客户为"宏基公司"，录入贷方金额为"280 800"元(或按"="键)。

(4) 以此方法继续录入另外 4 笔业务的记账凭证。

> **提示：**
> 当录入一个不存在的个人姓名时，应先编辑该人姓名及其他资料。在录入个人信息时，若只输入"个人名称"不输入"部门名称"时，系统将根据所输入个人名称自动录入其所属部门。
> 其他辅助核算科目可以参照录入，不再赘述。

### 2. 修改凭证

录入凭证时，尽管系统提供了多种控制错误的手段，但误操作是在所难免的，记账凭证的错误，必然影响系统的核算结果。为更正错误，可以通过系统提供的修改功能对错误凭证进行修改。

对错误凭证进行修改，可分为"无痕迹"修改和"有痕迹"修改两种。

**1)"无痕迹"修改**

"无痕迹"修改，即不留下任何曾经修改的线索和痕迹。下列两种状态下的错误凭证可以实现无痕迹修改。

(1) 对已经录入但未审核的计算机内记账凭证进行直接修改。

(2) 已通过审核但还未记账的凭证不能直接修改，可以先取消审核再修改。

即未经审核的错误凭证可通过"填制凭证"功能直接修改；已审核的凭证应先取消审核后，再通过凭证的"填制凭证"功能进行修改。"无痕迹"修改可以参照以下操作方法操作。

**操作步骤：**

(1) 在"填制凭证"对话框中，通过工具栏上的"查询"按钮，或者单击"上张"或"下张"按钮，找到要修改的凭证。

(2) 将光标移到需修改的地方即可直接修改，如附单据数等。

(3) 双击要修改的辅助项，如客户，即可直接修改"辅助项"对话框中的相关内容。

(4) 在当前金额的相反方向，按空格键可修改金额方向。

(5) 单击"插分"按钮，可在当前分录前增加一条分录。

(6) 若当前分录的金额为其他所有分录的借贷方差额，则在金额处按"="键即可。

(7) 单击"保存"按钮，保存当前修改。

> **提示：**
> 若已采用制单序时控制，则在修改制单日期时，不能在上一张凭证的制单日期之前。
> 若已选择不允许修改或作废他人填制的凭证权限控制，则不能修改或作废他人填制的凭证。
> 外部系统(如工资系统、固定资产系统等)传递来的凭证不能在总账系统中修改，只能在生成该凭证的系统中进行修改或删除。

**例 4-11** 将第 0003 号付款凭证中的购买固定资产的金额修改为"58 500"元。

**操作步骤：**

(1) 在"填制凭证"对话框中，单击"上张"◀或"下张"▶按钮，找到要修改的"付字 0003"凭证。

(2) 直接将借方金额修改为"58 500"元，将光标移到第二行贷方金额栏，录入贷方金额"58 500"元，或按"="键，如图 4-17 所示。

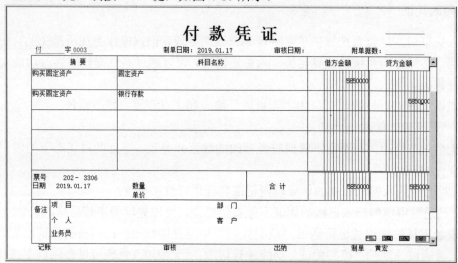

图 4-17 修改凭证

(3) 单击"保存"按钮。

2) "有痕迹"修改

"有痕迹"修改，即留下曾经修改的线索和痕迹，通过保留错误凭证和更正凭证的方式留下修改痕迹。如果已记账凭证发现有错，则不能再对其进行修改，对此类错误的修改要求留下审计线索。这时可以采用红字冲销法或者补充登记法进行更正。

### 3. 冲销凭证

如果需要冲销某张已记账的凭证，可以采用"制单"|"冲销凭证"命令制作红字冲销

凭证。

**操作步骤：**

(1) 在"填制凭证"窗口中，选择"制单"|"冲销凭证"命令，打开"冲销凭证"对话框。

(2) 录入月份，如 1 月份。录入凭证类别和凭证号。

(3) 单击"确定"按钮，系统自动生成一张红字冲销凭证。

**提示：**

进行红字冲销的凭证，必须是已经记账的凭证。

制作红字冲销凭证将错误凭证冲销后，需要再编制正确的蓝字凭证进行补充。

通过红字冲销法增加的凭证，应视同正常凭证进行保存和管理。

### 4. 作废及删除凭证

日常操作过程中，若遇到某张凭证需要作废时，可以使用"作废/恢复"功能，将这些凭证作废。

**例 4-12** 删除第 0003 号付款凭证。

**操作步骤：**

(1) 在"填制凭证"窗口中，单击"上张"  或"下张" 按钮，找到要删除的"付字 0003"凭证。

(2) 选择"制单"|"作废/恢复"命令，在凭证左上角显示"作废"字样，如图 4-18 所示。

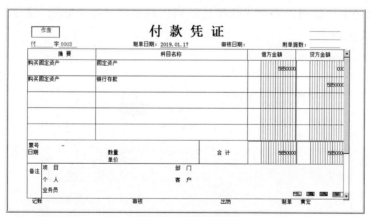

图 4-18 作废凭证

**提示：**

作废凭证仍保留凭证内容及编号，只显示"作废"字样。

作废凭证不能修改和审核。

在记账时,已作废的凭证将参与记账,否则月末无法结账,但系统不对作废凭证进行数据处理,即相当于一张空凭证。

账簿查询时,找不到作废凭证的数据。

若当前凭证已作废,可选择"制单"菜单中的"作废/恢复"命令,取消作废标志,并将当前凭证恢复为有效凭证。

如果不想保留作废凭证,可以通过"整理凭证"功能,将其彻底删除,并对该作废凭证之后的未记账凭证重新编号。

(3) 选择"制单"|"整理凭证"命令,出现"凭证期间选择"对话框,如图4-19所示。

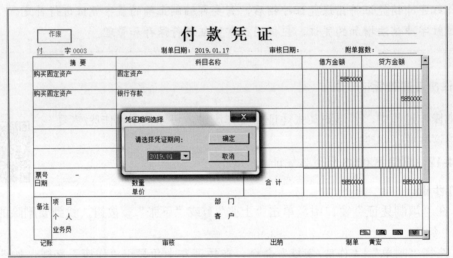

图4-19 选择作废凭证的期间

(4) 单击"确定"按钮,打开"作废凭证表"对话框,在"删除"栏双击打上"Y"标记,如图4-20所示。

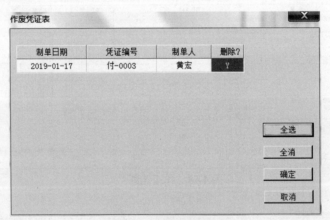

图4-20 选择作废凭证

(5) 单击"确定"按钮,系统提示"是否还需整理凭证断号",如图4-21所示。

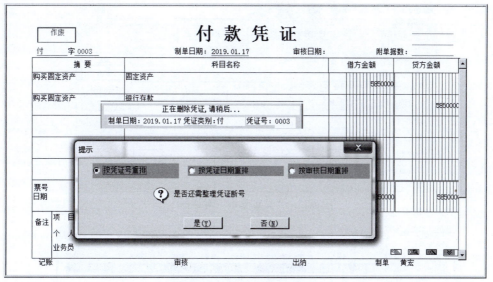

图 4-21　整理凭证断号提示

**提示：**

只能对未记账的凭证做凭证整理。

已记账凭证做凭证整理，应先取消记账，再做凭证整理。

---

(6) 单击"是"按钮，完成删除凭证的操作。

### 5. 查询凭证

在制单过程中，我们可以通过"查询"功能对凭证进行查看，以便随时了解经济业务发生的情况，保证填制凭证的正确性。

**例 4-13**　查询 2019 年 01 月，尚未记账的 1 号付款凭证。

**操作步骤：**

方法一：

在"填制凭证"窗口中，单击"查询" 按钮，或者单击"查看"菜单中的"查询"选项，打开"凭证查询"对话框。

方法二：

(1) 单击展开"总账"|"凭证"|"查询凭证"文件夹，打开"凭证查询"对话框。

(2) 单击"未记账凭证"前的单选按钮。

(3) 选择"凭证类别"下拉列表框中的"付 付款凭证"选项。

(4) 输入凭证号"1"至"1"，其他栏目可以为空，如图 4-22 所示。

(5) 单击"确定"按钮，打开"查询凭证"对话框，单击"确定"按钮，即可找到符合查询条件的凭证，如图 4-23 所示。

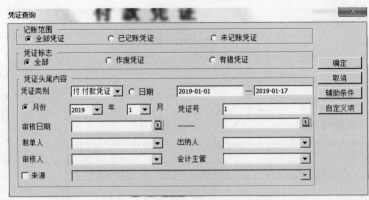

图4-22 "凭证查询"对话框

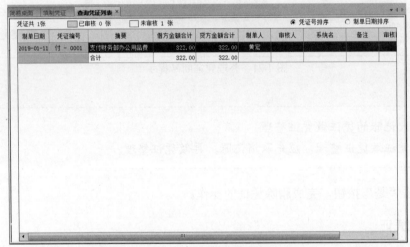

图4-23 查找到的凭证项

(6) 单击"确定"按钮,打开0001号付款凭证,如图4-24所示。

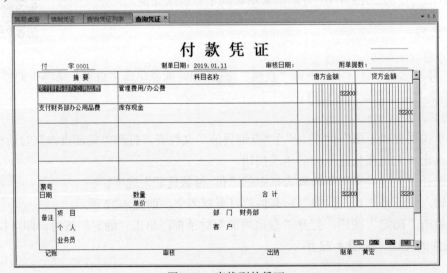

图4-24 查找到的凭证

## 提示：

在"填制凭证"窗口中，选择"查看"菜单中的命令，可以查看到当前科目最新余额、外部系统制单信息、联查明细账及查找分单等。

如果凭证尚未记账，则可以直接在填制凭证功能中查看。

### 4.3.2 出纳及主管签字

为了加强企业对库存现金收入与支出的管理，应加强对出纳凭证的管理。出纳凭证的管理可以采用多种方法，其中出纳签字就是主要的方法之一。出纳签字是指由出纳人员通过"出纳签字"功能对制单员填制的带有库存现金和银行存款科目的凭证进行检查核对，主要核对出纳凭证的出纳科目的金额是否正确。如果凭证正确，则在凭证上进行出纳签字，经审查如果认为该张凭证有错误或有异议，则不予进行出纳签字，应交给填制人员修改后再核对。

会计凭证填制完成之后，如果该凭证是出纳凭证，且在总账系统"选项"中选择"出纳凭证必须经由出纳签字"，则应由出纳核对签字。

出纳凭证由于涉及企业现金的收入与支出，应加强对出纳凭证的管理。出纳人员可以通过"出纳签字"功能对制单员填制的带有现金或银行科目的凭证进行检查核对，主要核对出纳凭证的出纳科目的金额是否正确。审查认为错误或有异议的凭证，应交给填制人员修改后再核对。

为了加强内部控制，已经填制的记账凭证除需要审核和出纳签字外，在记账之前如需主管再次确认凭证的正确性及合法性还可以由主管进行签字，待主管签字后再进行记账操作。

**例4-14** 2019年1月26日，由"CW002"操作员注册进入211账套，对1月份所填制的涉及现金及银行存款的收、付凭证进行出纳签字。

**操作步骤：**

(1) 单击展开"总账"｜"凭证"｜"出纳签字"文件夹，打开"出纳签字"对话框，如图4-25所示。

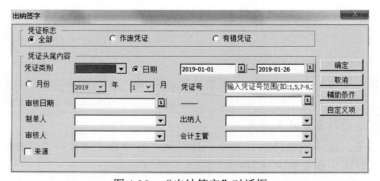

图4-25 "出纳签字"对话框

(2) 单击"确定"按钮，打开"出纳签字列表"对话框，如图4-26所示。

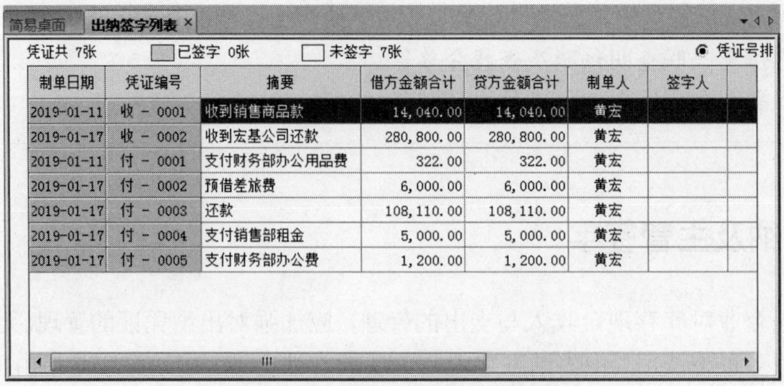

图4-26 "出纳签字列表"对话框

(3) 单击"确定"按钮，打开待进行出纳签字的记账凭证。
(4) 单击工具栏上的"签字"按钮，进行出纳签字。签字后，凭证下方出纳处显示当前操作员姓名，表示该张凭证出纳员已签字，如图4-27所示。

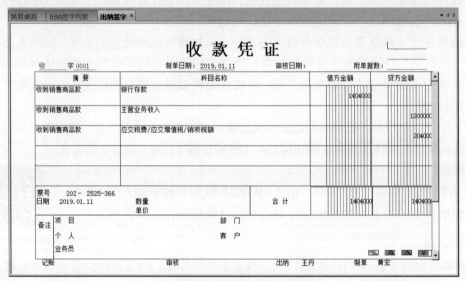

图4-27 出纳员已签字的凭证

(5) 单击"下一页"按钮，继续对其他的收、付凭证进行出纳签字。

**提示：**

企业可根据实际需要在"选项"设置中选择或取消"出纳凭证必须经由出纳签字"的设置。

出纳签字可填补结算方式和票号。

凭证一经签字，就不能被修改、删除，只有取消签字后才可以修改或删除。

取消签字只能由出纳员自己进行。

为了提高工作效率，系统提供了成批签字的功能，在工具栏中选择"出纳"|"成批出纳签字"命令，可以进行签字的成批操作。若想对已签字的凭证进行成批取消签字，可单击"成批取消签字"，取消所有的签字。

为了加强对会计人员制单的管理，系统提供"主管签字"功能，会计人员填制的凭证必须经主管签字才能记账。

主管签字的操作参见出纳签字。

 提示：

已签字的凭证在凭证上显示为当前操作员姓名和红色框。

签字人不能与制单人相同。

取消签字必须由签字人本人进行。

## 4.3.3 审核凭证

审核凭证是指由具有审核权限的操作员按照会计制度规定，对制单人填制的记账凭证进行合法性检查。其目的是防止错误及舞弊。

凭证审核时，可直接由具有审核权限的操作员根据原始凭证，对未记账的凭证进行审核，对正确的记账凭证，发出签字指令，计算机在凭证上填上审核人名字。按照有关规定，制单人和审核人不能是同一个人，如果当前操作员与制单人相同，则应通过重新注册功能更换操作员后再进行审核操作。

**例 4-15** 以"CW001"(陈建，密码：000000)的身份登录注册 211 账套，审核 1 月份填制的凭证。

**操作步骤：**

(1) 由 CW001 号操作员登录注册 211 账套。

(2) 单击展开"总账"|"凭证"|"审核凭证"文件夹，打开"凭证审核"对话框，如图 4-28 所示。

图 4-28 "凭证审核"对话框

(3) 单击"确定"按钮，系统显示全部记账凭证，如图 4-29 所示。

| 制单日期 | 凭证编号 | 摘要 | 借方金额合计 | 贷方金额合计 | 制单人 | 审核人 | 系统名 | 备注 | 审核日期 | 年度 |
|---|---|---|---|---|---|---|---|---|---|---|
| 2019-01-11 | 收 - 0001 | 收到销售商品款 | 14,040.00 | 14,040.00 | 黄宏 | | | | | 2019 |
| 2019-01-17 | 收 - 0002 | 收到宏基公司还款 | 280,800.00 | 280,800.00 | 黄宏 | | | | | 2019 |
| 2019-01-11 | 付 - 0001 | 支付财务部办公用品费 | 322.00 | 322.00 | 黄宏 | | | | | 2019 |
| 2019-01-17 | 付 - 0002 | 预借差旅费 | 6,000.00 | 6,000.00 | 黄宏 | | | | | 2019 |
| 2019-01-17 | 付 - 0003 | 还款 | 108,110.00 | 108,110.00 | 黄宏 | | | | | 2019 |
| 2019-01-17 | 付 - 0004 | 支付销售部租金 | 5,000.00 | 5,000.00 | 黄宏 | | | | | 2019 |
| 2019-01-17 | 付 - 0005 | 支付财务部办公费 | 1,200.00 | 1,200.00 | 黄宏 | | | | | 2019 |

图 4-29 显示符合条件的凭证项

(4) 单击"确定"按钮，打开待审核的记账凭证。

(5) 对凭证进行检查并确定无误后，单击"审核"按钮；如认为有错误，可单击"标错"按钮。已审核的第 0001 号收款凭证如图 4-30 所示。

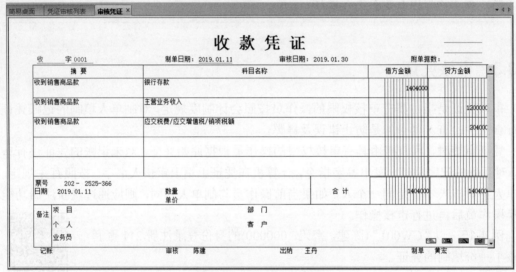

图 4-30 已审核的凭证

(6) 以此方法继续审核其他记账凭证。

**提示：**

在确认一批凭证无错误时，可以选择"审核"菜单中的"成批审核凭证"命令，完成成批审核的操作。

作废凭证不能被审核，也不能被标错。

审核人和制单人不能是同一个人。

凭证一经审核，不能被修改、删除，只有取消审核签字后才能进行修改或删除。

已标错的凭证不能被审核，需先取消标错后才能审核。

## 4.3.4 记账

记账是以会计凭证为依据,将经济业务全面、系统、连续地记录到具有账户基本结构的账簿中的一种方法。

在手工方式下,记账是由会计人员根据已审核的记账凭证及所附有的原始凭证逐笔或汇总后登记有关的总账和明细账等账簿。

在电算化方式下,记账是由有记账权限的操作员发出记账指令,由计算机按照预先设计的记账程序自动进行合法性检查、科目汇总并登记账簿等。

**1. 记账**

记账凭证经审核及出纳签字后,即可以进行登记总账、明细账、日记账及往来账等操作。本系统记账采用向导方式,使记账过程更加明确,记账工作由计算机自动进行数据处理,不用人工干预。

**例 4-16** 以 "CW003"(黄宏,密码:000000)的身份登录 211 账套,将 2019 年 1 月份已审核过的记账凭证记账。

**操作步骤:**

(1) 单击展开 "总账" | "凭证" | "记账" 文件夹,打开 "记账" 窗口,打开 "记账" 对话框,单击 "全选" 按钮,如图 4-31 所示。

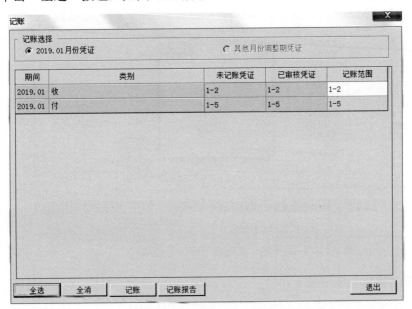

图 4-31 选择本次记账范围

(2) 单击 "记账" 按钮,显示 "期初试算平衡表" 对话框,如图 4-32 所示。

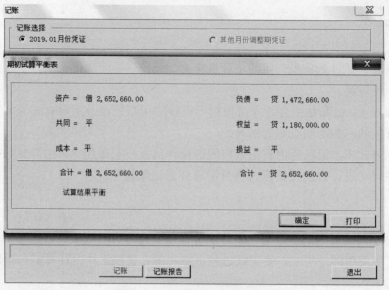

图 4-32　显示期初试算平衡表

(3) 单击"确定"按钮，系统开始登录有关的总账、明细账和辅助账，结束后系统弹出"记账完毕"提示对话框，如图 4-33 所示。

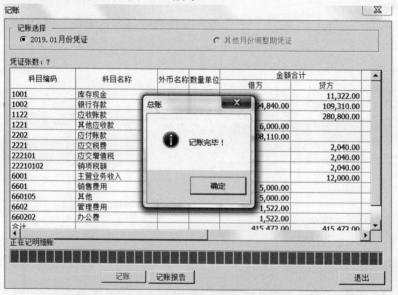

图 4-33　记账完毕的信息提示

(4) 单击"确定"按钮退出。

 **提示：**

记账范围可输入数字、"-"和","。

第一次记账时，若期初余额试算不平衡，不能记账。

上月未结账，本月不能记账。

作废凭证不需审核可直接记账。

在记账过程中，如果发现某一步设置错误，可单击"上一步"按钮返回后进行修改。如果不想再继续记账，可单击"取消"按钮，取消本次记账工作。

在记账过程中，不得中断退出。

---

2．取消记账

如果由于某种原因，事后发现本月已记账的凭证有错误且必须在本月进行修改，利用"恢复记账前状态"功能，将本月已记账的凭证恢复到未记账状态，进行修改、审核后再进行记账。

**例 4-17** 以账套主管"CW001"(陈建，密码：000000)的身份，在取消 211 账套 1 月份的所有记账的操作后再记账。

**操作步骤：**

(1) 单击展开"总账"|"期末"|"对账"文件夹，打开"对账"对话框。

(2) 单击 2019.01 月份所在行，按 Ctrl+H 键，激活恢复记账前状态功能，如图 4-34 所示。

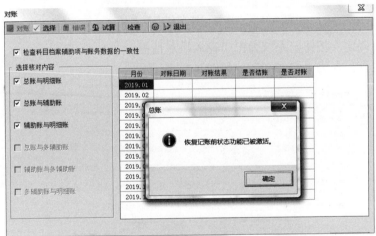

图 4-34　激活恢复记账前状态

(3) 单击"确定"按钮。

(4) 单击"退出"按钮。

(5) 单击展开"总账"|"凭证"|"恢复记账前状态"文件夹，打开"恢复记账前状态"对话框，如图 4-35 所示，单击"2019 年 01 月初状态"前的单选按钮。

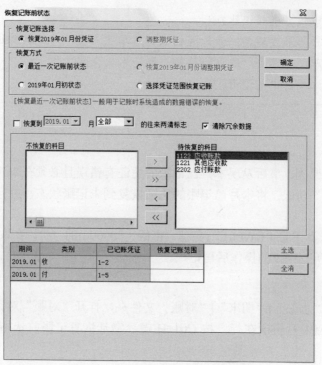

图 4-35 "恢复记账前状态"对话框

(6) 单击"确定"按钮,系统弹出"输入"对话框。
(7) 输入主管口令为"000000",如图 4-36 所示。

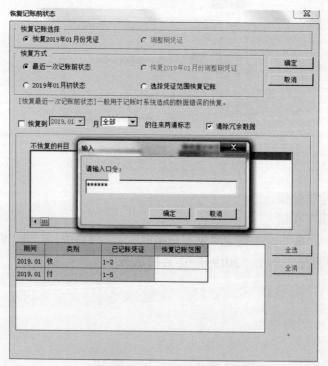

图 4-36 输入主管会计的口令

(8) 单击"确定"按钮。
(9) 系统弹出"恢复记账完毕！"提示对话框，如图4-37所示。

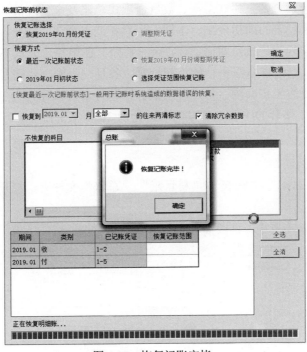

图4-37 恢复记账完毕

(10) 单击"确定"按钮返回。
(11) 单击展开"总账"|"凭证"|"记账"文件夹，完成记账的操作。

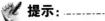提示：

只有账套主管才有权限进行恢复到记账前状态的操作。
对于已结账的月份，不能恢复记账前状态。
如果再按 Ctrl+H 键，则隐藏恢复记账前状态功能。

## 4.4 会计账簿

企业发生的经济业务，经过制单、审核、记账操作之后，就形成了正式的会计账簿。为了能够及时地了解账簿中的数据资料，并满足对账簿数据的统计分析及打印的需要，系统提供了强大的查询功能，包括基本会计核算账簿的查询和输出、各种辅助核算账簿及库存现金和银行存款日记账的查询和输出。整个系统可以方便地实现对总账、明细账及凭证等账、证、表资料的联查。

### 4.4.1 总账

总账查询主要包括查询三栏式总账、数量金额式总账及余额表等。通过总账查询可以总括地了解总账及余额表的期初余额、本期发生额和期末余额的情况。

总账通常被定义为三栏式，即借、贷、余三栏账。在电算化方式下，通过三栏式总账查询功能，不但可以查询各总账科目的年初余额、各月发生额合计和月末余额，而且还可以查询所有明细科目的年初余额、各月发生额合计和月末余额等。

**例4-18** 由211账套的主管"CW001"，查询2019年1月"6601 销售费用"的总账余额。

**操作步骤：**

(1) 单击展开"总账"|"账表"|"科目账"|"总账"文件夹，打开"总账查询条件"对话框。

(2) 在"科目"文本框中，直接输入或单击"参照"按钮选择"6601"，如图4-38所示。

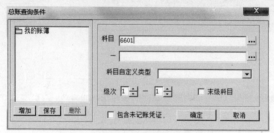

图4-38 输入总账查询条件

> **提示：**
>
> 科目范围为空时，系统认为查询所有科目。
>
> 如果需查询一至三级科目，可选择级次范围"1—3"，如果需查询所有末级科目，则应选中"末级科目"复选框。
>
> 如果需查看明细账，还可以在"总账"查询窗口的工具栏中单击"明细"按钮。
>
> 如果需查询包含未记账凭证的总账，则应选中"包含未记账凭证"复选框。
>
> 可将查询条件保存到"我的账簿"文件夹中。

(3) 单击"确定"按钮，显示查询结果，如图4-39所示。

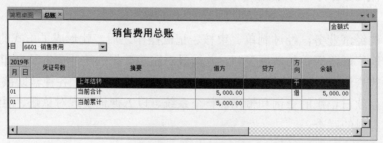

图4-39 显示查询结果

## 4.4.2 余额表

余额表查询与总账查询基本相似，主要用于查询和统计各级科目的本月发生额、累计发生额和余额等，可输出某月或某几个月的所有总账科目或明细科目的期初余额、本期发生额、累计发生额、期末余额等。可以分别按会计科目的类型和金额区间等方式查询。此处主要介绍未记账余额表的查询。

**例 4-19** 查询包含未记账凭证的所有科目的余额表。

**操作步骤：**

(1) 单击展开"总账"|"账表"|"科目账"|"余额表"文件夹，打开"发生额及余额查询条件"对话框。

(2) 在"月份"下拉列表框中，输入起、止月份，当只查询某个月的资料时，应将起、止月份都选择为同一月份，如查询 2019 年 1 月，则月份范围应选择"2019.01－2019.01"。

(3) 选中"包含未记账凭证"复选框，如图 4-40 所示。

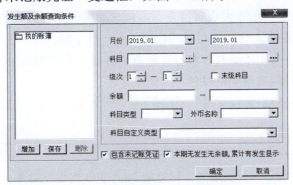

图 4-40 输入发生额及余额查询条件

(4) 单击"确定"按钮，系统显示"发生额及余额表"，如图 4-41 所示。

### 发生额及余额表

月份：2019.01-2019.01

| 科目编码 | 科目名称 | 期初余额 | | 本期发生 | | 期末余额 | |
|---|---|---|---|---|---|---|---|
| | | 借方 | 贷方 | 借方 | 贷方 | 借方 | 贷方 |
| 1001 | 库存现金 | 120,000.00 | | | 11,322.00 | 108,678.00 | |
| 1002 | 银行存款 | 223,230.00 | | 294,840.00 | 109,310.00 | 408,760.00 | |
| 1122 | 应收账款 | 280,800.00 | | | 280,800.00 | | |
| 1221 | 其他应收款 | 12,000.00 | | 6,000.00 | | 18,000.00 | |
| 1405 | 库存商品 | 146,452.00 | | | | 146,452.00 | |
| 1601 | 固定资产 | 2,123,600.00 | | | | 2,123,600.00 | |
| 1602 | 累计折旧 | | 253,422.00 | | | | 253,422.00 |
| 资产小计 | | 2,906,082.00 | 253,422.00 | 300,840.00 | 401,432.00 | 2,805,490.00 | 253,422.00 |
| 2001 | 短期借款 | | 700,000.00 | | | | 700,000.00 |
| 2202 | 应付账款 | | 108,110.00 | 108,110.00 | | | |
| 2221 | 应交税费 | | | | 2,040.00 | | 2,040.00 |
| 2501 | 长期借款 | | 664,550.00 | | | | 664,550.00 |
| 负债小计 | | | 1,472,660.00 | 108,110.00 | 2,040.00 | | 1,366,590.00 |
| 4001 | 实收资本 | | 1,180,000.00 | | | | 1,180,000.00 |
| 权益小计 | | | 1,180,000.00 | | | | 1,180,000.00 |
| 6001 | 主营业务收入 | | | | 12,000.00 | | 12,000.00 |
| 6601 | 销售费用 | | | 5,000.00 | | 5,000.00 | |
| 6602 | 管理费用 | | | 1,522.00 | | 1,522.00 | |
| 损益小计 | | | | 6,522.00 | 12,000.00 | 6,522.00 | 12,000.00 |
| 合计 | | 2,906,082.00 | 2,906,082.00 | 415,472.00 | 415,472.00 | 2,812,012.00 | 2,812,012.00 |

图 4-41 发生额及余额表

(5) 在"发生额及余额表"窗口的右上角的"账页格式"下拉列表框中,可以选择账页格式。

(6) 单击"累计"按钮,系统自动显示借贷方累计发生额。

(7) 将光标移到具有辅助核算的科目所在行,单击"专项"按钮,可查到相应科目的辅助总账或余额表。

### 4.4.3 明细账

明细账查询与总账查询的操作步骤基本相同,主要用于查询明细科目的期初余额、各月发生额合计和月末余额等。明细账的查询格式主要有普通明细账、按科目排序明细账、月份综合明细账。

- 普通明细账是按科目查询,按发生日期排序的明细账。
- 按科目排序明细账是指如果查询非末级科目时,按其有发生额的末级科目排序的明细账。
- 月份综合明细账是按非末级科目查询,包含非末级科目总账数据及末级科目明细数据的综合明细账,使各级科目的数据关系一目了然。

普通明细账查询主要用于平时按科目范围查询各账户的明细发生情况,及按任意条件组合查询明细账。在查询过程中可以包含未记账凭证。

**例4-20** 查询"6602 管理费用"明细账(包含未记账凭证),并按科目排序。

**操作步骤:**

(1) 单击展开"总账"|"账表"|"科目账"|"明细账"文件夹,打开"明细账查询条件"对话框。

(2) 单击"按科目范围查询"单选按钮,单击"科目"文本框的"参照"按钮,选择"6602 管理费用"科目。

(3) 在"月份"下拉列表框中输入"2019.01—2019.01"。

(4) 选中"是否按对方科目展开"及"包含未记账凭证"复选框,如图4-42所示。

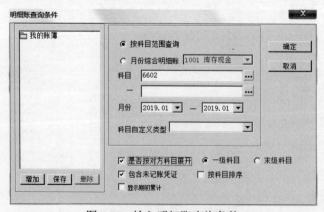

图 4-42 输入明细账查询条件

(5) 单击"确定"按钮，系统显示查询结果，如图 4-43 所示。

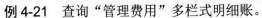

图 4-43　管理费用明细账查询结果

**提示：**
在"明细账"查询窗口中，可以联查到相应科目的总账及记账凭证等。

## 4.4.4　多栏账

在总账系统中，普通多栏账由系统根据要分析的科目及其下级科目自动生成"多栏账"。一般情况下，负债、收入类科目分析其下级科目的贷方发生额，资产、费用类科目分析其下级科目借方发生额，并允许随时调整。

**例 4-21**　查询"管理费用"多栏式明细账。

**操作步骤：**

(1) 单击展开"总账"|"账簿查询"|"多栏账"文件夹，打开"多栏账"对话框，如图 4-44 所示。

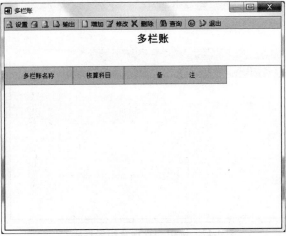

图 4-44　"多栏账"对话框

(2) 在"多栏账"对话框中，单击"增加" 按钮，打开"多栏账定义"对话框，单击"核算科目"下拉列表框中的下三角按钮,选择"6602 管理费用",如图 4-45 所示。

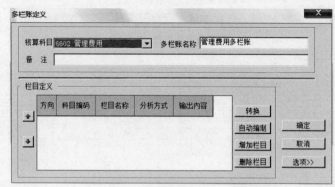

图 4-45 "多栏账定义"对话框

(3) 单击"自动编制"按钮,已定义的管理费用多栏账如图 4-46 所示。

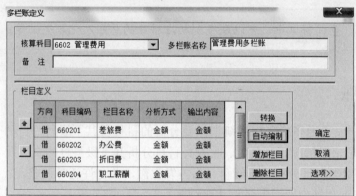

图 4-46 已定义的管理费用多栏账

(4) 单击"确定"按钮,返回"多栏账"对话框,如图 4-47 所示。

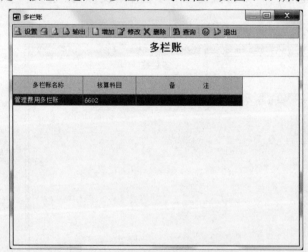

图 4-47 选中的管理费用多栏账

(5) 单击"查询"按钮,打开"多栏账查询"对话框,如图 4-48 所示。

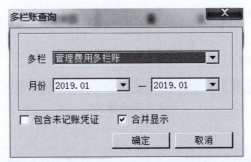

图 4-48 "多栏账查询"对话框

(6) 单击"确定"按钮，系统显示查询结果，如图 4-49 所示。

图 4-49 显示多栏账查询结果

**提示：**

单击"凭证"按钮，可以查询多栏账中相应的凭证。
在"多栏"下拉列表框中，可以选择其他多栏账内容进行查询。

## 4.4.5 个人往来账

个人往来辅助账主要涉及个人往来辅助账余额表及明细账。余额表和明细账的查询与普通明细账和余额表的查询类似，在此不再讲述，这里只涉及往来账清理。

个人往来账清理主要是对个人往来账户的勾对，并提供账龄分析及催款单。个人往来的勾对功能主要用于对个人的借款、还款情况进行清理，能够及时地了解个人借款、还款情况，清理个人借款。勾对是将已达账项打上已结清的标记，例如，某人上月借款 23 000 元，本月归还欠款 23 000 元，则两清，就是在这两笔业务上同时打上标记，表示这笔往来业务已结清。

**例 4-22** 查询销售部李勇的个人往来余额表。

**操作步骤：**

(1) 单击展开"总账"|"账表"|"个人往来账"|"个人往来余额表"|"个人余额表"文件夹，打开"个人余额表查询条件"对话框。

(2) 在"个人余额表查询条件"对话框中,单击"个人"文本框的"参照"按钮,选择"李勇"。

(3) 单击"确定"按钮,显示"个人往来_个人余额表"窗口,如图4-50所示。

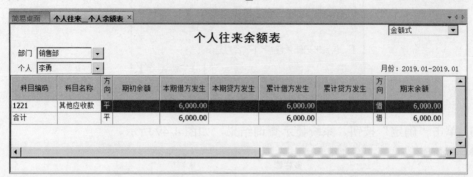

图4-50 个人往来余额表

### 4.4.6 部门账

在总账系统中,如果在定义会计科目时,把某科目设置为部门辅助核算,则系统对这些科目除了进行部门核算外,还提供了横向和纵向的查询统计功能,为企业管理者输出各种会计信息,真正体现了"管理"的功能。

部门辅助账的管理主要涉及部门辅助总账、明细账的查询,正式账簿的打印,以及如何得到部门收支分析表。部门总账和明细账的查询方法与普通总账和明细账的查询方法类似,这里以部门收支分析表来说明部门管理的方法和作用。

**例4-23** 对所有部门进行部门收支分析。

**操作步骤:**

(1) 单击展开"总账"|"账表"|"部门辅助账"|"部门收支分析"文件夹,打开"部门收支分析条件"的"选择分析科目"对话框,如图4-51所示。

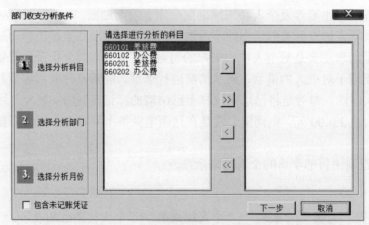

图4-51 "部门收支分析条件——选择分析科目"对话框

(2) 单击"传递" >> 按钮，选择要进行分析的科目，如图 4-52 所示。

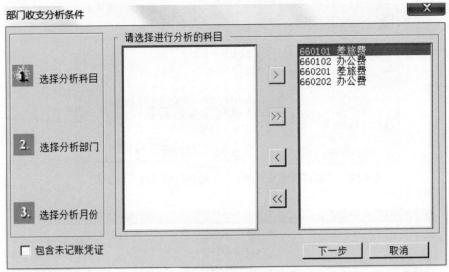

图 4-52　选择进行分析的科目

(3) 单击"下一步"按钮，打开"部门收支分析条件"的"选择分析部门"对话框。

(4) 单击"传递" >> 按钮，选择所有要进行分析的部门，如图 4-53 所示。

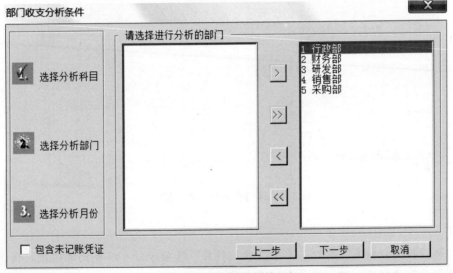

图 4-53　选择要分析的部门

(5) 单击"下一步"按钮，打开"部门收支分析条件"的"选择分析月份"对话框，如图 4-54 所示。

(6) 单击"完成"按钮，打开"部门收支分析表"窗口，如图 4-55 所示。

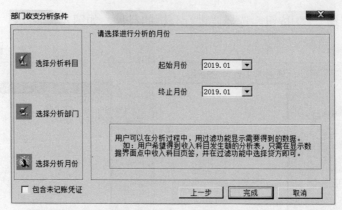

图 4-54 "部门收支分析条件——选择分析月份"对话框

图 4-55 "部门收支分析表"窗口

> **提示：**
>
> 在"部门收支分析表"窗口，单击"收入科目"选项卡，可以查询部门收入情况；单击"费用科目"选项卡，可以查询部门费用情况。

## 4.5 出纳业务

企业所发生的包括现金和银行存款在内的所有经济业务，经过制单、审核、记账操作之后，就形成了正式的会计账簿。为了能够及时地了解账簿中的数据资料，并满足对账簿数据的统计分析及打印的需要，系统提供了强大的查询功能，包括基本会计核算账簿的查询输出、各种辅助核算账簿及现金和银行存款日记账的查询和输出。在出纳功能中可以方便地实现对日记账及资金日报表的查询，并进行银行对账。

## 4.5.1 查询日记账

日记账查询主要包括查询现金日记账、银行存款日记账及资金日报表。

### 1．查询银行存款日记账

日记账是指现金日记账和银行存款日记账。在日常业务处理过程中，通过记账功能就能直接完成日记账的记账操作。日记账的作用只是用于查询和输出现金和银行存款的账务资料。现金日记账及银行存款日记账查询功能，既可以查询某一天的现金或银行存款日记账，也可以查询某一个月份的现金或银行存款日记账。

在系统中如果要查询现金及银行存款日记账，除了要在"会计科目"设置中将"库存现金"和"银行存款"科目设置为"日记账"外，还必须在"指定科目"功能中将"库存现金"科目指定为"现金总账科目"，将"银行存款"科目指定为"银行总账科目"，否则将不能完成查询现金及银行存款日记账的操作。

**例 4-24** 由 CW001(陈建，密码：000000)查询 2019 年 1 月的银行存款日记账。

**操作步骤：**

(1) 单击展开"总账"|"出纳"|"银行日记账"文件夹，打开"银行日记账查询条件"对话框。

(2) 选择"科目"下拉列表框中的"1002 银行存款"选项。

(3) 查询方式系统默认为按月查询，选择月份"2019.01—2019.01"。

(4) 如果需要查看"包含未记账凭证"的日记账，可选中"包含未记账凭证"复选框，如图 4-56 所示。

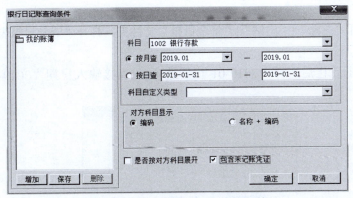

图 4-56 输入银行日记账查询条件

(5) 单击"确定"按钮，进入"银行日记账"窗口，如图 4-57 所示。

图 4-57 "银行日记账"窗口

 提示:

在"银行日记账"中,如果本月尚未结账,则账表末行显示"当前合计""当前累计";如果本月已经结账,则显示"本月合计""本年累计"。

查询日记账时,还可以双击某行,或单击"凭证"按钮,查看相应的凭证,单击"总账"按钮,可以查看此科目的三栏式总账。

现金日记账的查询与银行存款日记账的查询操作基本相同。

**2. 资金日报表**

资金日报表是反映某日现金、银行存款发生额及余额情况的报表,在企业财务管理中占据重要位置。在手工方式下,资金日报表由出纳员逐日填写,反映当天营业终了时现金、银行存款的收支情况及余额。电算化方式下,资金日报表功能主要用于查询、输出或打印资金日报表,提供当日借、贷金额合计和余额,以及发生的业务量等信息。

**例 4-25** 查询 2019 年 1 月 17 日的资金日报表。

操作步骤:

(1) 单击展开"总账"|"出纳"|"资金日报"文件夹,打开"资金日报表查询条件"对话框。

(2) 在"日期"栏后选择"2019-01-17"选项(或直接输入日期"2019-01-17"),如图 4-58 所示。

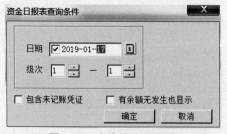

图 4-58 查询资金日报表

(3) 单击“确定”按钮，进入“资金日报表”窗口，如图 4-59 所示。

| 科目编码 | 科目名称 | 币种 | 今日共借 | 今日共贷 | 方向 | 今日余额 | 借方笔数 | 贷方笔数 |
|---|---|---|---|---|---|---|---|---|
| 1001 | 库存现金 | | | 11,000.00 | 借 | 108,678.00 | | 2 |
| 1002 | 银行存款 | | 280,800.00 | 109,310.00 | 借 | 408,760.00 | 1 | 2 |
| 合计 | | | 280,800.00 | 120,310.00 | 借 | 517,438.00 | 1 | 4 |

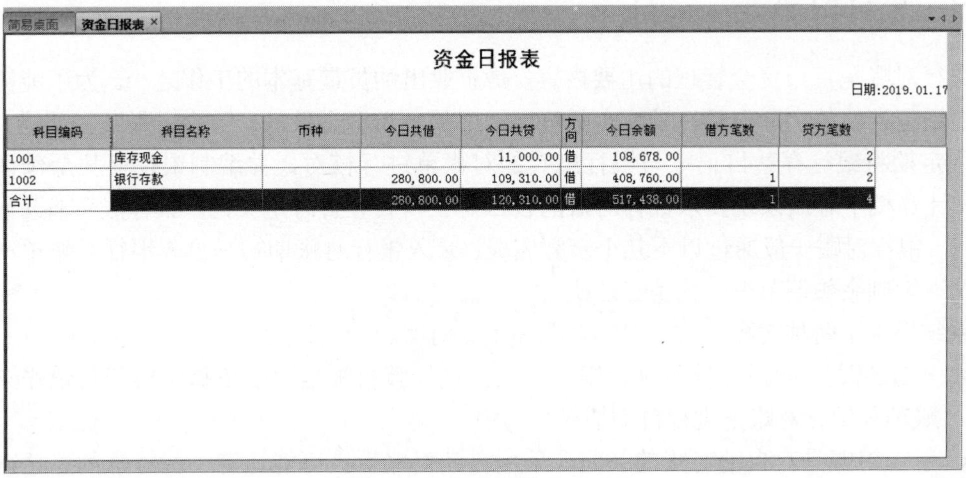

图 4-59 “资金日报表”窗口

**提示：**

在“资金日报表”窗口，单击“日报”按钮，可查询并打印光标所在行科目的日报单；单击“昨日”按钮，可查看现金、银行科目的昨日余额。

## 4.5.2 支票登记簿

为了加强企业的支票管理，出纳人员通常要建立“支票登记簿”，以便详细登记支票领用人、领用日期、支票用途及是否报销等情况。

在现金管理系统中，只有在结算方式设置时选择了票据管理功能，并且在总账的“选项”中选择了“支票控制”选项，才能使用支票登记簿功能登记支票的核销情况。

**操作步骤：**

(1) 单击展开“总账”|“出纳”|“支票登记簿”文件夹，打开“银行科目选择”对话框。

(2) 单击“科目”下拉列表框的下三角按钮，选择“银行存款 1002”。

(3) 单击“确定”按钮，打开“支票登记”对话框。

(4) 单击工具栏中的“增加”按钮，依次录入“领用日期”“领用部门”及“领用人”等信息。

**提示：**

领用日期和支票号必须录入，其他内容可以不录入。

报销日期不能在领用日期之前。

已报销的支票可以成批删除。

### 4.5.3 银行对账

银行对账是货币资金管理的主要内容，是企业出纳员最基本的工作之一。为了能够准确掌握银行存款的实际金额，了解实际可以动用的货币资金数额，防止记账发生差错，企业必须定期将银行存款日记账与银行出具的对账单进行核对，并编制银行存款余额调节表。在计算机中总账系统要求银行对账的科目是在科目设置时定义为"银行账"辅助账类的科目。银行对账一般通过以下几个步骤完成：录入银行对账期初→录入银行对账单→银行对账→编制余额调节表→核销已达账。

系统提供了两种对账方式：自动对账和手工对账。
- 自动对账，即由计算机进行银行对账，是计算机根据对账依据将银行日记账未达账项与银行对账单进行自动核对、勾销。
- 手工对账是对自动对账的补充。采用自动对账后，可能还有一些特殊的已达账项尚未勾对出来而被视作未达账项。为了保证银行账能够彻底准确，可以通过手工对账进行调整勾销。

**1. 录入银行对账期初数据**

第一次使用银行对账功能前，系统要求录入日记账、对账单的期初余额及未达账项，在开始使用银行对账之后，由系统自动生成下一个月份的期初余额及未达账项，不再需要手工输入。

**例 4-26** 银行对账的启用日期为：2019 年 1 月 1 日。单位日记账最后一次银行对账期末余额为：223 230 元，没有未达账项；银行对账单最后一次银行对账期末余额为：225 225 元，企业已收银行未收未达账项为 11 200 元，企业已付银行未付未达账项为 13 195 元。

**操作步骤：**

(1) 单击展开"总账"|"出纳"|"银行对账"|"银行期初录入"文件夹，打开"银行科目选择"对话框。

(2) 选择"科目"下拉列表框中的"银行存款(1002)"选项，如图 4-60 所示。

图 4-60 选择银行科目

(3) 单击"确定"按钮,打开"银行对账期初"对话框,如图4-61所示。

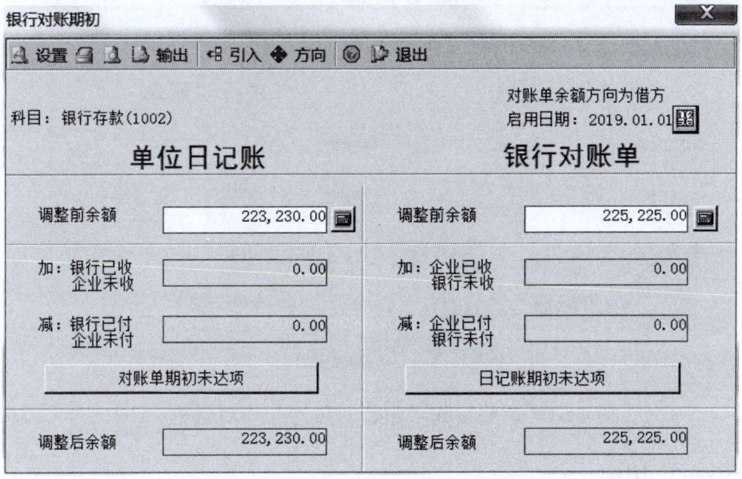

图4-61 "银行对账期初"对话框

(4) 在"单位日记账"的"调整前余额"文本框中录入"223 230";在"银行对账单"的"调整前余额"文本框中录入"225 225"。

(5) 单击"日记账期初未达项"按钮,打开"企业方期初"对话框。

(6) 单击"增加"按钮,选择日期为"2018.12.29",输入借方金额"11 200"元,再单击"增加"按钮,选择日期为"2018.12.31",输入贷方金额"13 195"元,如图4-62所示。

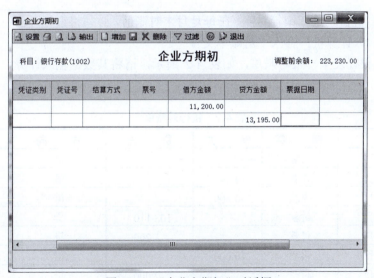

图4-62 "企业方期初"对话框

(7) 单击"保存"按钮,保存已录入的数据。

(8) 单击"退出"按钮,返回"银行对账期初"对话框,系统显示调整前余额、未达账项及调整后余额,如图4-63所示。

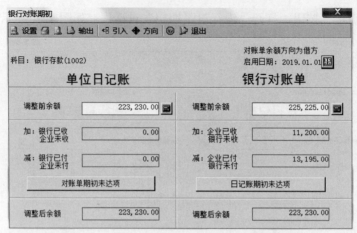

图 4-63 调整后的"银行对账期初"对话框

(9) 单击"退出"按钮。

 提示：

在录入完单位日记账、银行对账单期初未达账项后，请不要随意调整启用日期，尤其是向前调，这样可能会造成启用日期后的期初数不能再参与对账。

### 2. 录入银行对账单

要实现计算机自动进行银行对账，在每月月末对账前，必须将银行开出的银行对账单输入计算机，存入"对账单文件"。

**例 4-27** 银行发来一张对账单，如表 4-2 所示，请将其数据输入计算机中。

表 4-2 银行对账单

| 日 期 | 摘 要 | 借 方 | 贷 方 | 方 向 | 余 额 |
|---|---|---|---|---|---|
| 2019 年 1 月 1 日 | 余额 | | | 借 | 225 225 |
| 2019 年 1 月 11 日 | 收款 | 14 040 | | 借 | 239 265 |
| 2019 年 1 月 17 日 | 收款 | 280 800 | | 借 | 520 065 |
| 2019 年 1 月 17 日 | 付款 | | 108 110 | 贷 | 411 955 |
| 2019 年 1 月 17 日 | 付款 | | 1 200 | 贷 | 410 755 |
| 2019 年 1 月 30 日 | 收款 | 10 000 | | 借 | 420 755 |
| 2019 年 1 月 31 日 | 付款 | | 2 000 | 贷 | 418 755 |

**操作步骤：**

(1) 单击展开"总账"|"出纳"|"银行对账"|"银行对账单"文件夹，打开"银行科目选择"对话框。

(2) 选择"科目"下拉列表框中的"银行存款(1002)"选项。

(3) 单击"确定"按钮，进入"银行对账单"窗口。
(4) 单击"增加"按钮，输入日期"2019年1月11日"、借方金额"14 040"元。
(5) 单击"增加"按钮，继续输入对账单上的其他数据资料，如图4-64所示。

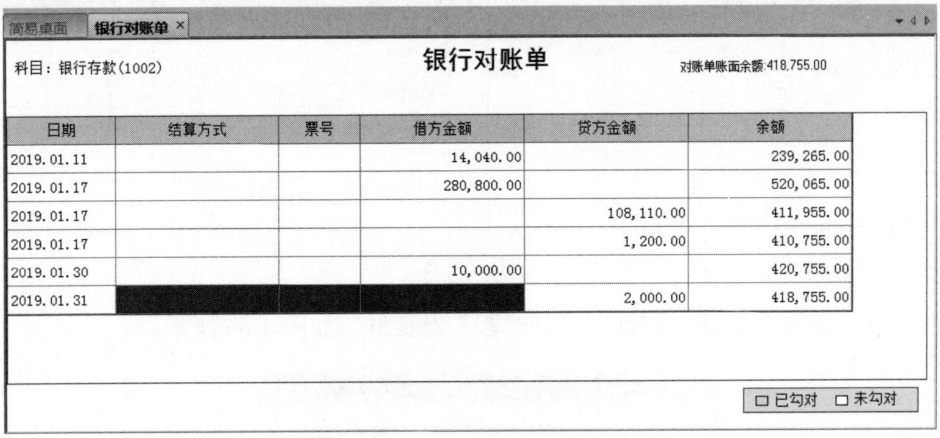

| 日期 | 结算方式 | 票号 | 借方金额 | 贷方金额 | 余额 |
|---|---|---|---|---|---|
| 2019.01.11 | | | 14,040.00 | | 239,265.00 |
| 2019.01.17 | | | 280,800.00 | | 520,065.00 |
| 2019.01.17 | | | | 108,110.00 | 411,955.00 |
| 2019.01.17 | | | | 1,200.00 | 410,755.00 |
| 2019.01.30 | | | 10,000.00 | | 420,755.00 |
| 2019.01.31 | | | | 2,000.00 | 418,755.00 |

科目：银行存款(1002)　　对账单账面余额:418,755.00

图4-64 "银行对账单"窗口

(6) 单击"保存"按钮，再单击"退出"按钮。

**提示：**

录入每笔经济业务的金额后，按Enter键，系统自动计算出该日的银行存款余额。

若企业在多家银行开户，对账单应与其对应账号所对应的银行存款下的末级科目一致。

### 3. 对账

银行对账采用自动对账与手工对账相结合的方式。自动对账是计算机根据对账依据自动进行核对、勾销，对账依据由用户根据需要选择。

**自动对账**

**例4-28** 以最大条件对1月份的银行存款业务进行银行对账。

**操作步骤：**

(1) 单击展开"总账"|"出纳"|"银行对账"|"银行对账"文件夹，打开"银行科目选择"对话框。

(2) 选择"科目"下拉列表框中的"银行存款(1002)"选项，默认系统选项"显示已达账"。

(3) 单击"确定"按钮，进入"银行对账"窗口，如图4-65所示。

| 票据日期 | 结算方式 | 票号 | 方向 | 金额 | 两清 | 凭证号数 | 摘要 | 日期 | 结算方式 | 票号 | 方向 | 金额 | 两清 | 对账序号 |
|---|---|---|---|---|---|---|---|---|---|---|---|---|---|---|
| 2019.01.11 | 202 | 2525-366 | 借 | 14,040.00 | | 收-0001 | 收到销售商 | 2019.01.11 | | | 借 | 14,040.00 | | |
| 2019.01.17 | 202 | 22206 | 借 | 280,800.00 | | 收-0002 | 收到宏基公 | 2019.01.17 | | | 借 | 280,800.00 | | |
| 2019.01.17 | 202 | 3722 | 贷 | 108,110.00 | | 付-0003 | 还款 | 2019.01.17 | | | 贷 | 108,110.00 | | |
| 2019.01.17 | 202 | 3309 | 贷 | 1,200.00 | | 付-0005 | 支付财务部 | 2019.01.17 | | | 贷 | 1,200.00 | | |
| | | | 借 | 11,200.00 | | -0000 | | 2019.01.30 | | | 借 | 10,000.00 | | |
| | | | 贷 | 13,195.00 | | -0000 | | 2019.01.31 | | | 贷 | 2,000.00 | | |

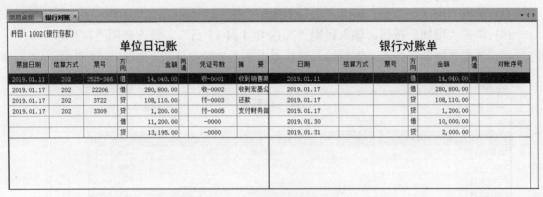

图 4-65 “银行对账”窗口

(4) 单击“对账”按钮，打开“自动对账”对话框，如图 4-66 所示。

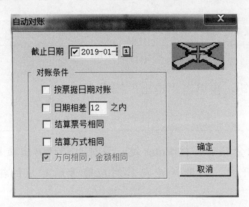

图 4-66 “自动对账”对话框

(5) 单击“截止日期”文本框中的“日期”按钮，选择截止日期“2019.01.31”。

(6) 在“对账条件”列表框中，取消选中“日期相差 12 天之内”“结算方式相同”“结算票号相同”复选框，取消这 3 个对账条件的限制，以最大条件进行银行对账。

(7) 单击“确定”按钮，系统进行自动对账，并显示自动对账结果，如图 4-67 所示。

| 票据日期 | 结算方式 | 票号 | 方向 | 金额 | 两清 | 凭证号数 | 摘要 | 日期 | 结算方式 | 票号 | 方向 | 金额 | 两清 | 对账序号 |
|---|---|---|---|---|---|---|---|---|---|---|---|---|---|---|
| 2019.01.1 | 202 | 2525-366 | 借 | 14,040.00 | ○ | 收-0001 | 收到销售商 | 2019.01.11 | | | 借 | 14,040.00 | ○ | 2019013100 |
| 2019.01.1 | 202 | 22206 | 借 | 280,800.00 | ○ | 收-0002 | 收到宏基公司 | 2019.01.17 | | | 借 | 280,800.00 | ○ | 2019013100 |
| 2019.01.1 | 202 | 3722 | 贷 | 108,110.00 | ○ | 付-0003 | 还款 | 2019.01.17 | | | 贷 | 108,110.00 | ○ | 2019013100 |
| 2019.01.1 | 202 | 3309 | 贷 | 1,200.00 | ○ | 付-0005 | 支付财务部 | 2019.01.17 | | | 贷 | 1,200.00 | ○ | 2019013100 |
| | | | 借 | 11,200.00 | | -0000 | | 2019.01.30 | | | 借 | 10,000.00 | | |
| | | | 贷 | 13,195.00 | | -0000 | | 2019.01.31 | | | 贷 | 2,000.00 | | |

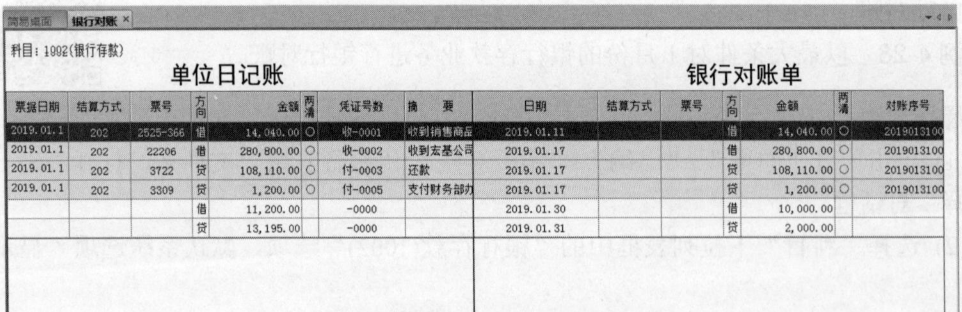

图 4-67 显示自动对账结果

**提示：**

对账条件中的方向、金额相同是必选条件。

对账截止日期可录可不录。

对于已达账项，系统自动在银行存款日记账和银行对账单双方的"两清"栏中打上圆圈标志，其所在行背景色变为绿色。

**手工对账**

由于系统中的银行未达账项是通过凭证处理自动形成的，其间有人工录入过程，可能存在有关项目内容输入不规范或不全面的情况，从而造成无法实现全面自动对账，此时可以采用系统提供的手工对账功能。

**4. 进行银行对账的平衡检查**

**例 4-29** 对银行对账业务进行平衡检查。

**操作步骤：**

(1) 在"银行对账"的"单位日记账"窗口中，单击选中要进行勾对的记录所在行。

(2) 单击"对照"按钮，系统显示出金额和方向同单位日记账中当前记录相似的银行对账单，双击左右两侧的对应记录，手工对账两清的记录便标上了"√"标志，如果在对账单中有两笔以上记录同日记账对应，则所有对应的对账单中的记录都应标上两清标志。

(3) 单击"检查"按钮，系统打开"对账平衡检查"对话框，如图 4-68 所示。

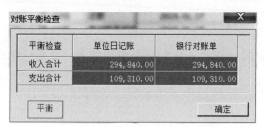

图 4-68 "对账平衡检查"对话框

(4) 如若显示不平衡，则单击"确定"按钮返回，仍需继续通过手工对账功能进行调整，直至平衡为止。

**5. 编制余额调节表**

对账完成后，系统自动整理汇总未达账和已达账，生成银行存款余额调节表。

**例 4-30** 编制 2019 年 1 月的银行存款余额调节表。

**操作步骤：**

(1) 单击展开"总账"|"出纳"|"银行对账"|"余额调节表查询"文件夹，打开"银行存款余额调节表"窗口，如图 4-69 所示。

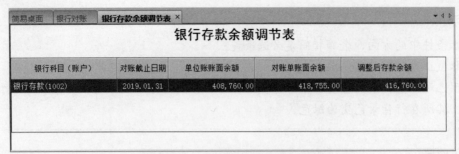

图 4-69 "银行存款余额调节表"窗口

(2) 单击"查看"按钮,可查看详细的银行存款余额调节表,如图 4-70 所示。

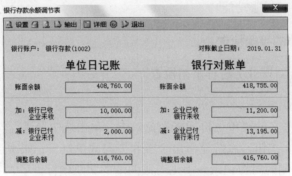

图 4-70 查看银行存款余额调节表

(3) 单击"退出"按钮。

**提示:**

此余额调节表为截止到对账截止日期的余额调节表,若无对账截止日期,则为最新余额调节表。

### 6. 核销已达账

在总账系统中,用于银行对账的银行日记账和银行对账单的数据是会计核算和财务管理的辅助数据。正确对账后,已达账项数据已无保留价值,因此,通过上述对账的结果和对账明细情况的查询,确认对账准确后,可以通过核销已达账功能核销用于对账的银行日记账和银行对账单的已达账项。

在进行核销已达账之前,应先查询单位日记账及银行对账单的对账结果,用户在检查无误后,可核销已达账项,核销后的单位日记账及银行对账单的数据,将不再参与以后的银行存款的勾对。

**例 4-31** 查询银行对账的勾对情况。

**操作步骤:**

(1) 单击展开"总账"|"出纳"|"银行对账"|"查询对账勾对情况"文件夹,打开

“银行科目选择”对话框。

(2) 选择“科目”下拉列表框中的“银行存款(1002)”选项，单击选中“全部显示”单选按钮。

(3) 单击“确定”按钮，进入“查询银行勾对情况”窗口，打开“银行对账单”列表窗口，如图 4-71 所示。

| 日期 | 结算方式 | 票号 | 借方金额 | 贷方金额 | 两清标志 | 对账序号 |
|---|---|---|---|---|---|---|
| 2019.01.11 | | | 14,040.00 | | ○ | 2019013100001 |
| 2019.01.17 | | | 280,800.00 | | ○ | 2019013100002 |
| 2019.01.17 | | | | 108,110.00 | ○ | 2019013100004 |
| 2019.01.17 | | | | 1,200.00 | ○ | 2019013100003 |
| 2019.01.30 | | | 10,000.00 | | | |
| 2019.01.31 | | | | 2,000.00 | | |
| 合计 | | | 304,840.00 | 111,310.00 | | |

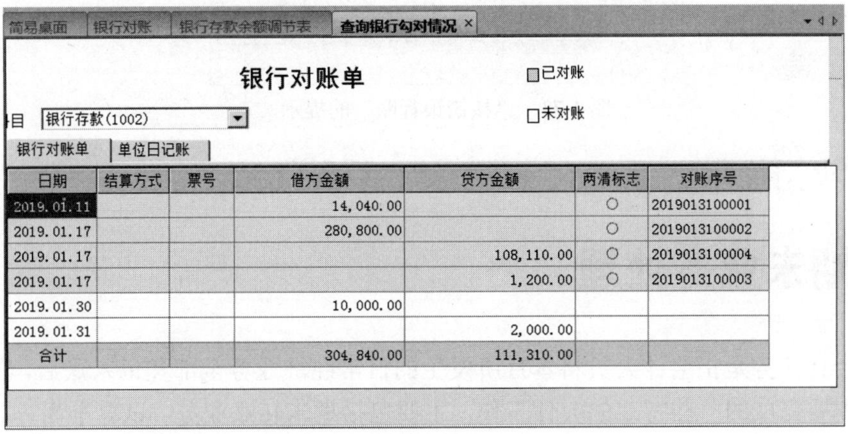

图 4-71　银行对账单勾对情况

(4) 单击“退出”按钮。

核销用于对账的银行日记账和银行对账单的已达账项，核销后已达账项消失，不能被恢复。如果银行对账不平衡，则不能使用核销银行账的功能。核销银行账不影响银行日记账的查询和打印。

**例 4-32**　核销已完成对账的银行账。

**操作步骤：**

(1) 单击展开“总账”|“出纳”|“银行对账”|“核销银行账”文件夹，打开“核销银行账”对话框，如图 4-72 所示。

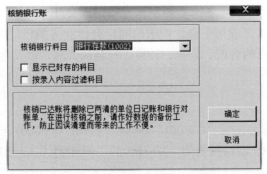

图 4-72　“核销银行账”对话框

(2) 选择“核销银行科目”下拉列表框中的“银行存款(1002)”选项。

(3) 单击“确定”按钮，系统弹出“您是否确实要进行银行账核销？”的提示对话框，如图 4-73 所示。

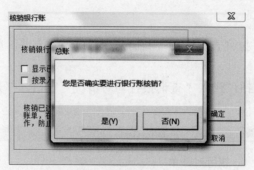

图 4-73 "核销银行账"的提示

(4) 单击"否"按钮,再单击"取消"按钮,暂不核销银行账。

## 4.6 期末业务处理

期末会计业务是指会计人员将本月所发生的日常经济业务全部登记入账后,在每个会计期末都需要完成的一些特定的会计工作,主要包括期末转账业务、试算平衡、对账、结账等。由于各会计期间的许多期末业务均具有较强的规律性,因此由计算机来处理期末会计业务,不但可以规范会计业务的处理,还可以大大提高处理期末业务的工作效率。

### 4.6.1 定义转账凭证

转账凭证的定义主要包括自定义转账凭证、对应结转、结转销售成本及结转期间损益等。

**1. 自定义转账设置**

由于各个企业情况不同,必然会造成各个企业对各类成本费用的分摊结转方式的不同。在电算化方式下,为了实现各个企业不同时期期末会计业务处理的通用性,用户可以自行定义自动转账凭证以完成每个会计期末的固定会计业务的自动转账。自定义转账凭证功能可以完成对各种费用的分配、分摊、计提、税金的计算,以及期间损益转账凭证的设置等。

**输入转账目录条件**

**例 4-33** 由 211 账套主管"CW001"(陈建,密码:000000)定义 211 账套每月按期初"1801 长期待摊费用"的 10%的比例摊销计入"5101 制造费用"的自动转账分录。

**操作步骤:**

(1) 单击展开"总账"|"期末"|"转账定义"|"自定义结转"文件夹,打开"自定义转账设置"对话框,如图 4-74 所示。

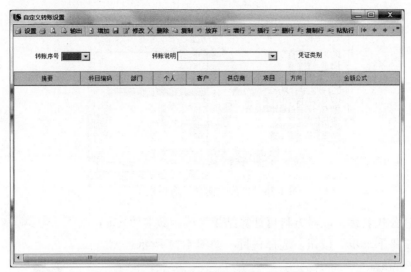

图 4-74 "自定义转账设置"对话框

(2) 单击"增加"按钮,打开"转账目录"对话框。

(3) 录入转账序号"0001"、转账说明"摊销长期待摊费用",选择"凭证类别"下拉列表框中的"转 转账凭证"选项,如图 4-75 所示。

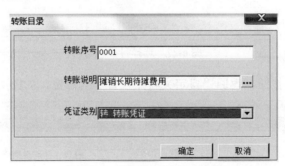

图 4-75 "转账目录"对话框

(4) 单击"确定"按钮。

### 提示：

转账序号是指自定义转账凭证的代号。转账序号不是凭证号。转账序号可以任意定义,但只能录入数字、字母,不能重号。

转账凭证号在执行自动转账时由系统生成,一张转账凭证对应一个转账序号。

### 定义借方转账分录信息

**操作步骤：**

(1) 单击"增行"按钮,输入科目编码"5101",双击"金额公式"栏,出现"参照"按钮,单击"参照"按钮,打开"公式向导"对话框,如图 4-76 所示。

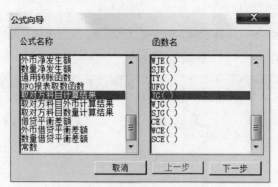

图 4-76 "公式向导"对话框 1

(2) 选择公式名称"取对方科目计算结果"或函数名"JG( )"。
(3) 单击"下一步"按钮,选择科目,如图 4-77 所示。

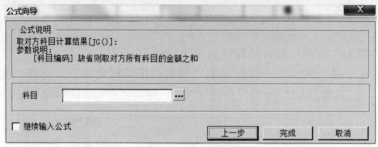

图 4-77 选择科目

(4) 单击"完成"按钮,返回"自定义转账设置"对话框,如图 4-78 所示。

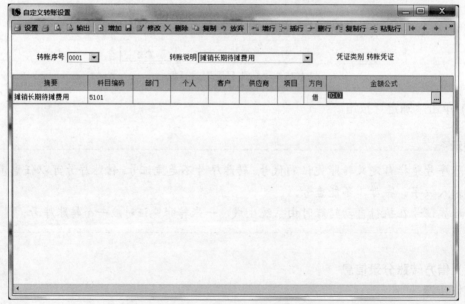

图 4-78 显示已输入的借方转账分录信息

**提示：**

转账科目可以为非末级科目，部门可为空，表示所有部门。

JG()函数定义时，如果科目缺省，取对方所有科目的金额之和。

如果公式的表达式明确，可直接输入公式。

### 定义贷方转账分录信息

（1）单击"增行"按钮，输入科目编码"1801"，单击"方向"下三角按钮，选择"贷"，双击"金额公式"栏，弹出"参照"按钮，单击"参照"按钮，打开"公式向导"对话框，如图4-79所示。

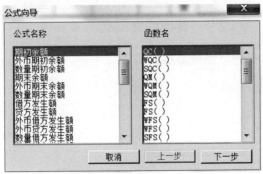

图4-79 "公式向导"对话框2

（2）选择公式名称"期初余额"或函数名"QC( )"。

（3）单击"下一步"按钮。

（4）输入或单击"参照" 按钮，选择科目"1801"，确定期间"月"、方向"借"。

（5）选中"继续输入公式"复选框，再单击"*(乘)"单选按钮，如图4-80所示。

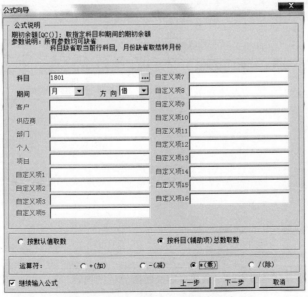

图4-80 指定科目、期间和方向

(6) 单击"下一步"按钮,继续在"公式向导"对话框中选择公式名称"常数",系统显示如图 4-81 所示。

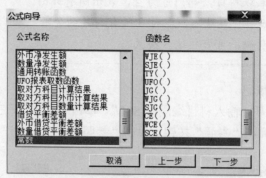

图 4-81　选择常数

(7) 单击"下一步"按钮,系统显示如图 4-82 所示。

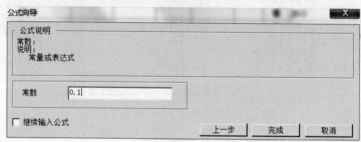

图 4-82　输入常数

(8) 输入常数"0.1",单击"完成"按钮,返回"自定义转账设置"对话框,如图 4-83 所示。

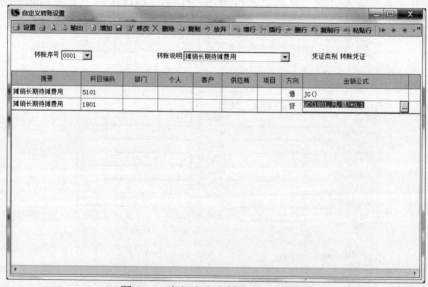

图 4-83　全部自定义转账凭证的内容

(9) 单击"保存"按钮,保存。

### 提示：

输入公式时，如果公式的表达式不太明确，可以采用向导方式输入金额公式。

在函数公式中，选择期初、期末时，方向一般为空，避免由于出现反向余额时发生取数错误。

可以直接在"金额公式"栏中输入公式、运算符号及常数。

---

#### 2. 对应结转设置

对应结转不仅可以进行两个科目一对一的结转，还可以进行科目的一对多结转。对应结转的科目可以是上级科目，但其下级科目的科目结构必须一致(相同明细科目)。

**例4-34** 定义"6801 所得税费用"结转至"4103 本年利润"、结转系数为"1"的对应结转转账分录。

**操作步骤：**

(1) 单击展开"期末"|"转账定义"|"对应结转"文件夹，打开"对应结转设置"对话框。

(2) 输入编号"0001"，选择"凭证类别"下拉列表框中的"转 转账凭证"选项，输入摘要"结转所得税费用"。

(3) 输入或单击"参照"按钮，选择转出科目编码"6801"，如图4-84所示。

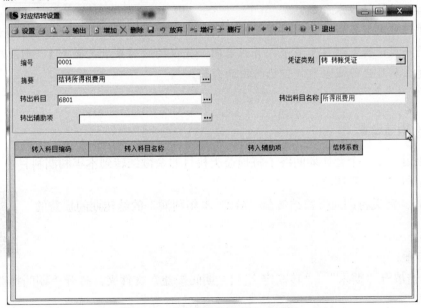

图4-84 "对应结转设置"对话框1

(4) 单击"增行"按钮，输入转入科目编码"4103"、结转系数"1"，如图 4-85 所示。

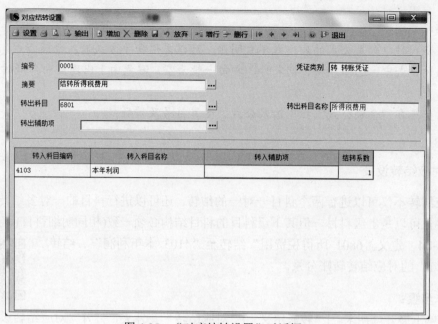

图 4-85 "对应结转设置"对话框 2

(5) 单击"保存"按钮。

**提示：**

对应结转只结转期末余额。

一张凭证可定义多行，转出科目及辅助项必须一致，转入科目及辅助项可不相同。

如果同一凭证转入科目有多个，并且若同一凭证的结转系数之和为 1，则最后一笔结转金额为转出科目余额减当前凭证已转出的余额。

### 3. 期间损益设置

本功能用于在一个会计期间终了将损益类科目的余额结转到本年利润科目中，从而及时反映企业利润的盈亏情况。

**例 4-35** 定义将期间损益结转至 "4103 本年利润"的结转期间损益的转账凭证。

**操作步骤：**

(1) 单击展开"期末"｜"转账定义"｜"期间损益"文件夹，打开"期间损益结转设置"对话框。

(2) 选择"凭证类别"下拉列表框中的"转 转账凭证"选项，输入或单击"参照"按钮，选择本年利润科目"4103"，如图 4-86 所示。

126

图 4-86 "期间损益结转设置"对话框

(3) 单击"确定"按钮。

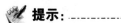提示：

如果损益科目与本年利润科目都有辅助核算，则辅助账类必须相同。
本年利润科目必须为末级科目，且为本年利润入账科目的下级科目。

## 4.6.2 生成转账凭证

在完成转账凭证定义后，每月末只需执行"生成转账凭证"功能即可快速生成转账凭证，在此生成的转账凭证将自动追加到未记账凭证中。由于转账是按照已记账凭证的数据进行计算的，所以在进行月末转账工作之前，必须先将所有未记账凭证记账，否则，将影响生成的转账凭证数据的正确性。

例 4-36 生成摊销长期待摊费用的自定义转账凭证。

**操作步骤：**

(1) 单击展开"总账"|"期末"|"转账生成"文件夹，打开"转账生成"对话框。
(2) 在"结转月份"下拉列表框中选择"2019.01"。
(3) 单击"自定义转账"单选按钮。
(4) 双击"0001 摊销长期待摊费用"自动转账凭证的"是否结转"栏，如图 4-87 所示。

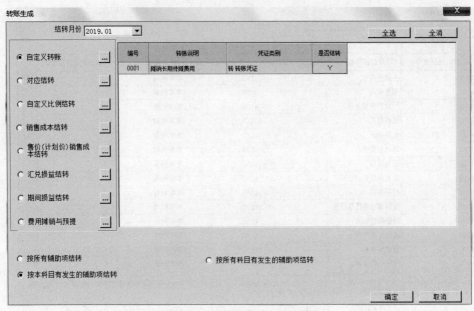

图 4-87 "转账生成"对话框

(5) 单击"确定"按钮,系统弹出"第 0001 号自定义转账凭证有公式不合法或余额均为零"提示对话框,如图 4-88 所示。

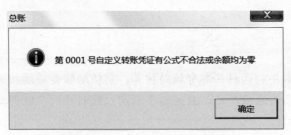

图 4-88 生成转账凭证时的提示

由于本账套此时没有需要摊销的长期待摊费用,因此,系统并不能生成相应的记账凭证。

### 提示:

转账生成之前,提示转账月份为当前会计月份。

进行转账生成之前,请将相关经济业务的记账凭证登记入账。否则,必须在录入查询条件时选择"包含未记账凭证"才能查询到完整的数据资料。

若凭证类别、制单日期和附单据数与实际情况有出入,可直接在当前凭证上进行修改,然后再保存。

转账凭证每月只生成一次。

生成的转账凭证,仍需审核才能记账。

在生成凭证时,必须提示业务发生的先后次序,否则计算金额时就会发生差错。

例 4-37　结转 1 月份期间损益的转账凭证。

**操作步骤：**

(1) 单击展开"总账"|"期末"|"转账生成"文件夹，打开"转账生成"对话框。

(2) 选择"结转月份"下拉列表框中的"2019.01"。

(3) 单击"期间损益结转"单选按钮。

(4) 单击"全选"按钮，如图 4-89 所示。

图 4-89　"转账生成——期间损益结转"对话框

(5) 单击"确定"按钮，系统显示生成的转账凭证，如图 4-90 所示。

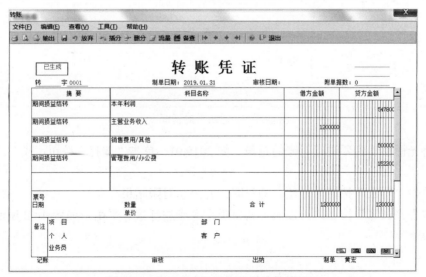

图 4-90　自动生成的期间损益结转的凭证

(6) 更换操作员为"CW001"。将已生成的结转期间损益的凭证审核并记账。

## 4.6.3 月末结账

在会计期末,除了对收入、费用类账户余额进行结转外,还要进行对账、结账,并在结账之前进行试算平衡检查。

### 1. 对账

对账是对账簿数据进行核对,以检查记账是否正确,以及账簿是否平衡。它主要是通过核对总账与明细账、总账与辅助账数据来完成账账核对。为了保证账证相符、账账相符,应经常使用"对账"功能进行对账,至少一个月一次,一般可在月末结账前进行。

例 4-38　将 2019 年 1 月份的业务进行对账。

操作步骤:

(1) 单击展开"总账"|"期末"|"对账"文件夹,打开"对账"对话框,如图 4-91 所示。

图 4-91　"对账"对话框

(2) 将光标移动到要进行对账的月份,如 2019.01,单击"选择"按钮,或双击"是否对账"栏。

(3) 单击"对账"按钮,开始自动对账,并显示对账结果。

(4) 单击"试算"按钮,可以对各科目类别余额进行试算平衡,如图 4-92 所示。

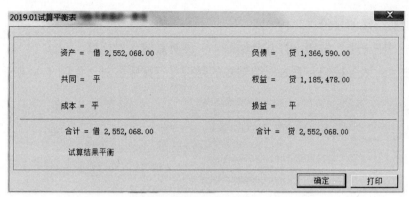

图 4-92　试算平衡表

(5) 单击"确定"按钮，返回"对账"窗口，再单击"退出"按钮，完成对账工作。

 **提示：**

在对账功能中，可以按 Ctrl+H 键激活恢复记账前功能。

## 2. 结账

结账是指每月末计算和结转各账簿的本期发生额和期末余额，并终止本期的账务处理工作的过程。结账只能每月进行一次，要正确地完成结账工作必须符合系统对结账工作的要求。

**例 4-39**　将 2019 年 1 月的业务进行结账处理。

**操作步骤：**

(1) 单击展开"总账"|"期末"|"结账"文件夹，打开"结账——开始结账"对话框，如图 4-93 所示。

图 4-93　开始结账

(2) 单击要结账的月份"2019.01"。

(3) 单击"下一步"按钮,打开"结账——核对账簿"对话框。

(4) 单击"对账"按钮,系统对要结账的月份进行账账核对,如图4-94所示。

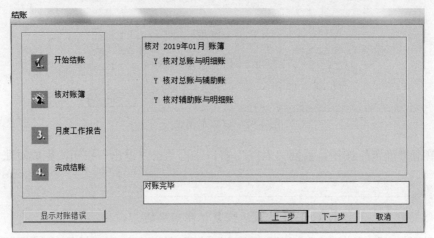

图4-94 显示对账结果

(5) 单击"下一步"按钮,打开"结账——月度工作报告"对话框,如图4-95所示。

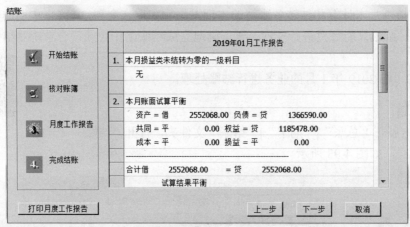

图4-95 月度工作报告

(6) 若需打印,单击"打印月度工作报告"按钮。

(7) 查看工作报告,报告中"5.其他系统结账状态"中列示了未结账的子系统,如图4-96所示。

(8) 单击"下一步"按钮,打开"结账——完成结账"对话框,如图4-97所示。

(9) 单击"取消"按钮,取消结账的操作。

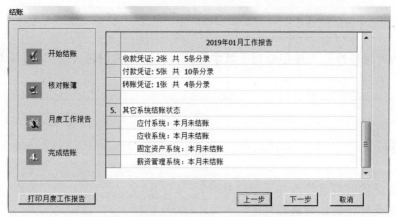

图 4-96　报告中列示的未结账的子系统

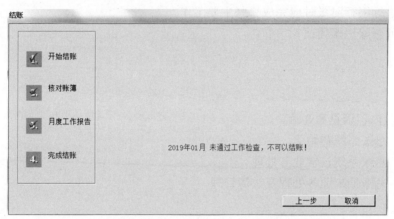

图 4-97　系统显示未通过工作检查不能结账的提示

**提示：**

在本账套中将未结账的子系统(应收款系统、应付款系统、薪资管理系统)结账后，再进行结账时则会出现结账的按钮和提示。

单击"结账"按钮，即可进行结账，否则单击"取消"按钮暂时不进行结账的操作。

结账只能由有结账权限的人进行。

本月还有未记账凭证时，不能结账。

结账必须按月连续进行，上月未结账，本月也不能结账，但可以填制、审核凭证。

若总账与明细账对账不符，不能结账。

如果与其他联合使用，其他子系统未全部结账，本系统不能结账。

已结账月份不能再填制凭证。

结账前，要进行数据备份。在结账过程中，可以单击"取消"按钮取消正在进行的结账操作。

取消结账功能键为：Ctrl+Shift+F6。

**提示：**

本章例题的操作结果已经备份到了教学资源"211 账套(例题)备份/"第 4 章例题账套备份"中。

## 复习思考题

1. 何谓凭证的有痕迹修改和无痕迹修改？
2. 已记账的凭证应如何进行修改？
3. 在什么情况下不允许结账？
4. 初次进行银行对账时应完成哪些主要工作？
5. 应如何删除记账凭证？

## 上机实验

(具体实验内容请见第 8 章)

实验二　总账系统初始化

实验三　总账系统日常业务处理

实验四　总账期末业务处理及账簿管理

# 第 5 章

# 薪 资 管 理

---

**教学目的与要求**

系统学习薪资管理系统的初始化、日常业务处理、期末业务处理、统计分析的工作程序和实际操作方法。

能够完成工资账套的建立，工资类别、人员类别、工资项目的设置；工资数据编辑及计算汇总，个人所得税的计算、扣缴及薪资分配转账凭证生成的操作；了解薪资管理子系统的数据流程、主要数据文件和基本编辑的作用与特点。

---

薪资管理是每个单位财会部门最基本的工作之一，不仅关系到每个职工的切身利益，而且也是直接影响成本核算的重要因素。手工进行薪资管理，需要占用财务人员大量的精力和时间，并且容易出错；采用计算机进行薪资管理，可以有效地提高薪资核算的准确性和及时性。

用友 ERP-U8 应用系统中的薪资管理子系统适用于企业、行政、事业及科研单位，它提供了简单方便的薪资核算和发放功能，以及强大的工资分析和管理功能，并提供了同一企业存在多种工资核算类型的不同解决方案。

## 5.1 薪资管理概述

### 5.1.1 薪资管理的主要功能

薪资管理系统的功能主要包括初始设置、工资业务处理和工资报表管理及统计分析。

**1. 初始设置**

尽管各个单位的工资核算有很多共性，但也存在一些差异。通过薪资系统初始设置，可以根据企业需要建立工资账套数据，设置工资系统运行所需要的各项基础信息，为日常处理建立应用环境。初始设置主要包括以下内容。

(1) 工资账套参数设置。

系统提供多工资类别核算、工资核算币种、扣零处理、个人所得税扣税处理、是否核算计件工资等账套参数设置。

(2) 基础档案设置。

系统提供人员附加信息设置，人员类别、部门选择设置，人员档案设置，代发工资的银行名称设置等。可以由企业自行设计工资项目及计算公式，并提供计件工资标准设置和工资方案设置。

**2. 工资业务处理**

薪资管理系统管理企业所有人员的工资数据，对人员增减、工资变动进行处理；自动计算个人所得税、结合工资发放形式进行找零设置或向代发工资的银行传输工资数据；自动计算、汇总工资数据；支持计件工资核算模式；自动完成工资分摊和相关费用计提，并可以直接生成凭证传递到总账系统；提供对不同工资类别数据的汇总，从而实现统一工资核算的功能。

**3. 工资报表管理及统计分析**

工资核算的结果最终通过报表和凭证体现。系统提供了各种工资表、汇总表、明细表、统计表、分析表等，并且提供了凭证查询和自定义报表查询功能。齐全的工资报表形式、简便的工资资料查询方式，满足了企业多层次、多角度查询的需要。

## 5.1.2 薪资管理系统与其他子系统之间的关系

薪资管理系统与企业应用平台共享基础数据。薪资管理系统将工资计提、分摊结果自动生成记账凭证传递到总账系统，两个系统可互相查询凭证，在总账中还可联查工资系统原始单据。工资系统向成本管理系统传送人员的人工费用数据。薪资管理系统向项目管理系统传递项目的工资数据。薪资管理中计件工资所需的产品结构父项取自生产制造基础档案中的物料清单，未启用生产制造时取基础档案中的产品结构；工序取自生产制造基础档案中的标准工序。人力资源系统将指定对应关系的工资项目及人员属性对应信息传递到薪资管理系统中，同时薪资管理系统可以根据人力资源的要求从薪资管理系统中读取工资数据，作为社保等数据的计提基础；在发生人事变动时，人事管理向薪资管理发送人事变动通知。报表系统可以从薪资管理系统取得数据，进行加工分析。

## 5.1.3 薪资管理系统的应用方案

不同企业管理模式不同,工资核算也存在不同的核算模式。为此,用友 ERP-U8 薪资管理系统提供单类别工资核算和多类别工资核算两种应用方案。

### 1. 单类别工资核算

如果企业中所有员工的工资发放项目相同、工资计算方法也相同,那么可以对全部员工进行统一工资核算,对应地选用系统提供的单类别工资核算应用方案。

### 2. 多类别工资核算

如果企业存在下列情况之一,则需要选用系统提供的多类别工资核算应用方案。

(1) 企业中存在不同类别的人员,不同类别的人员工资发放项目不同,计算公式也不相同,但需要进行统一的工资核算管理,如企业需要分别对在职人员、退休人员、离休人员进行工资核算;或者企业需要将临时工与在职人员区别开来,分别进行核算等情况。

(2) 企业每月进行多次工资发放,月末需要进行统一核算,如企业采用周薪制,或工资和奖金分次发放。

(3) 企业在不同地区设有分支机构,而工资核算由总部统一管理。

(4) 工资发放时使用多种货币,如人民币、美元等。

## 5.1.4 薪资管理系统的操作流程

不同的应用背景、模式,在操作流程上也有所区别。进入系统后,必须按正确的顺序调用系统的各项功能,只有按正确的顺序使用,才能保证少走弯路,并保证数据的正确性,特别是第一次使用的用户,更应遵守使用次序。

### 1. 新用户的操作流程

选择多类别工资进行核算管理的企业,首次启用薪资管理系统,应按图 5-1 所示步骤进行操作。

(1) 安装薪资管理系统。
(2) 设置工资账套参数(选择多个工资类别)。
(3) 设置所涉及的部门、所有工资项目、人员类别、银行名称和账号长度。
(4) 建立第一个工资类别,选择所管理的部门。
(5) 选入人员档案。
(6) 设置计件工资标准和方案。
(7) 选择第一个工资类别所涉及的工资项目,并设置工资计算公式。
(8) 录入工资数据。
(9) 建立第二个工资类别,并选择所管理的部门。

(10) 选入人员档案或从第一个人员类别中复制人员档案。
(11) 选择第二个工资类别所涉及的工资项目,并设置工资计算公式。
(12) 录入工资数据。
(13) 建立第三个工资类别并选择所管理的部门。
……

月末处理前将所要核算的工资类别进行汇总,生成汇总工资类别,然后对汇总工资类别进行工资核算的业务处理。

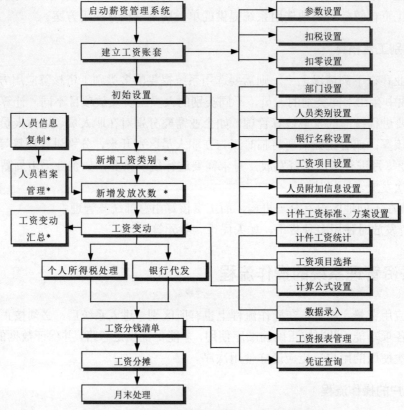

图 5-1 多类别工资核算管理的企业的操作流程

如果是单类别工资核算管理的新用户,其操作流程比多类别工资核算管理的企业相对简单,基本遵从图 5-1 中的操作顺序,只是不需要执行图中带*的部分。

**2. 老用户的操作流程**

如果已经使用了工资系统,到了年末,应进行数据的结转,以便开始下一年度的工作。新的会计年度开始时,可在工具栏中的"设置"菜单中选择所需修改的内容,如人员附加信息、人员类别、工资项目、部门等,这些设置只有在新的会计年度第一个会计月里,在没有做过任何操作且删除所涉及的工资数据和人员档案后,才可以进行修改。

## 5.2 薪资管理系统初始设置

使用计算机进行工资核算之初，需要做一次性初始设置，以建立系统应用环境。初始设置之前，应进行必要的数据准备，如规划企业职工的编码规则、进行人员类别的划分、整理好设置的工资项目及核算方法，并准备好部门档案、人员档案、基本工资数据等基本信息。

准备这些数据是一个细致又烦琐的过程，需要人力资源部门和财务部门的通力合作。人力资源部门需要提供详细的人事行政信息，财务部门要根据这些信息做出准确的财务判断，以便正确地反映出本单位工资构成情况。

### 5.2.1 建立工资账套

**1. 建立工资账套**

在建立工资账套时，我们首先来解释一下工资账套和企业核算账套的区别。

工资账套与企业核算账套是不同的概念，企业核算账套在系统管理中建立，是针对整个用友 ERP 系统而言，而工资账套只针对用友 ERP 系统中的薪资管理子系统，也就是说，工资账套是企业核算账套的一个组成部分。所以在建立工资账套之前，必须先在系统管理中建立本单位核算账套。

本单位核算账套建立完成后，以账套主管的身份注册进入企业应用平台，在企业应用平台中启用薪资管理系统。薪资管理系统启用之后，具有相应权限的操作员就可以登录本系统了。如果是初次进入，系统将自动启动建账向导。系统提供的建账向导共分为 4 步：参数设置、扣税设置、扣零设置和人员编码。

**例 5-1** 2019 年 1 月 3 日，为一品公司建立工资账套。选择多工资类别核算方案；工资核算本位币为"人民币"；不核算计件工资；自动代扣个人所得税；不进行扣零设置；人员编码与公共平台的人员编码一致。

**操作步骤：**

(1) 在"UFIDA U8"中，打开工作列表中的"业务工作"选项卡，单击展开"人力资源"|"薪资管理"文件夹，进入薪资管理系统。首次登录薪资管理系统，自动打开"建立工资套——参数设置"对话框。

(2) 选择本账套所需的"多个"工资类别方案，选择工资账套的核算币别"人民币"，如图 5-2 所示。

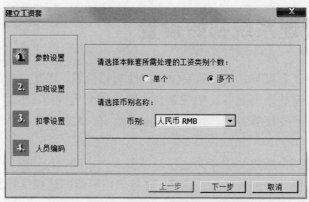

图 5-2 "建立工资套——参数设置"对话框

(3) 单击"下一步"按钮,打开"建立工资套——扣税设置"对话框,选中"是否从工资中代扣个人所得税"复选框,如图 5-3 所示。

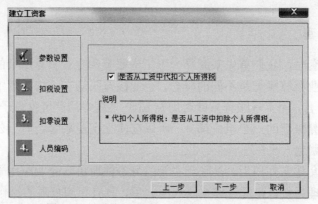

图 5-3 "建立工资套——扣税设置"对话框

(4) 单击"下一步"按钮,打开"建立工资套——扣零设置"对话框,不选择"扣零"复选框,如图 5-4 所示。

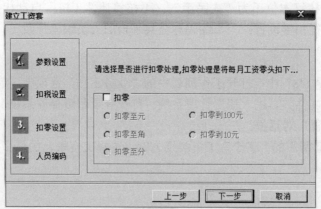

图 5-4 "建立工资套——扣零设置"对话框

(5) 单击"下一步"按钮,打开"建立工资套——人员编码"对话框,人员编码与公共平台的人员编码一致，如图 5-5 所示。

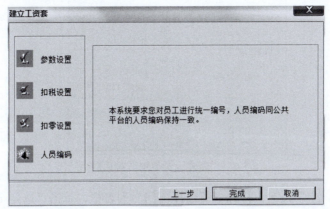

图 5-5 "建立工资套——人员编码"对话框

(6) 单击"完成"按钮，结束建立工资账套的过程。

提示：

薪资管理系统可以建立 999 套工资账。

建账完毕后，部分建账参数可以在"设置"|"选项"命令中进行修改。

在建账过程中，若在参数设置中选择"多个"工资类别，则系统会提示"未建立工资类别"。进入系统后首先要建立工资类别。

**2. 建立工资类别**

工资类别是指在一套工资账中，根据不同情况而设置的工资数据管理类别。工资系统提供处理多个工资类别的功能。如果在企业中存在工资发放项目不尽相同，计算公式亦不相同，但却需要进行统一的工资核算和管理的情况，则可以通过设置不同的工资类别来完成工资业务的处理。

工资系统是按工资类别来进行管理的。每个工资类别下均有职员档案、工资变动、工资数据、扣税处理、银行代发等功能。

**例 5-2** 一品公司有两个工资类别，适用于所有部门，一个是"在职人员"，另一个是"年终奖"。

操作步骤：

(1) 单击展开"人力资源"|"薪资管理"|"工资类别"|"新建工资类别"文件夹，打开"新建工资类别"对话框。

(2) 录入工资类别名称为"在职人员"，如图 5-6 所示。

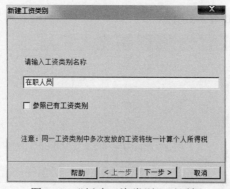

图 5-6 "新建工资类别"对话框

(3) 单击"下一步"按钮，打开"请选择部门"列表框，单击"选定全部部门"按钮，选择所有的部门，如图 5-7 所示。

(4) 单击"完成"按钮。系统提示"是否以 2019-01-03 为当前工资类别的启用日期？"，如图 5-8 所示。

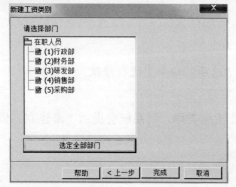

图 5-7 "建立工资类别——请选择部门"对话框

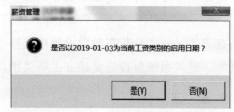

图 5-8 建立工资类别完成时的提示

(5) 单击"是"按钮。以此方法继续设置"年终奖"的工资类别。

**提示：**

同一个部门，可以被多个工资类别选中。
工资类别的启用日期确定后就不能再修改。
工资类别建立后，系统直接打开新建的工资类别。
同一工资类别中存在的多个发放次数的工资将统一计算个人所得税。
只有主管才有权删除工资类别，且工资类别删除后数据不可再恢复。
删除工资类别时，如果此工资类别已经在人力资源系统中指定了对应关系，则必须先在人力资源系统删除对应关系后，才能在工资管理系统中删除此工资类别。

在打开工资类别的情况下，"工资类别"菜单下显示"打开工资类别"和"关闭工资类别"两个选项。单击"关闭工资类别"后，"工资类别"菜单下显示"新建工资类别""打开工资类别"和"删除工资类别"3 个选项。

### 3. 账套选项修改

在建立新的工资账套时设置的参数，后期还可以根据工作的需要对其进行修改调整。但需要注意的是，对于多工资类别的账套，必须在建立工资类别后且打开工资类别的状态下，才能对参数进行修改。

**例 5-3**　设置"在职人员"的"个人所得税"的扣税基数为"5000"。

(1) 在"业务工作"选项卡中，单击展开"人力资源"|"薪资管理"|"打开工资类别"|"在职人员"，打开"打开工资类别"对话框，如图 5-9 所示。

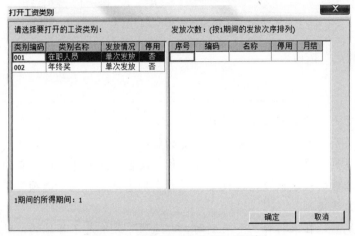

图 5-9　"打开工资类别"对话框

(2) 选中"在职人员"，单击"确定"按钮。

(3) 单击在职人员工资类别中的"设置"|"选项"命令，打开"选项"对话框，单击"扣税设置"选项卡，如图 5-10 所示。

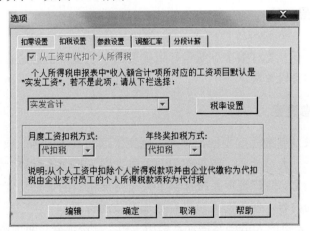

图 5-10　"在职人员"选项设置对话框

(4) 单击"编辑"按钮，再单击"税率设置"按钮，打开"个人所得税申报——税率表"对话框，修改"基数"为"5000"，如图 5-11 所示。

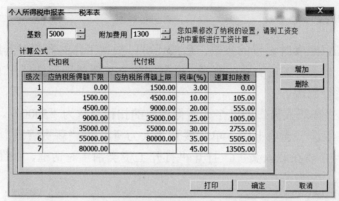

图 5-11 "个人所得税申报表——税率表"对话框

(5) 单击"确定"按钮。

提示：

只有账套主管人员才能修改工资参数。

对于单工资类别：参数修改就是对工资套的修改。

对于多工资类别：建立工资账套时，进行参数设置，系统将工资账套的参数进行统一设置，新增加的工资类别默认使用此设置。工资类别未建立时，"选项"菜单不可用，提示"没有打开的工资类别"。

建立工资类别后，在未打开工资类别时，"选项"菜单是不可见的，所以不能修改选项中的参数设置；在打开工资类别时，修改参数，系统将只修改当前打开的工资类别的参数。

### 5.2.2 基础设置

建立工资账套以后，要对整个系统运行所需要的一些基础信息进行设置，包括人员附加信息设置和工资项目设置等。

#### 1．人员附加信息设置

各企业管理要求及精细程度不同，对人员档案管理的具体内容、项目也有所区别。有的企业除了人员编号、人员姓名、所在部门、人员类别等基本信息外，为了管理的需要还需要一些辅助管理信息。薪资管理系统提供了人员附加信息的设置功能，从一定程度上丰富了人员档案管理的内容，便于对人员进行更加有效的管理。

例 5-4 为一品公司的人员档案增加"学历"和"身份证号"两项附加信息。

操作步骤：

(1) 在"业务工作"选项卡中，单击展开"人力资源"|"薪资管理"|"设置"|"人

员附加信息设置"文件夹，打开"人员附加信息设置"对话框。

(2) 单击"增加"按钮，在"信息名称"文本框中输入人员附加信息项目名称，或从"栏目参照"下拉列表中选择项目，如选择"学历"，然后再次单击"增加"按钮，保存新增内容。同理，增加其他项目，如图 5-12 所示。

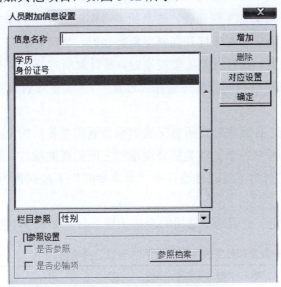

图 5-12 人员附加信息设置

(3) 设置完成后，利用列表右侧的上、下箭头按钮，调整项目的先后顺序。
(4) 单击"删除"按钮，可删除光标所在行的附加信息项目。
(5) 单击"确定"按钮，返回薪资管理界面。

**提示：**

如果增加的附加信息需要设置参照内容，则选择"参照设置"框中的选项，并选中"是否参照"复选框，单击"参照档案"按钮，可以设置此人员附加信息的参照值。

如果增加的附加信息为必输项，就选中"是否必输项"复选框。在录入人员档案时此附加信息必须输入内容，不能为空。

当一个字段设置为"必输项"时，仅对以后增改人员档案时进行控制，以前已经存在的记录不做改变。

已使用过的人员附加信息不可删除，但可以修改。

### 2. 工资项目设置

工资数据最终由各个工资项目体现。工资项目设置即定义工资核算所涉及的项目名称、类型、宽度等。薪资管理系统中提供了一些固定的工资项目，它们是工资账中不可缺少的，主要包括应发合计、扣款合计、实发合计。若在工资建账时设置了"扣零处理"，则系统在工资项目中自动生成"本月扣零"和"上月扣零"两个指定名称的项目；若选择了"扣税处理"，则系统在工资项目中自动生成"代扣税"项目；若选择了"是否核算计件工资"，则系统在工资项目中自动生成"计件工资"项目，这些项目不能删除和重命名。其他项目可根据实际情况定义或参照增加，如基本工资、岗位工资、奖金等。

设置工资项目对于单类别工资而言，就是此工资账套所使用的全部工资项目。而对于多类别工资的工资账套而言，在未打开任何工资类别时，是针对所有工资类别所需要使用的全部工资项目进行设置；在打开某工资类别时，是针对所打开工资类别进行工资项目设置的。虽然两者的操作路径相同，都是选择"设置"｜"工资项目设置"命令，但实际启用的功能是不同的。

需要特别注意的是，必须先针对所有工资类别设置需要使用的全部工资项目，然后才能打开各个工资类别，再对各个工资类别分别增加它所需要的项目。前者是为后者提供备选项，否则，各工资类别的工资项目设置中"名称参照"下拉列表为空，即备选工资项目为空。

**例5-5** 一品公司各工资类别所使用的全部工资项目，如表5-1所示。

表5-1 一品公司各工资类别所使用的全部工资项目

| 工资项目名称 | 类　　型 | 长　　度 | 小　　数 | 增减项 |
|---|---|---|---|---|
| 基本工资 | 数字 | 8 | 2 | 增项 |
| 奖金 | 数字 | 8 | 2 | 增项 |
| 交通补贴 | 数字 | 8 | 2 | 增项 |
| 住房补贴 | 数字 | 8 | 2 | 增项 |
| 缺勤天数 | 数字 | 8 | 2 | 其他 |
| 缺勤扣款 | 数字 | 8 | 2 | 减项 |
| 社会保险 | 数字 | 8 | 2 | 减项 |
| 住房公积金 | 数字 | 8 | 2 | 减项 |
| 个人上年平均工资 | 数字 | 8 | 2 | 其他 |

**操作步骤：**

(1) 在"薪资管理"系统中，确认工资类别为关闭状态。

(2) 单击展开"设置"｜"工资项目设置"文件夹，打开"工资项目设置"对话框，工资项目列表中显示系统提供的固定工资项目。

(3) 单击"增加"按钮，在"工资项目"列表中增加一个空行。

(4) 输入工资项目名称或从"名称参照"下拉列表中，选择系统提供的常用工资项目；选择"类型""长度""小数"及"增减项"，如图5-13所示。

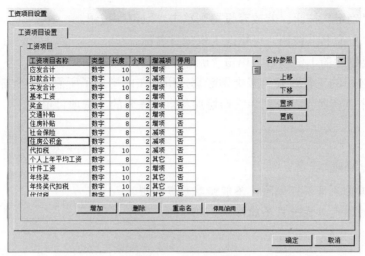

图 5-13　工资项目设置

(5) 单击"工资项目"列表框右侧的"上移""下移"按钮，可以调整工资项目的排列顺序。调整顺序后的工资项目如图 5-14 所示。

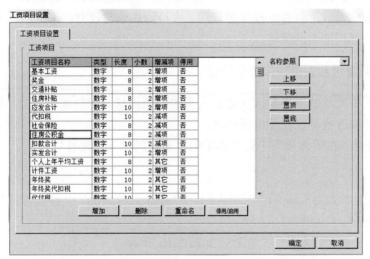

图 5-14　已正确排序的"工资项目设置"对话框

(6) 单击"确定"按钮，保存设置，系统提示"工资项目已经改变，请确认各工资类别的公式是否正确。否则计算结果可能不正确"，如图 5-15 所示。

图 5-15　工资项目改变后的提示

(7) 单击"确定"按钮。若放弃设置则单击"取消"按钮。

(8) 单击"重命名"按钮,可修改工资项目名称。

(9) 选择要删除的工资项目,单击"删除"按钮,确认后即可删除。

由于一品公司的工资账套为多类别账套,所以在此增加了所需要的全部工资项目后,就可以打开各个工资类别,分别为它们增加各自所需的工资项目了。

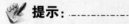 提示:

项目名称必须唯一。

已使用的工资项目不可删除,不能修改数据类型。

系统提供的固定工资项目不能修改、删除。

### 5.2.3　工资类别中的基础设置

在工资账套中的基础设置完成后,即可为某一工资类别进行基础设置。需要为某一工资类别进行的基础设置主要有发放次数管理、人员附加信息设置、工资项目设置、部门设置、人员档案设置和选项设置等。

#### 1. 发放次数管理和人员附加信息设置

如果某一工资类别的工资发放次数和人员的附加信息与工资账套相同,则可以不进行设置,如果需要修改也可以在此进行修改。

**例5-6**　查看"在职人员"工资类别中的"人员附加信息设置"。

**操作步骤:**

(1) 单击展开"人力资源"|"工资类别"|"打开工资类别"文件夹,打开"打开工资类别"对话框。

(2) 单击选择"在职人员"所在行,如图5-16所示。

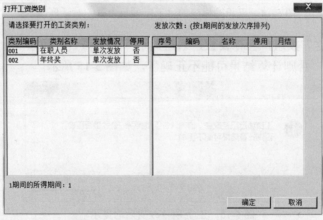

图5-16　"打开工资类别"对话框

(3) 单击"确定"按钮。

(4) 在"在职人员"工资类别中,单击展开"设置"|"人员附加信息设置"文件夹,打开"人员附加信息设置"对话框,如图5-17所示。

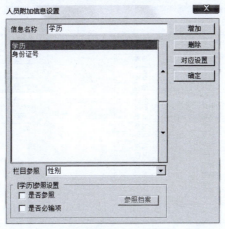

图 5-17 "人员附加信息设置"对话框

(5) 单击"确定"按钮。

**2. 工资项目设置**

此时的工资项目设置,是在工资账套中的工资项目设置的基础上,选择"在职人员"工资类别的工资项目。

**例 5-7** 在职人员的工资项目与工资账套的工资项目相同。设置"在职人员"工资类别的工资项目。

**操作步骤:**

(1) 在"在职人员"工资类别中,单击展开"设置"|"工资项目设置"文件夹,打开"工资项目设置"对话框,如图5-18所示。

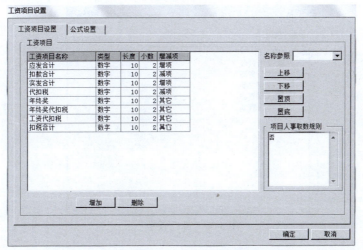

图 5-18 在职人员"工资项目设置"对话框

(2) 单击"增加"按钮，再单击"名称参照"下拉列表框中的下三角按钮，依次选择所有的工资项目并进行正确排序，如图5-19所示。

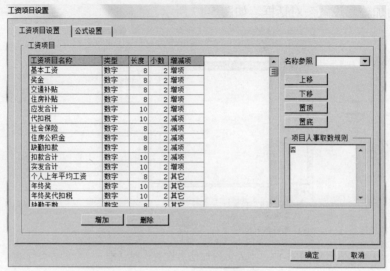

图5-19 已设置的工资项目

(3) 单击"确定"按钮。

### 3. 部门设置

本功能是对薪资管理系统当前打开工资类别的对应部门进行设置，以便按部门核算各类人员工资，提供部门核算资料。

**操作步骤：**

(1) 在"在职人员"工资类别中，单击展开"设置"|"部门设置"文件夹，打开"部门设置"对话框。

(2) 选中当前打开工资类别进行工资核算的对应部门，如图5-20所示。

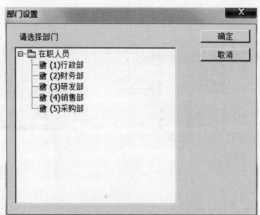

图5-20 部门设置

(3) 单击"确定"按钮。

> **提示**：
> 已被使用的部门不能取消选择。
> 本功能仅在打开工资类别状态下可见。

需要注意区别的是，企业部门档案的增加、修改等维护工作是在"企业应用平台"中进行的，即在工作列表的"设置"选项卡中，单击展开"基础档案"|"机构人员"|"部门档案"文件中进行设置，它是为整个 ERP 系统服务的基础档案，而此处的部门设置仅仅是为薪资管理系统自身设置的。

### 4. 人员档案设置

人员档案的设置用于登记工资发放人员的姓名、职工编号、所在部门、人员类别等信息，管理员工的增减变动等情况。在人员档案设置功能中，可进行人员档案的增加、修改、删除、替换、定位等处理。

人员档案的增加方式有两种，一种是逐一增加，另一种是批量增加，即可以按照人员类别一次性将多个人员档案选入。

**例 5-8** 在一品公司"在职人员"工资类别下，增加表 5-2 所示的人员档案信息。

表 5-2 人员档案信息

| 人员编号 | 人员姓名 | 学 历 | 身份证号 | 所属部门 | 人员类别 | 银行代发账号 |
| --- | --- | --- | --- | --- | --- | --- |
| 1001 | 巩立伟 | 大学本科 | 110104196111010516 | 行政部 | 在职人员 | 12345670001 |
| 2001 | 陈 建 | 大学本科 | 122104196906022325 | 财务部 | 在职人员 | 12345670002 |
| 2002 | 王 丹 | 大学本科 | 110104196807031362 | 财务部 | 在职人员 | 12345670003 |
| 2003 | 黄 宏 | 大学本科 | 133104198108040311 | 财务部 | 在职人员 | 12345670004 |
| 3001 | 杨 娟 | 研究生 | 123103197106100256 | 研发部 | 在职人员 | 12345670005 |
| 4001 | 李 勇（业务员） | 大学本科 | 150101197110030225 | 销售部 | 在职人员 | 12345670006 |
| 5001 | 赵 政（业务员） | 大学本科 | 130112196901230213 | 采购部 | 在职人员 | 12345670007 |

**操作步骤：**

(1) 打开"在职人员"工资类别后，单击展开"设置"|"人员档案"文件夹，进入"人员档案"窗口，如图 5-21 所示。

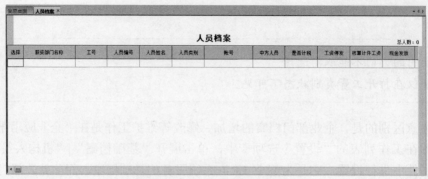

图 5-21 "人员档案"窗口

(2) 单击"批增"按钮,打开"人员批量增加"对话框。

(3) 单击选中"在职人员"中的各个部门,单击"查询"按钮,在右侧窗口中出现所有的备选人员,如图 5-22 所示。

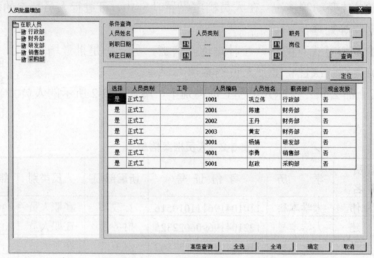

图 5-22 "人员批量增加"对话框

(4) 单击"确定"按钮,增加所有的人员档案,如图 5-23 所示。

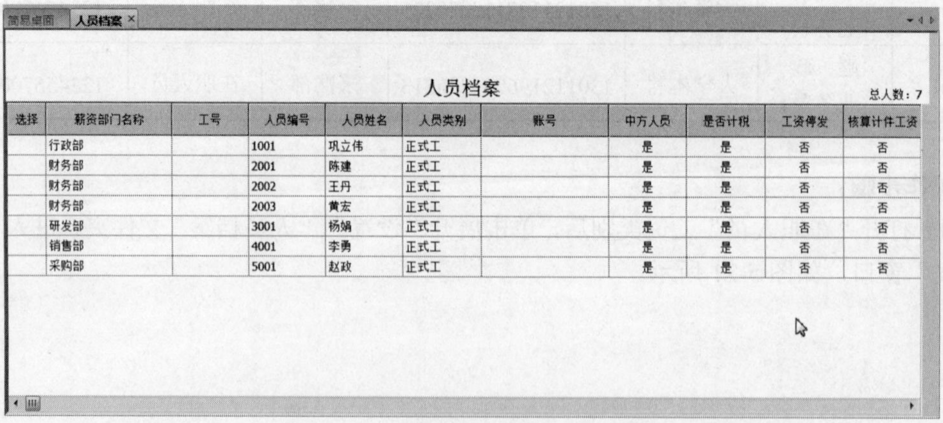

图 5-23 已增加的人员档案对话框

(5) 单击选中"巩立伟"所在行,单击工具栏中的"修改"按钮,打开"人员档案明细"对话框中的"基本信息"选项卡。

(6) 单击"银行名称"下拉列表框的下三角按钮,选择"中国工商银行",在"银行账号"栏录入"12345670001",如图 5-24 所示。

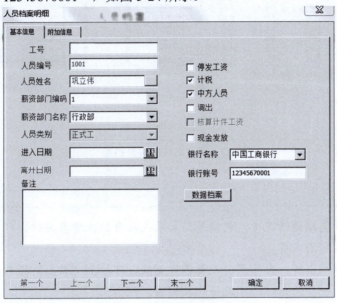

图 5-24 "人员档案明细"对话框

(7) 单击"附加信息"选项卡,录入"巩立伟"的附加信息,如图 5-25 所示。
(8) 单击"确定"按钮,系统提示"写入该人员档案信息吗?",如图 5-26 所示。

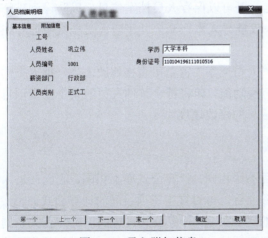

图 5-25 录入附加信息

图 5-26 修改人员档案后的提示

(9) 单击"确定"按钮。继续补充人员档案中的银行名称、银行账号及附加信息。
(10) 已修改完成的人员档案信息如图 5-27 所示。

| 选择 | 薪资部门名称 | 工号 | 人员编号 | 人员姓名 | 人员类别 | 账号 | 中方人员 | 是否计税 | 学历 | 身份证号 |
|---|---|---|---|---|---|---|---|---|---|---|
|  | 行政部 | 1001 | | 巩立伟 | 正式工 | 12345670001 | 是 | 是 | 大学本科 | 110104196111010516 |
|  | 财务部 | 2001 | | 陈建 | 正式工 | 12345670002 | 是 | 是 | 大学本科 | 122104196906022325 |
|  | 财务部 | 2002 | | 王丹 | 正式工 | 12345670003 | 是 | 是 | 大学本科 | 110104196807031362 |
|  | 财务部 | 2003 | | 黄宏 | 正式工 | 12345670004 | 是 | 是 | 大学本科 | 133104198108040311 |
|  | 研发部 | 3001 | | 杨娟 | 正式工 | 12345670005 | 是 | 是 | 研究生 | 123103197106100256 |
|  | 销售部 | 4001 | | 李勇 | 正式工 | 12345670006 | 是 | 是 | 大学本科 | 150101197110030225 |
|  | 采购部 | 5001 | | 赵政 | 正式工 | 12345670007 | 是 | 是 | 大学本科 | 130112196901230213 |

图 5-27　修改完成的人员档案

**提示：**

在没有做工资变动的情况下，也就是尚未录入人员的工资数据时，可单击"删除"按钮，删除光标所在行的人员。

在年中有人员调出时，当年调出人员不可删除，可打上"调出"标志，只能在进行年末处理后，在新的一年开始时，才能将此人删除。

删除人员的所有档案信息，不能再恢复。

在薪资管理系统中可以.TXT 文件格式保存人员档案信息，减少录入工作量；并可将本账套的人员信息以.TXT 文本格式导出，既可以保存人员档案信息，以防遭到破坏时数据丢失，又可为其他账套提供档案资源。仅能导入本账套公共平台人员档案中已存在的人员信息。

当个别人员的档案需要修改时，在"人员档案"窗口可直接修改。当一批人员的某个工资项目同时需要修改时，可利用数据替换功能，即将符合条件人员的某个工资项目的内容，统一替换为某个数据，以提高人员信息的修改速度。

### 5. 设置计算公式

由于不同的工资类别，工资发放项目不尽相同，计算公式亦不相同，因此在进入某个工资类别后，应选择本类别所需要的工资项目，再设置工资项目间的计算公式。

设置计算公式即定义工资项目之间的运算关系，计算公式设置的正确与否关系到工资核算的最终结果。定义公式可通过选择工资项目、运算符、关系符、函数等组合完成。

**例 5-9**　定义"缺勤扣款"的计算为"基本工资/22*缺勤天数"；定义"住房公积金"的计算为"个人上年平均工资*0.12"；定义"社会保险"的计算为"个人上年平均工资*0.09"。

**操作步骤：**

(1) 在"在职人员"工资类别中，单击展开"人力资源"|"薪资管理"|"设置"|"工资项目设置"文件夹，打开"工资项目设置"对话框中的"公式设置"选项卡，如图5-28所示。

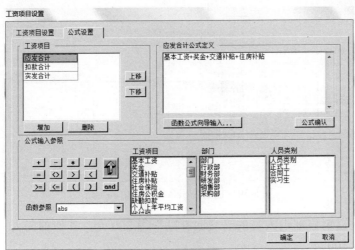

图5-28 "工资项目设置"对话框

(2) 单击"增加"按钮，从"工资项目"列表框中选择"缺勤扣款"。

(3) 选择"工资项目"中的"基本工资"；在运算符区域单击"/"；继续输入"22"；在运算符区域单击"*"；选择"工资项目"中的"缺勤天数"，如图5-29所示。

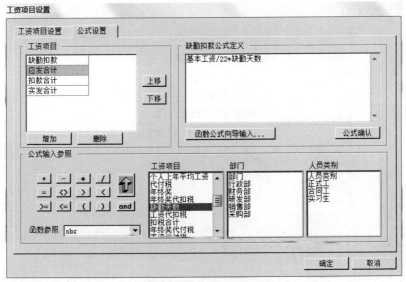

图5-29 计算公式定义

(4) 单击"公式确认"按钮。依此方法继续设置"住房公积金"和"社会保险"的计算公式，如图5-30所示。

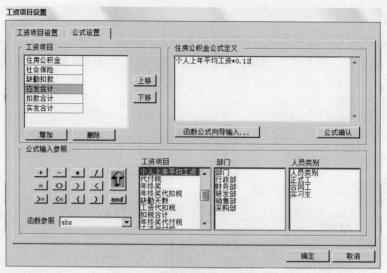

图 5-30 住房公积金的计算公式

**例 5-10** 设置销售部门人员的"交通补贴"为 300 元,其他部门人员的交通补贴为 100 元。

**操作步骤:**

(1) 在"工资项目设置"对话框中的"公式设置"选项卡中,单击"增加"按钮,从"工资项目"下拉列表中选择"交通补贴"。

(2) 单击"函数公式向导输入"按钮,打开"函数向导——步骤之 1"对话框,选择"iff"函数,如图 5-31 所示。

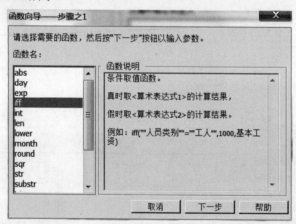

图 5-31 "函数向导——步骤之 1"对话框

(3) 单击"下一步"按钮,打开"函数向导——步骤之 2"对话框。

(4) 单击"逻辑表达式"右侧的"参照"按钮,打开"参照"对话框,单击"参照列表"下拉列表框中的下三角按钮,选择"部门名称",再选中"销售部",如图 5-32 所示。

(5) 单击"确定"按钮,返回"函数向导——步骤之 2"对话框。

(6) 在"算术表达式 1"文本框中输入"300",在"算术表达式 2"文本框中输入"100",如图 5-33 所示。

图 5-32 选中部门

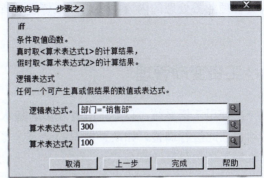

图 5-33 设置交通补贴的计算公式

(7) 单击"完成"按钮,返回"公式设置"选项卡,如图 5-34 所示。

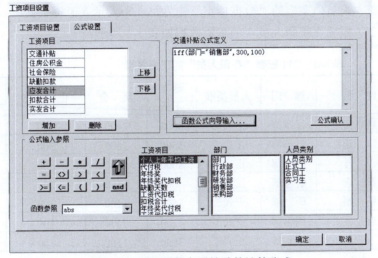

图 5-34 已设置的交通补贴的计算公式

(8) 公式定义完成后,单击"公式确认"按钮,再单击"确定"按钮。

**提示:**

函数公式向导只支持系统提供的函数。

iff 函数还可以嵌套使用,例如:奖金=iff(部门="行政部" OR 部门="财务部",2000,1800)。该公式表示如果是"行政部"或者是"财务部"的人员,其奖金为 2000 元,其他部门人员的奖金均为 1800 元。

此时将进行备份,文件名为"(7)第 5 章 已完成工资系统初始化"。

## 5.3 薪资管理业务处理

薪资管理业务处理的内容主要包括工资变动管理、工资分钱清单、扣缴个人所得税等内容。

### 5.3.1 工资变动管理

第一次使用工资系统,必须将所有人员的基本工资数据录入计算机,每月发生的工资数据变动也在此进行调整,如缺勤情况的录入、奖金的录入等。工资变动处理之前,需要事先设置好工资项目及计算公式。

**1. 录入工资数据**

在第一次使用工资系统时,可以在"工资变动"功能中录入每一项工资数据,也可以在"人员档案"的"数据档案"中为每一个人录入工资数据。

**例 5-11** 211账套"在职人员"的工资数据如表 5-3 所示。

表 5-3　211账套"在职人员"的工资数据

| 人员编号 | 姓 名 | 部 门 | 人员类别 | 基本工资 | 奖 金 | 住房补贴 | 个人上年平均工资 |
| --- | --- | --- | --- | --- | --- | --- | --- |
| 1001 | 巩立伟 | 行政部 | 正式工 | 5000 | 2000 | 300 | 7500 |
| 2001 | 陈 建 | 财务部 | 正式工 | 5500 | 2000 | 300 | 8000 |
| 2002 | 王 丹 | 财务部 | 正式工 | 3000 | 1500 | 300 | 5000 |
| 2003 | 黄 宏 | 财务部 | 正式工 | 4000 | 1500 | 200 | 6800 |
| 3001 | 杨 娟 | 研发部 | 正式工 | 5500 | 1200 | 100 | 7000 |
| 4001 | 李勇(业务员) | 销售部 | 正式工 | 4200 | 2300 | 100 | 6800 |
| 5001 | 赵政(业务员) | 采购部 | 正式工 | 3800 | 1100 | 100 | 5200 |

**操作步骤:**

(1) 单击展开"人力资源"|"薪资管理"|"业务处理"|"工资变动"文件夹,打开"工资变动"对话框。

(2) 依次录入各项工资数据。单击"计算"　按钮,计算所有的工资数据,如图 5-35 所示。

> **提示:**
> 此时的扣税基数是 5000 元,如果要修改扣税基数和税率,应该在选项中进行修改。

## 薪资管理 第5章

![工资变动表]

| 选择 | 工号 | 人员编号 | 姓名 | 部门 | 人员类别 | 基本工资 | 奖金 | 交通补贴 | 住房补贴 | 应发合计 | 代扣税 | 社会保险 | 住房公积金 | 缺勤扣款 | 扣款合计 | 实发合计 | 个人 |
|---|---|---|---|---|---|---|---|---|---|---|---|---|---|---|---|---|---|
| | | 1001 | 巩立伟 | 行政部 | 正式工 | 5,000.00 | 2,000.00 | 100.00 | 300.00 | 7,400.00 | 24.75 | 675.00 | 900.00 | | 1,599.75 | 5,800.25 | |
| | | 2001 | 陈建 | 财务部 | 正式工 | 5,500.00 | 2,000.00 | 100.00 | 300.00 | 7,900.00 | 36.60 | 720.00 | 960.00 | | 1,716.60 | 6,183.40 | |
| | | 2002 | 王丹 | 财务部 | 正式工 | 3,000.00 | 1,500.00 | 100.00 | 300.00 | 4,900.00 | | 450.00 | 600.00 | | 1,050.00 | 3,850.00 | |
| | | 2003 | 黄宏 | 财务部 | 正式工 | 4,000.00 | 1,500.00 | 100.00 | 200.00 | 5,800.00 | | 612.00 | 816.00 | | 1,428.00 | 4,372.00 | |
| | | 3001 | 杨娟 | 研发部 | 正式工 | 5,500.00 | 1,200.00 | 100.00 | 100.00 | 6,900.00 | 12.90 | 630.00 | 840.00 | | 1,482.90 | 5,417.10 | |
| | | 4001 | 李勇 | 销售部 | 正式工 | 4,200.00 | 2,300.00 | 300.00 | 100.00 | 6,900.00 | 14.16 | 612.00 | 816.00 | | 1,442.16 | 5,457.84 | |
| | | 5001 | 赵政 | 采购部 | 正式工 | 3,800.00 | 1,100.00 | 100.00 | 100.00 | 5,250.00 | | 468.00 | 624.00 | | 1,092.00 | 4,158.00 | |
| 合计 | | | | | | 31,000.00 | 11,600.00 | 900.00 | 1,400.00 | 45,050.00 | 88.41 | 4,167.00 | 5,556.00 | | 9,811.41 | 35,238.59 | |

图 5-35　已录入并计算的工资数据

### 2. 筛选和定位

如果需要录入或修改某个部门或人员的工资数据，最好采用数据过滤的方法，先将所要修改的人员过滤出来，然后进行工资数据修改。修改完毕后单击"计算"按钮和"汇总"按钮，这样可以大大提高计算速度。过滤操作可以利用系统提供的"筛选"按钮或"定位"按钮功能来完成。

### 3. 页编辑

在"工资变动"窗口提供了"编辑"按钮，可以对选定的个人进行快速录入。单击"上一人""下一人"按钮可变更人员，录入或修改其他人员的工资数据。

### 4. 替换

将符合条件的人员的某个工资项目的数据，统一替换成某个数据。

**例 5-12**　本月将"采购部"人员的"奖金"增加 150 元。

**操作步骤：**

(1) 在"工资变动"对话框中，单击"替换"按钮，打开"工资项数据替换"对话框。

(2) 单击"将工资项目"栏下拉列表框中的下三角按钮，选择"奖金"选项，在"替换成"文本框中录入"奖金+150"，选择"替换条件"为"部门=采购部"，如图 5-36 所示。

图 5-36　工资数据替换

(3) 单击"确定"按钮，系统提示"数据替换后将不可恢复。是否继续？"，如图5-37所示。

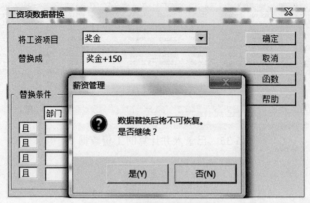

图5-37 数据替换时的提示

(4) 单击"是"按钮，系统提示"1条记录被替换，是否重新计算"。
(5) 单击"是"按钮，系统显示已替换后的工资数据，如图5-38所示。

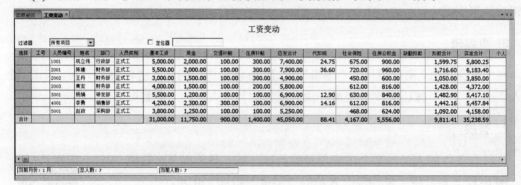

图5-38 替换后的工资数据

**提示：**

若进行数据替换的工资项目已经设置了计算公式，则在重新计算时以计算公式为准。如未输入替换条件而进行替换，则系统默认替换条件为本工资类别的全部人员。

如果想对某数据类型的工资项目，按特定比例增加(减少)或增加(减少)同样的数额。例如，所有人的基本工资上浮12%，则在"将工资项目"下拉列表框中选择"基本工资"选项，在"替换成"文本框中录入"基本工资*1.12"。

### 5. 计算汇总

在进行修改某些数据、重新设置计算公式、进行数据替换或在个人所得税中执行自动扣税等操作后，必须使用"计算"按钮和"汇总"按钮功能对个人工资数据重新计算，以保证数据正确。通常，实发合计、应发合计、扣款合计在修改完工资项目数据后不自动计算合计项，如果要检查合计项是否正确，需要先重算工资；如果不执行重算工资，在退出工资变动时，系统会自动提示重新计算。

### 5.3.2 工资分钱清单

工资分钱清单是按单位计算的工资发放分钱票面额清单，会计人员根据此表从银行取款并发给各部门。执行此功能必须在个人数据输入调整完成之后，如果个人数据在计算后又做了修改，需重新执行本功能，以保证数据正确。本功能包括部门分钱清单、人员分钱清单、工资发放取款单 3 部分。采用银行代发工资的企业一般无须进行工资分钱清单的操作。

### 5.3.3 扣缴个人所得税

个人所得税是根据《中华人民共和国个人所得税法》对个人的所得征收的一种税。手工情况下，每个月末财务部门都要对超过扣除基数金额的部分进行计算纳税申报，系统提供申报只对工资薪金所得征收个人所得税。

鉴于许多企、事业单位计算职工工资薪金所得税工作量较大，本系统特提供个人所得税自动计算功能，既减轻了用户的工作负担，又提高了工作效率。

**例 5-13** 在 211 账套中，"在职人员"的个人收入所得税按"实发合计"计算，扣税"基数"为"5000"元，执行九级超额累进税率。查看"扣缴个人所得税报表"。

**操作步骤：**

(1) 单击展开"人力资源"|"薪资管理"|"业务处理"|"扣缴所得税"文件夹，打开"个人所得税申报模板"对话框，如图 5-39 所示。

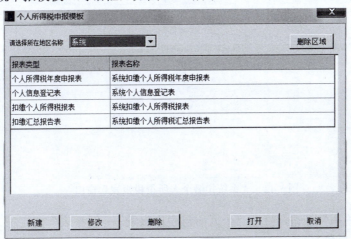

图 5-39 "个人所得税申报模板"对话框

(2) 单击"报表类型"为"扣缴个人所得税报表"所在行，如图 5-40 所示。

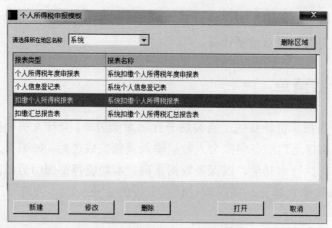

图 5-40 扣缴个人所得税报表

(3) 单击"打开"按钮,打开"所得税申报"对话框,如图 5-41 所示。

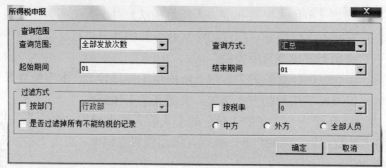

图 5-41 "所得税申报"对话框

(4) 单击"确定"按钮,进入"系统扣缴个人所得税报表"窗口,如图 5-42 所示。

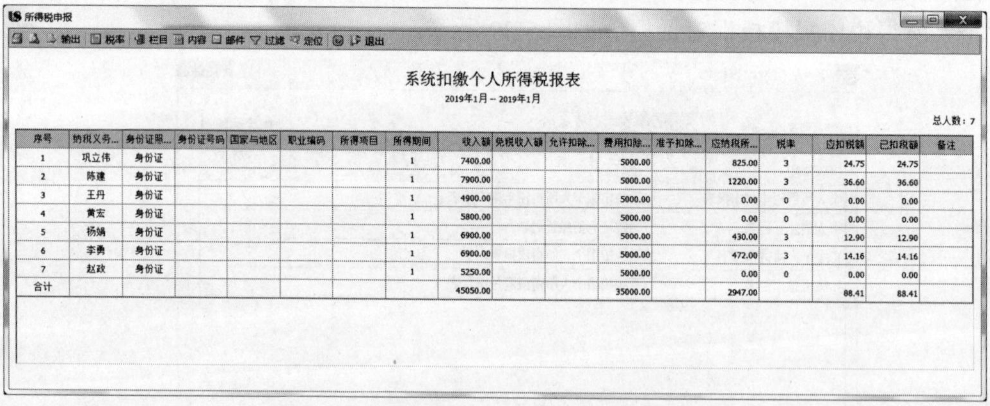

图 5-42 "系统扣缴个人所得税报表"窗口

(5) 单击"税率"按钮,打开"个人所得税申报表——税率表"对话框,查看"基数"和税率表,如图 5-43 所示。

图 5-43 "个人所得税申报表——税率表"对话框

> **提示：**
>
> 系统默认以"实发合计"作为扣税基数。如果想以其他工资项目作为扣税标准，则需要在定义工资项目时，单独为应税所得设置一个工资项目，如增加一个工资项目，称为"扣税基数"，该工资项目的"增减项"为"其他"，然后在此进行选择时，选择"扣税基数"工资项目作为扣缴所得税的"收入额合计项"。
>
> 如果单位的扣除费用及税率与国家规定的不一致，可在"个人所得税扣缴申报表"窗口中，单击"税率"按钮进行修改。
>
> 修改税率设置只影响修改期间及以后期间，以前期间的税率设置不能改变，选择修改前的期间为所得期间时，仍使用原税率设置数据进行计算。

在"扣缴所得税"窗口中，单击"申报"按钮，可进入"北京地税纳税申报"对话框，生成符合北京地税要求的个人所得税申报表格式。按本单位实际情况输入报税的相关数据，选择或输入存储文件的路径及文件名称，单击"确定"按钮后，系统在指定位置生成".csv"文件。"申报"按钮只在设置申报表栏目时"查询范围"，选择"本月累计＋汇总"时激活，否则不可用。

## 5.3.4 银行代发

银行代发业务处理，是指每个会计期末，单位向银行提供银行给定文件格式的数据，银行根据这些工资数据直接将工资打入职工工资卡(存折)。这样做既减轻了财务部门发放工资工作的负担，又有效地避免了财务人员去银行提取大笔款项所承担的风险，同时还提高了对职工个人工资的保密程度。

### 1. 银行文件格式设置

银行文件格式设置是根据银行的要求，设置提供银行数据中所包含的项目，以及项目的数据类型、长度和取值范围等。

第一次进入银行代发功能时,系统自动显示"银行文件格式设置"对话框,可以立即进行设置;以后再进入该功能时,可在"银行代发"窗口中单击"格式"按钮,或右击,选择快捷菜单下的"文件格式设置"命令,即可进入代发文件格式设置功能,设置银行文件格式。

**例 5-14**　211 账套代发工资的银行为"中国工商银行",默认银行文件格式的设置,生成银行代发一览表。

**操作步骤:**

(1) 单击展开"人力资源"|"薪资管理"|"业务处理"|"银行代发"文件夹,打开"请选择部门"对话框,单击"确定"按钮,打开"银行代发一览表"对话框。

(2) 单击工具栏中的"格式"按钮,打开"银行文件格式设置"对话框。

(3) 单击"银行模板"下拉列表框后面的下三角按钮,选择"中国工商银行",如图 5-44 所示。

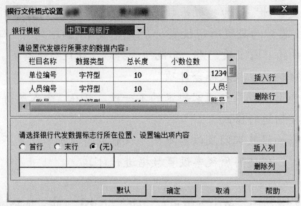

图 5-44　"银行文件格式设置"对话框

(4) 单击"确定"按钮。系统提示"确认设置的银行文件格式?"。

(5) 单击"是"按钮。打开名称为"中国工商银行"的"银行代发一览表"窗口,如图 5-45 所示。

| 单位编号 | 人员编号 | 账号 | 金额 | 录入日期 |
|---|---|---|---|---|
| 1234934325 | 1001 | 12345670001 | 5800.25 | 20190201 |
| 1234934325 | 2001 | 12345670002 | 6183.40 | 20190201 |
| 1234934325 | 2002 | 12345670003 | 3850.00 | 20190201 |
| 1234934325 | 2003 | 12345670004 | 4372.00 | 20190201 |
| 1234934325 | 3001 | 12345670005 | 5417.10 | 20190201 |
| 1234934325 | 4001 | 12345670006 | 5457.84 | 20190201 |
| 1234934325 | 5001 | 12345670007 | 4158.00 | 20190201 |
| 合计 |  |  | 35,238.59 |  |

名称:中国工商银行　　人数:7

图 5-45　中国工商银行"银行代发一览表"

## 2. 银行代发输出格式设置

银行代发输出格式设置：根据银行的要求，设置向银行提供的数据，是以何种文件形式存放在磁盘中，且在文件中各数据项目是如何存放和区分的。

**操作步骤：**

(1) 在"银行代发"窗口的"银行代发一览表"中，单击工具栏中的"方式"按钮，或右击，在快捷菜单中选择"文件输出方式设置"命令，打开"文件方式设置"对话框，如图5-46所示。

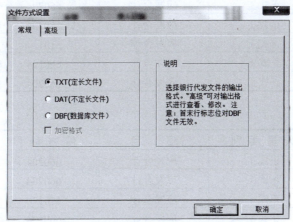

图5-46 银行代发输出文件方式设置

(2) 在"常规"选项卡中选择文件类型，在"高级"选项卡中对磁盘文件的格式进行进一步设置。TXT文件是固定宽度的文本文件。选择DAT文件时，只有"字符型补位符"选项被选中时，"银行账号补位方向"才允许选择，否则该选项为不可用状态。选择DBF文件时，所有设置均不可修改。"银行账号补位方向"有"左补位"和"右补位"两种，如果选择"左补位"，则当银行账号位数不足设置的输出长度时，系统输出时自动补位的方向是在左侧；如果选择"右补位"，则当银行账号位数不足设置的输出长度时，系统输出时自动补位的方向是在右侧，系统默认为"左补位"。

(3) 单击"确定"按钮，系统记录下生成磁盘文件的格式设置，返回"银行代发"窗口。

## 3. 磁盘输出

按用户已设置好的格式和设定的文件名，将数据输出到指定的磁盘。

在"银行代发"窗口，单击"传输"按钮，或右击，在弹出的快捷菜单中选择"磁盘输出"命令，输入文件名称、选择磁盘和选择存储路径后，单击"保存"按钮即可。

### 5.3.5 工资分摊

#### 1. 设置工资分摊类型

在初次使用工资系统时，应先进行工资分摊的设置。所有与工资相关的费用及基金均需建立相应的分摊类型名称及分摊比例。

**例 5-15** 211 账套中工资分摊的类型为"应付职工薪酬"和"工会经费"。"应付职工薪酬"的分摊比例为 100%，按工资总额的 2%计提工会经费。应付分摊的设置内容如表 5-4 所示。

表 5-4 应付分摊的设置内容

应付职工薪酬分摊：

| 部门名称 | 人员类别 | 项目 | 借方科目 | 贷方科目 |
|---|---|---|---|---|
| 行政部 | 正式工 | 应发合计 | 660204 | 2211 |
| 财务部 | 正式工 | 应发合计 | 660204 | 2211 |
| 研发部 | 正式工 | 应发合计 | 5101 | 2211 |
| 销售部 | 正式工 | 应发合计 | 660104 | 2211 |
| 采购部 | 正式工 | 应发合计 | 660204 | 2211 |

工会经费分摊：

| 部门名称 | 人员类别 | 项目 | 借方科目 | 贷方科目 |
|---|---|---|---|---|
| 行政部 | 正式工 | 应发合计 | 660204 | 2241 |
| 财务部 | 正式工 | 应发合计 | 660204 | 2241 |
| 研发部 | 正式工 | 应发合计 | 5101 | 2241 |
| 销售部 | 正式工 | 应发合计 | 660104 | 2241 |
| 采购部 | 正式工 | 应发合计 | 660204 | 2241 |

**操作步骤：**

(1) 单击展开"人力资源"|"薪资管理"|"业务处理"|"工资分摊"文件夹，打开"工资分摊"对话框，如图 5-47 所示。

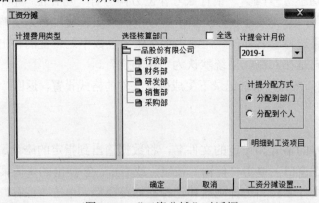

图 5-47 "工资分摊"对话框

(2) 单击"工资分摊设置"按钮，打开"分摊类型设置"对话框。
(3) 单击"增加"按钮，打开"分摊计提比例设置"对话框。
(4) 在"计提类型名称"文本框中录入"应付职工薪酬"，如图 5-48 所示。

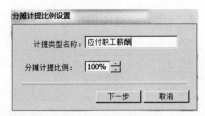

图 5-48 "分摊计提比例设置"对话框

(5) 单击"下一步"按钮,打开"分摊构成设置"对话框。
(6) 在"分摊构成设置"对话框中,分别选择分摊构成的各个项目内容,如图 5-49 所示。

图 5-49 分摊构成设置

(7) 单击"完成"按钮。返回到"分摊类型设置"对话框。
(8) 单击"增加"按钮,在打开的"分摊计提比例设置"对话框的"计提类型名称"文本框中录入"工会经费",在"分摊计提比例"数字框中录入"2%",如图 5-50 所示。

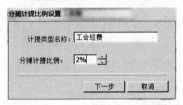

图 5-50 工会经费计提比例设置

(9) 单击"下一步"按钮,打开"分摊构成设置"对话框,分别选择分摊构成的各个项目内容,如图 5-51 所示。

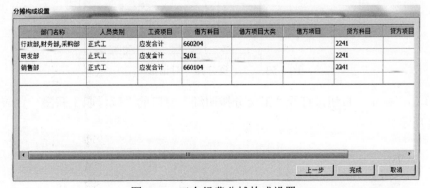

图 5-51 工会经费分摊构成设置

(10) 单击"完成"按钮。返回到"分摊类型设置"对话框,如图 5-52 所示。

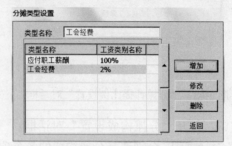

图 5-52 "分摊类型设置"对话框

(11) 单击"返回"按钮,返回到"工资分摊"对话框。

 提示:

所有与工资相关的费用及基金均需建立相应的分摊类型名称及分类比例。

不同部门、相同人员类别可以设置不同的分摊科目。

不同部门、相同人员类别在设置时,可以一次选择多个部门。

### 2. 分摊工资并生成转账凭证

**例 5-16** 分摊 211 账套 1 月份的工资。

**操作步骤:**

(1) 在"工资分摊"对话框中,分别单击选中"应付职工薪酬"和"工会经费"前的复选框,并单击选中各个部门,再选中"明细到工资项目",如图 5-53 所示。

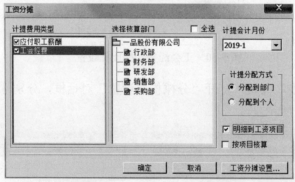

图 5-53 "工资分摊"对话框

(2) 单击"确定"按钮,打开"工资分摊明细"窗口的"应付职工薪酬一览表"界面,如图 5-54 所示。

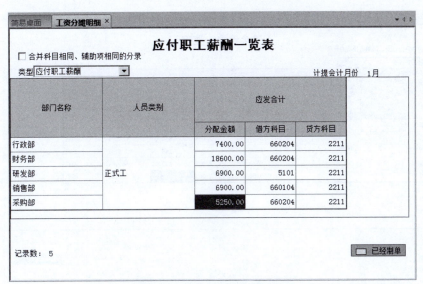

图 5-54 应付工资薪酬一览表

(3) 单击"制单"按钮,生成应付工资分摊的转账凭证。选择凭证类别为"转账凭证",单击"保存"按钮,如图 5-55 所示。

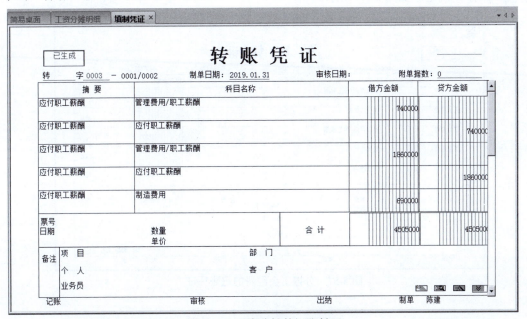

图 5-55 工资分摊的记账凭证

(4) 单击"退出"按钮,返回"应付职工薪酬一览表"。

(5) 在"应付职工薪酬一览表"中,单击"类型"下拉列表框后面的下三角按钮,选择"工会经费",并单击选中"合并科目相同、辅助项相同的分录"前的复选框,如图 5-56 所示。

图 5-56　应付工会经费一览表

(6) 单击"制单"按钮,生成工会经费分摊的转账凭证。选择凭证类别为"转账凭证",单击"保存"按钮,如图 5-57 所示。

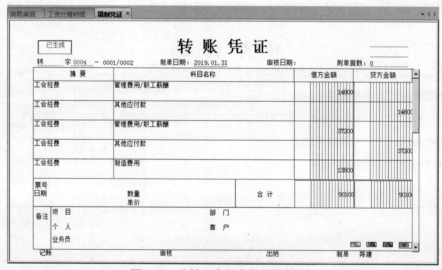

图 5-57　分摊工会经费的记账凭证

**提示:**

工资分摊应按分摊类型依次进行。

在进行工资分摊时,如果不选择"合并科目相同、辅助项相同的分录",则在生成凭证时将每一条分录都对应一个贷方科目;如果单击"批制"按钮,可以一次将所有本次参与分摊的"分摊类型"所对应的凭证全部生成。

## 5.4 月末业务处理

### 5.4.1 月末处理

月末处理是将当月数据经过处理后结转至下月。每月工资数据处理完毕后均可进行月末结转。由于在工资项目中，有的项目是变动的，即每月的数据均不相同，在每月工资处理时，均需将其数据清零，而后输入当月的数据，此类项目即为清零项目。

**例 5-17** 将 211 账套进行 1 月份月末处理。月末处理时不进行清零处理。

**操作步骤：**

(1) 单击展开"人力资源"|"薪资管理"|"业务处理"|"月末处理"文件夹，打开"月末处理"对话框，如图 5-58 所示。

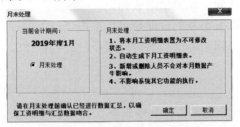

图 5-58 "月末处理"对话框

(2) 单击"确定"按钮，系统提示"月末处理之后，本月工资将不许变动！继续月末处理吗？"，如图 5-59 所示。

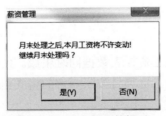

图 5-59 月末处理的提示

(3) 单击"是"按钮，系统提示"是否选择清零项？"，如图 5-60 所示。
(4) 单击"否"按钮，系统提示"月末处理完毕！"，如图 5-61 所示。

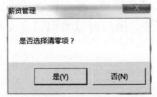

图 5-60 是否清零的提示　　　　　图 5-61 月末处理完成提示

(5) 单击"确定"按钮。

> **提示：**
> 月末处理只有在会计年度的 1~11 月进行。
> 如果处理多个工资类别，则应打开工资类别，分别进行月末处理。如果有未进行期末处理的工资类别，则系统会判定为薪资管理系统尚未结账，总账系统不能结账。
> 如果本月工资未汇总，系统将不允许进行月末处理。
> 进行月末处理后，当月数据将不再允许变动。
> 月末处理功能只有账套主管才能执行。

### 5.4.2 反结账

在薪资管理系统结账后，发现还有一些业务或其他事项需要在已结账月份进行账务处理，此时需要使用反结账功能，取消已结账标记。

在薪资管理系统中，以下个月的日期登录，单击"业务处理"菜单中的"反结账"命令，选择要反结账的工资类别，确认后即可完成反结账的操作。

> **提示：**
> 在进行月末处理后，如果发现还有一些业务或其他事项要在已进行月末处理的月份进行账务处理，可以由账套主管使用反结账功能，取消已结账标记。

## 5.5 统计分析

工资业务处理完成后，相关工资报表数据同时生成。系统提供了多种形式的报表反映工资核算的结果，报表的格式是工资项目按照一定的格式由系统设定。如果对报表提供的固定格式不满意，可以进行修改。

### 5.5.1 账表管理

账表管理主要功能是对工资系统中所有的报表进行管理，有工资表和工资分析表两种报表类型。如果系统提供的报表不能满足企业的需要，用户可以启用自定义报表功能，新增报表夹和设置自定义报表。

1. 工资表

工资表用于本月工资的发放和统计，本功能主要完成查询和打印各种工资表的工作。工资表包括以下一些由系统提供的原始表：工资卡、工资发放条、部门工资汇总表、部门条件汇总表、工资发放签名表、人员类别汇总表、条件统计(明细)表及工资变动汇总(明细)表。

工资表可以在薪资管理系统中的"统计分析"|"账表"|"工资表"命令中进行查询。

#### 2. 工资分析表

工资分析表是以工资数据为基础，对部门、人员类别的工资数据进行分析和比较，产生各种分析表，供决策人员使用。工资数据分析表包括工资增长分析、按月分类统计表、部门分类统计表、工资项目分析表、员工工资汇总表、按项目分类统计表、员工工资项目统计表、分部门各月工资构成分析及部门工资项目构成分析表。

在薪资管理系统中，单击展开"统计分析"|"账表"|"工资分析表"文件夹，打开"工资分析表"对话框，双击要查看的工资分析表，输入查询条件，即可得到相应的查询结果。

对于工资项目分析，系统仅提供单一部门项目分析表。用户在"分析"对话框中可以单击"部门"下拉列表框，选择已选中部门中的某一个部门，查看该部门的工资项目分析表。

对于员工工资汇总表，系统仅提供对单一工资项目和单一部门进行员工工资汇总分析。对于分部门各月工资构成分析表，系统提供对单一工资项目进行工资构成分析。

### 5.5.2 凭证查询

工资核算的结果以转账凭证的形式传输到总账系统，在总账系统中可以进行查询、审核、记账等操作，不能修改或删除。工资管理系统中的凭证查询功能可以对工资系统中所生成的转账凭证进行删除及冲销的操作。

**例 5-18** 查询 2019 年 1 月所填制的工资分摊的记账凭证。

**操作步骤：**

(1) 单击展开"统计分析"|"凭证查询"文件夹，打开"凭证查询"对话框。

(2) 选择输入所要查询的起始月份和终止月份，显示查询期间凭证列表，如图 5-62 所示。

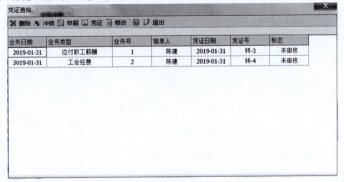

图 5-62 "凭证查询"对话框

(3) 选中一张凭证，单击"删除"按钮，可删除标志为"未审核"的凭证。

(4) 单击"冲销"按钮，则可对当前标志为"记账"的凭证进行红字冲销操作，自动生成与原凭证相同的红字凭证。

(5) 单击"单据"按钮，显示生成凭证的原始凭证。

> **提示：**
> 本章例题的操作结果已经备份到了教学资源"211 账套(例题)备份/"第 5 章例题账套备份"中。

## 复习思考题

1. 企业在什么情况下应设置多工资类别的应用方案？
2. 解释计算公式"iff(人员类别="人员类别"="在职人员" and 部门="财务部",1000,600)。
3. 如果企业以"应税工资"作为扣缴个人收入所得税的依据，应如何设置此工资项目？
4. 进行月末处理时应注意哪些问题？
5. 如果已将在薪资管理系统中生成的"应付职工薪酬"的记账凭证在总账中进行了审核，应如何进行修改？
6. 应如何完成反结账的操作？

## 上机实验

(具体实验内容请见第 8 章)

实验五　薪资系统初始化

实验六　薪资业务处理

# 第 6 章

# 固定资产管理

---
**教学目的与要求**

系统学习固定资产系统初始化、日常业务处理和期末业务处理的工作原理和操作方法。

能够完成建立固定资产账套，进行基础设置及录入原始卡片的方法；固定资产增减变动的处理方法，计提折旧和制单的操作；了解对账、结账及账表查询的方法。

---

固定资产管理子系统是一套用于企、事业单位进行固定资产核算和管理的子系统，主要面向中小型企业，帮助企业的财务部门进行固定资产总值、累计折旧等数据的动态管理，为总账系统提供相关凭证，协助企业进行成本核算，同时还为设备管理部门提供固定资产的各项管理指标。

## 6.1 固定资产管理概述

### 6.1.1 固定资产管理的主要功能

固定资产管理系统的作用是完成企业固定资产日常业务的核算和管理，生成固定资产卡片，按月反映固定资产的增加、减少、原值变化及其他变动，并输出相应的增减变动明细账；同时，按月自动计提折旧，生成计提折旧的记账凭证。此外，还可输出一些与"设备管理"相关的报表和账簿，以分析固定资产的利用效果。本系统主要功能体现在以下几个方面。

1. 固定资产系统初始设置

运行固定资产系统并打开该账套后,要进行必要的系统初始设置工作,具体包括系统初始化、部门设置、类别设置、使用状况定义、增减方式定义、折旧方法定义、卡片项目定义、卡片样式定义等,这些均是系统顺利运行的基础。

2. 固定资产卡片管理

固定资产卡片管理在企业中分为两部分,一是固定资产卡片台账管理,二是固定资产的会计处理,考虑到这两个方面的使用习惯和管理的科学性,系统首先提供了卡片管理的功能。在用友 ERP-U8 应用系统中,主要从固定资产卡片、变动单及资产评估 3 个方面来实现卡片管理。"卡片"中主要实现录入原始卡片、卡片修改、卡片删除、资产增加及资产减少等功能,不仅实现了固定资产的文字资料管理,而且还实现了固定资产的图片管理;"变动单"中实现固定资产变动的各项管理;此外,还单独列示"资产评估",来完成评估数据和成果的管理。

3. 固定资产折旧管理

自动计提折旧形成折旧清单和折旧分配表,按分配表自动制作记账凭证,并传递到总账系统,同时在本系统中可修改、删除和查询此凭证。对折旧进行分配时,可以在单部门或多部门之间进行分配。

4. 固定资产月末对账、结账

月末,按照系统初始设置的账务系统接口,自动与账务系统进行对账,并根据对账结果和初始设置决定是否结账。

5. 固定资产账表查询

通过"我的账表"对系统所能提供的全部账表进行管理,资产管理部门可随时查询分析表、统计表、账簿和折旧表,提高资产管理效率。

另外,系统还能提供固定资产的多种自定义功能,可以自定义折旧方法、汇总分配周期、卡片项目等;为适应行政事业单位固定资产管理的需要,提供整个套账不计提折旧的功能。

## 6.1.2　固定资产管理系统与其他子系统的主要关系

固定资产管理系统与其他子系统的主要关系如图 6-1 所示。

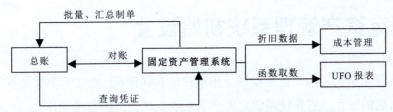

图 6-1 固定资产管理系统与其他子系统的主要关系

在固定资产管理系统中，资产的增加、减少及原值和累计折旧的调整、折旧计提都要将有关数据通过记账凭证的形式传递到总账系统，同时通过对账保持固定资产账目与总账的平衡，并可以查询凭证。固定资产管理系统为成本管理系统提供折旧费用数据。UFO报表系统可以通过使用相应的函数从固定资产系统中提取分析数据。

### 6.1.3 固定资产管理系统的操作流程

不同性质的企业固定资产的会计处理方法不同。固定资产系统提供了企业单位应用方案和行政事业单位应用方案两种选择。行政事业单位应用方案与企业单位应用方案的差别在于行政事业单位整个账套不提折旧。从操作流程来看，所有与折旧有关的操作环节在行政事业单位操作流程中均不体现。

下面以企业单位应用方案为例，列出新用户启用固定资产管理系统的操作流程，如图 6-2 所示。

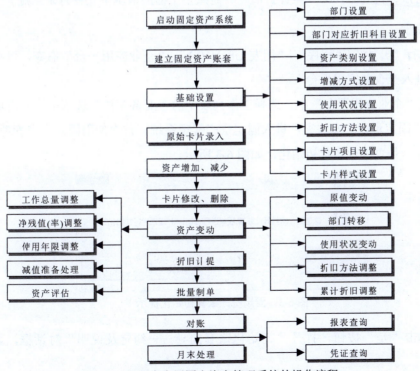

图 6-2 新用户启用固定资产管理系统的操作流程

## 6.2 固定资产管理系统初始设置

固定资产管理系统初始设置是根据使用单位的具体情况，建立一个适合本单位需要的固定资产子账套的过程。它是使用固定资产子系统管理资产的首要操作。

系统初始设置包括建立固定资产子账套、基础设置和原始卡片录入 3 项内容。

### 6.2.1 建立固定资产子账套

固定资产子账套，是在会计核算账套的基础上建立的。即在建立会计核算账套后，启用固定资产系统并在注册该账套后，在固定资产管理系统中建立子账套。

**例 6-1** 以账套主管"CW001"（陈建，密码：000000）身份登录一品公司 211 账套，建立固定资产子账套。固定资产账套启用月份：2019 年 1 月。采用平均年限法按月计提折旧，折旧汇总分配周期为 1 个月；当(月初已计提月份=可使用月份-1)时，要求将剩余折旧全部提足。固定资产类别编码方式为"2-1-1-2"；固定资产编码方式采用自动编码，编码方式为"类别编号+序号"；序号长度为 5。固定资产要求与总账系统进行对账；固定资产对账科目为"1601　固定资产"；累计折旧对账科目为"1602　累计折旧"。对账不平衡的情况下允许月末结账。

**操作步骤：**

(1) 执行"开始"|"程序"|"用友 U8 V10.1"|"企业应用平台"命令，以账套主管身份注册进入"企业应用平台"。

(2) 在"企业应用平台"中，选择工作列表中的"业务工作"选项卡，单击展开"财务会计"|"固定资产"文件夹，进入固定资产管理系统。首次使用固定资产管理系统时，系统自动提示是否进行账套初始化，如图 6-3 所示。

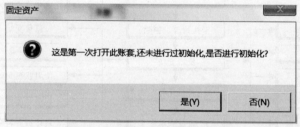

图 6-3　固定资产账套初始化提示

(3) 单击"是"按钮，打开"初始化账套向导——约定及说明"对话框，如图 6-4 所示。

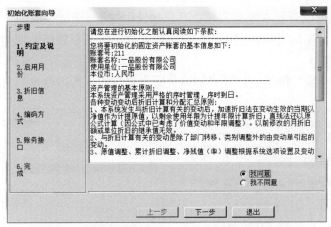

图 6-4 "初始化账套向导——约定及说明"对话框

 **提示：**

各种变动发生后折旧计算和分配汇总的原则如下。
- 本系统发生与折旧计算有关的变动后，加速折旧法在变动生效的当期以净值为计提原值，以剩余使用年限为计提年限计算折旧；直线法还按原公式计算(因原公式中已考虑了价值变动和年限调整)。
- 与折旧计算有关的变动是除了部门转移、类别调整、使用状况调整外的由变动单引起的变动。
- 原值调整、累计折旧调整、净残值(率)调整下月有效。
- 折旧方法调整、使用年限调整当月生效，使用状况调整下月有效。
- 部门转移和类别调整当月计提的折旧分配，分配到变动后的部门和类别中。
- 本系统各种变动后计算折旧采用未来适用法，不自动调整以前的累计折旧；采用追溯适用法的企业只能手工调整累计折旧。

(4) 单击"我同意"前的单选按钮。单击"下一步"按钮，打开"初始化账套向导——启用月份"对话框，如图 6-5 所示。

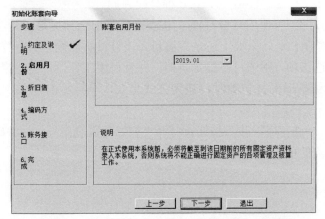

图 6-5 "初始化账套向导——启用月份"对话框

在此对话框中可以查看本账套固定资产开始使用的年份和会计期间，启用日期只能查看不能修改。启用日期确定后，在该日期前的所有固定资产都将作为期初数据，在启用月份开始计提折旧。

(5) 单击"下一步"按钮，打开"初始化账套向导——折旧信息"对话框，如图 6-6 所示。

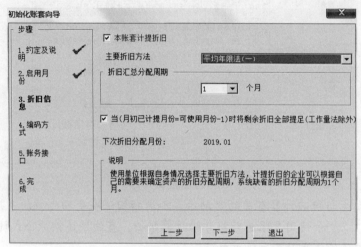

图 6-6 "初始化账套向导——折旧信息"对话框

本账套是否计提折旧是根据本企业性质确定的，即选定本单位折旧应用方案。按照制度规定，行政事业单位的所有资产不计提折旧，企业单位资产需要计提折旧，一旦确定本账套不提折旧，则账套内与折旧有关的所有功能均不能操作，该判断在初始化设置完成后不能修改。系统设置了 6 种常用的折旧方法，选择折旧方法，以便在资产类别设置时自动带出。对具体的固定资产可重新定义折旧方法。

企业在实际计提折旧时，不一定每个月计提一次，可能因行业和自身情况，每季度、半年或一年计提一次，折旧费用的归集也按照这样的周期进行，如保险行业每 3 个月计提和汇总分配一次折旧。系统设定的处理方式是：每个月均计提折旧，但折旧的汇总分配原则按选择的周期进行，一旦选定，系统将自动在相应的月末生成折旧分配表，提示制作记账凭证。系统提供 1、2、3、4、6、12 共 6 种分配周期。

当(月初已计提月份=可使用月份-1)时，将剩余的折旧全部提足(工作量法除外)：如果选中该项，则除工作量法外，只要上述条件满足，该月月折旧额=净值-净残值，并且不能手工修改；如果不选该项，则该月不提足折旧，并且可手工修改，但如果以后各月按照公式计算的月折旧率或折旧额是负数时，认为公式无效，令月折旧率=0，月折旧额=净值-净残值。

(6) 设置完毕，单击"下一步"按钮，打开"初始化账套向导——编码方式"对话框，单击"自动编码"前的单选按钮，如图 6-7 所示。

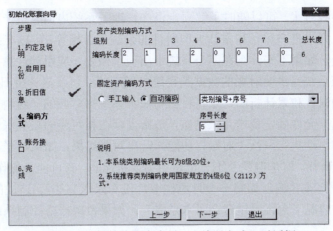

图 6-7 "初始化账套向导——编码方式"对话框

资产类别是单位根据管理和核算的需要给资产所做的分类，可参照国家标准分类，也可根据需要自己分类。资产类别编码是固定资产分类管理的基础和依据。本系统类别编码最多可设置 4 级 10 位，可以设定级数和每一级的编码长度。系统推荐采用国家规定的 4 级 6 位(2112)方式。

固定资产编号是资产的管理者给资产所编的编号，可以在录入卡片时手工输入，也可以选用自动编码的形式自动生成。系统提供了自动编码的几种形式：类别编号+序号、部门编号+序号、类别编号+部门编号+序号、部门编号+类别编号+序号，自动编号中序号的长度可自由设定为 1～5 位。自动编号的好处一方面在于录入卡片时简便，更重要的是便于资产管理，根据资产编号很容易了解资产的基本情况。

资产类别编码方式设定以后，一旦某一级设置了类别，则该级的长度不能修改，未使用过的各级的长度可修改。每一个账套的资产自动编码方式只能选择一种，一经设定，该自动编码方式不得修改。

(7) 设置完成后，单击"下一步"按钮，打开"初始化账套向导——账务接口"对话框，选择"固定资产对账科目"为"1601，固定资产"，"累计折旧对账科目"为"1602，累计折旧"，如图 6-8 所示。

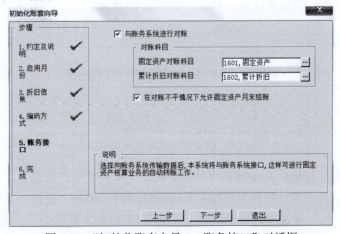

图 6-8 "初始化账套向导——账务接口"对话框

选择与账务系统对账，可以随时了解固定资产管理子系统内所有资产的原值、累计折旧和总账系统中的固定资产科目和累计折旧科目的余额是否相等。可以在系统运行中任何时候执行对账功能，如果不平，则在两个系统中出现了偏差，应引起注意，予以调整。

因为固定资产系统提供要对账的数据是系统内资产的原值及累计折旧合计数，所以选择的固定资产对账科目和累计折旧对账科目应与账务系统内对应的一级科目一致。

对账不平情况下允许固定资产月末结账，是指当存在相对应的账务账套的情况下，本系统在月末结账前自动执行一次"对账"功能，给出对账结果，如果不平，说明两个系统出现偏差，应予以调整。但是偏差并不一定是由错误引起的，有可能是操作的时间差异(在账套刚开始使用时比较普遍，如第一个月原始卡片没有录入完毕等)造成的，因此给出判断是否"对账不平情况下允许固定资产月末结账"；如果希望严格控制系统间的平衡，不能选取此项。

(8) 设置完成后，单击"下一步"按钮，打开"初始化账套向导——完成"对话框，如图6-9所示。

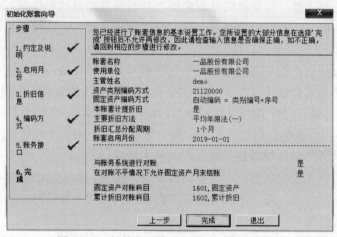

图6-9　"初始化账套向导——完成"对话框

(9) 仔细审查系统给出的汇总报告，确认没有问题时，单击"完成"按钮，结束固定资产初始化建账过程，弹出系统提示信息，如图6-10所示。

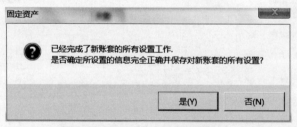

图6-10　固定资产建账完成提示

(10) 单击"是"按钮，系统提示"已成功初始化本固定资产账套！"，确认。

建账完成后，当需要对账套中某些参数进行修改时，可在"设置"菜单中的"选项"中进行重新设置；当发现某些设置错误而又不允许修改(如本账套是否计提折旧)，但必须纠正时，则只能通过"重新初始化"功能实现，但应注意重新初始化将清空对该子账套所做的一切工作。

## 6.2.2 基础设置

一般手工记账时，在开始记账前，一些基本设置已做到心中有数，这些设置包括卡片项目、卡片样式、折旧方法、部门、部门对应折旧科目、资产类别、使用状况、增减方式等。在电算化方式下，必须将手工记账时采用的信息在账套内进行设置，这些基础设置是使用固定资产系统进行资产管理和核算的基础。

系统的各项基础设置中除资产类别和建账期初数据必须由用户设置外，其他各部分都有缺省的内容。

**1. 选项设置**

选项中主要是在账套初始化中设置的参数。

**例 6-2** 一品公司账套主管根据业务要求，对固定资产系统的基础选项进行进一步编辑与修改。具体要求包括：月末结账前一定要完成制单登账业务；固定资产缺省入账科目为"1601，固定资产"，累计折旧缺省入账科目为"1602，累计折旧"，减值准备缺省入账科目为"1603，固定资产减值准备"；增值税进项税额缺省入账科目为"22210101，进项税额"；固定资产清理缺省入账科目为"1606，固定资产清理"；已发生资产减少卡片可删除时限为5年。

**操作步骤：**

(1) 在固定资产子系统中，单击展开"设置"|"选项"文件夹，打开"选项"对话框，如图 6-11 所示。

图 6-11 账套选项修改

(2)"选项"对话框中包括 5 个选项卡,单击"编辑"按钮修改可修改项。

(3)单击"与账务系统接口"选项卡,分别录入 [固定资产]缺省入账科目为"1601,固定资产",[累计折旧]缺省入账科目为"1602,累计折旧",[减值准备]缺省入账科目为"1603,固定资产减值准备",如图 6-12 所示。

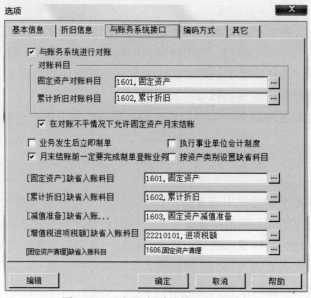

图 6-12 "与账务系统接口"选项卡

业务发生后是否立即制单,是本系统由此选项确定制单的时间。本选项默认的判断是"是",可以修改,修改后系统将把没有制单的原始单据的资料收集到批量制单部分,可以在批量制单部分统一完成。

事业单位对于固定资产的账务处理与企业单位不同,选中"执行事业单位会计制度"选项,可以根据事业单位会计制度设置凭证规则。本选项默认为不选中,可修改为选中状态,选中后系统在"增减方式"中提供"列支科目"的选择。

系统中的有些业务在存在对应的总账账套的情况下应制作凭证,把凭证传递到总账系统,但有可能一些经济业务在其他系统中已制作凭证,为避免重复制单,可不选中"月末结账前一定要完成制单登账业务"复选框。如果想保证系统的严谨性,则选中此复选框,表示一定要完成应制作的凭证,如有未制作的凭证,本期间不允许结账。

[固定资产]缺省入账科目、[累计折旧]缺省入账科目、[减值准备]缺省入账科目:是指在固定资产系统制作记账凭证时,凭证中上述科目的缺省值将由设置的情况确定,当这些设置为空时,凭证中缺省科目为空。

(4)打开"其他"选项卡,选项如图 6-13 所示。

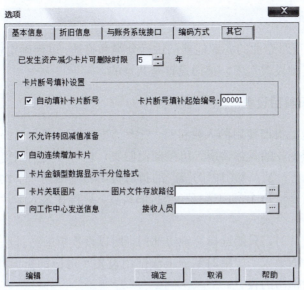

图 6-13 "其他"选项卡

已发生资产减少卡片可删除时限：是根据制度规定，已清理的资产的资料应保留 5 年，所以系统设置了该时限，默认为 5 年，只有 5 年后才能将相关资产的卡片和变动单删除(删除是指从系统的数据库中彻底删除)。用户可根据需要修改这个时限，系统按修改后的时限判断已清理资产的卡片和变动单能否删除。

自动连续增加卡片：是指增加卡片保存后自动增加一张新的空白卡片。

卡片关联图片：是指固定资产管理要求一定金额以上的固定资产在固定资产卡片中能联查扫描或数码相机生成的资产图片，以便管理得更具体、更直观。因此在选项中增加固定资产卡片联查图片功能，允许在卡片管理中联查资产的图片文件。

图片文件存放路径的操作方法如下：单击"参照"按钮，选择要插入图片的存放路径。确定后，系统自动查询用户选择的图片文件存放路径中对应卡片编号的图片文件。图片文件可以保存为*.JPG、*.BMP、*.GIF、*.DIB 等多种图片格式。在卡片管理时增加显示图片按钮，单击图标可以显示固定资产实物图片；或右击选择"显示图片预览"按钮显示资产图片。例如，卡片编号为 0001，则相应的图片名称就只能是 0001.JPG、0001.BMP、0001.GIF 或 0001.DIB 等。

(5) 单击"确定"按钮。

**提示：**

资产类别编码方式设定以后，一旦某一级设置了类别，则该级的长度不能修改；若某一级未设置过类别，则该级的长度可修改。

每一个账套中资产的自动编码方式只能有一种，一经设定，该自动编码方式不得修改。

## 2. 部门档案设置

在部门设置中，可对企业的各职能部门进行分类和描述，以便确定资产的归属。在"企业应用平台"的"基础设置"中，部门设置是共享的。

## 3. 部门对应折旧科目设置

对应折旧科目是指折旧费用的入账科目。资产计提折旧后必须把折旧数据归入成本或费用科目，根据不同企业的具体情况，可按部门归集，也可按类别归集。当按部门归集折旧费用时，一般情况下，某一部门内的资产的折旧费用将归集到一个比较固定的科目，部门折旧科目的设置就是给每个部门选择一个折旧科目，这样在录入卡片时，该科目自动添入卡片中，不必一个一个录入。

因本系统录入卡片时，只能选择明细级部门，所以设置折旧科目也只有给明细级部门设置才有意义。如果对某一上级部门设置了对应的折旧科目，则下级部门继承上级部门的设置。

**例 6-3** 一品公司各部门对应折旧科目如表 6-1 所示。

表 6-1 一品公司各部门对应折旧科目

| 部门名称 | 折旧科目 | 部门名称 | 折旧科目 |
| --- | --- | --- | --- |
| 行政部 | 管理费用(660203)——折旧费 | 销售部 | 销售费用(660103)——折旧费 |
| 财务部 | 管理费用(660203)——折旧费 | 采购部 | 管理费用(660203)——折旧费 |
| 研发部 | 管理费用(660203)——折旧费 | | |

**操作步骤：**

(1) 在固定资产子系统中，单击展开"设置"|"部门对应折旧科目"文件夹，进入"部门对应折旧科目"设置窗口，如图 6-14 所示。

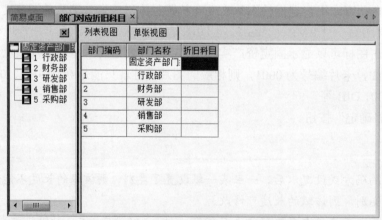

图 6-14 部门对应折旧科目——列表视图

(2) 在左侧的"固定资产部门编码目录"中选择"行政部"，单击工具栏上的"修改"按钮，系统自动打开"单张视图"选项卡，在"折旧科目"文本框中输入科目编码"660203"，系统自动显示科目名称，如图 6-15 所示。

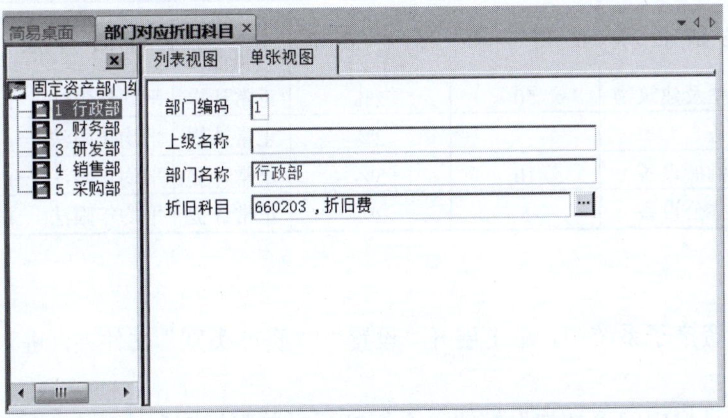

图 6-15　部门对应折旧科目——单张视图

(3) 单击"保存"按钮。
(4) 重复步骤(2)和(3)，输入其他部门的对应折旧科目，如图 6-16 所示。

图 6-16　已设置的部门对应折旧科目

**提示：**

设置部门对应的折旧科目时，必须选择末级会计科目。

若设置上级部门的折旧科目，则下级部门可以自动继承，也可以选择不同的科目，即上下级部门的折旧科目可以相同，也可以不同。

### 4. 资产类别设置

固定资产的种类繁多，规格不一，要强化固定资产管理，及时准确做好固定资产核算，必须科学地对固定资产进行分类，为核算和统计管理提供依据。企业可根据自身的特点和管理要求，确定一个较为合理的资产分类方法。

**例 6-4**　一品公司资产类别设置如表 6-2 所示。

表6-2　一品公司资产类别设置

| 类别编码 | 类别名称 | 使用年限 | 净残值率 | 计提属性 | 折旧方法 | 卡片样式 |
|---|---|---|---|---|---|---|
| 01 | 房屋及建筑物 | 50 | 2% | 正常计提 | 平均年限法(一) | 通用样式(二) |
| 02 | 设备 |  | 2% | 正常计提 | 平均年限法(一) | 通用样式(二) |
| 021 | 机械设备 | 10 | 5% | 正常计提 | 平均年限法(一) | 通用样式(二) |
| 022 | 办公设备 | 5 | 2% | 正常计提 | 平均年限法(一) | 通用样式(二) |

**操作步骤：**

(1) 在固定资产子系统中，单击展开"设置"|"资产类别"文件夹，进入"资产类别"窗口。

(2) 单击工具栏中的"增加"按钮，系统打开"单张视图"选项卡，录入所有信息，如图6-17所示。

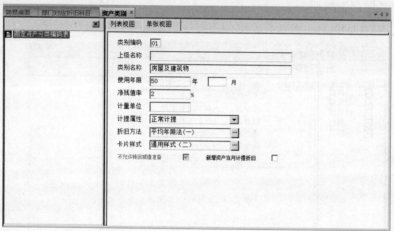

图6-17　资产类别设置——单张视图

(3) 单击"保存"按钮。依此方法继续录入其他的固定资产类别，如图6-18所示。

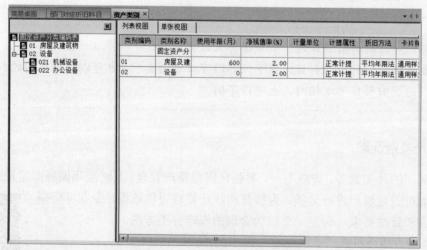

图6-18　已设置的固定资产类别

> **提示：**
> 前一资产类别保存后，可直接录入同一级别的其他资产类别。
> 如果要录入下一级次的资产类别则应选中某一上级类别再增加其下一类别。
> 新增资产类别只有在最新会计期间时可以增加，月末结账后则不能增加。
> 定义资产类别时，必须从上级到下级定义。
> 资产类别编码不能重复，同一级上的类别名称不能相同。
> 类别编码、名称、计提属性、卡片样式不能为空。
> 非明细级类别编码不能修改或删除，明细级类别编码修改时只能修改本级的编码。
> 使用过的类别的计提属性不能修改。
> 系统已使用的类别不允许增加下级或删除。
> 如果想使用自己的卡片样式，必须先定义"卡片项目"和"卡片样式"。

### 5. 增减方式设置

增减方式包括增加方式和减少方式两类。资产增加或减少方式用以确定资产计价和处理原则，此外，明确资产的增加或减少方式可做到对固定资产增减的汇总管理心中有数。系统内置的增加方式有：直接购买、投资者投入、捐赠、盘盈、在建工程转入、融资租入6种。减少方式有：出售、盘亏、投资转出、捐赠转出、报废、毁损、融资租出7种。用友ERP-U8应用系统中固定资产的增减方式可以设置两级，用户可根据需要自行增加。

此外，还可以为这些增减方式设置对应的入账科目，以便生成凭证时带入默认科目。例如，资产增加时，以购入方式增加资产的科目可设置为"银行存款"，以投资者投入时，该科目可设置为"实收资本"，科目默认在贷方；资产减少时，该科目可设置为"固定资产清理"，科目默认在借方。

**例 6-5**  一品公司使用系统内置的固定资产增减方式，其对应入账科目如表6-3所示。

表6-3  一品公司固定资产增减方式的对应入账科目

| 增加方式 | 对应入账科目 | 减少方式 | 对应入账科目 |
| --- | --- | --- | --- |
| 直接购入 | 银行存款(1002) | 出售 | 固定资产清理(1606) |
| 投资者投入 | 实收资本(4001) | 投资转出 | 长期股权投资(1511) |
| 在建工程转入 | 在建工程(1604) | 报废 | 固定资产清理(1606) |

**操作步骤：**

(1) 在固定资产子系统中，单击展开"设置"|"增减方式"文件夹，进入"增减方式"窗口。

(2) 在"列表视图"选项卡中，显示系统预设的固定资产增减方式，用户可根据企业情况进行增加、删除。

(3) 在左侧的"增减方式目录表"中选择要修改的增减方式,单击工具栏中的"修改"按钮,系统自动打开"单张视图"选项卡,录入"对应入账科目"为"1002",如图6-19所示。

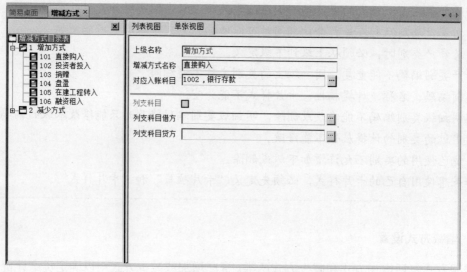

图6-19 设置固定资产增减方式对应入账科目

**提示：**

增加某一种增减方式时,需要在左侧的"增减方式目录表"中选中其上级,再单击"增加"按钮。删除时,则在左侧列表中选中该方式,再单击"删除"按钮。

(4) 单击"保存"按钮。继续录入其他的入账科目。

**提示：**

若在选项中选中"执行事业单位会计制度",还可对增加方式是否使用"列支科目"进行选择,如选中"列支科目",还要再确定具体的借贷方科目。

系统缺省的增减方式中的"盘盈、盘亏、毁损"不能修改或删除,因为本系统提供的报表中有固定资产盘盈、盘亏报告表。

非明细级增减方式不能删除;已使用的增减方式不能删除。

生成凭证时,如果入账科目发生了变化,可以即时修改。

### 6. 使用状况设置

从固定资产核算和管理的角度,需要明确资产的使用状况,一方面可以正确地计算和计提折旧,另一方面便于统计固定资产的使用情况,提高资产的利用效率。固定资产主要的使用状况有：在用、季节性停用、经营性出租、大修理停用、不需用、未使用等。

> **提示:**
> 用友 ERP-U8 固定资产子系统提供了基本的使用状况,分为两级,不可修改或删除,可以在此基础上定义新的使用状况。
> 只能有使用中、未使用、不需用 3 种一级使用状况,不能增加、修改或删除。
> 可以在一级使用状况下增加二级使用状况。

**例 6-6** 查看系统已设置的固定资产的使用状况。

**操作步骤:**

(1) 在固定资产子系统中,单击展开"设置"|"使用状况"文件夹,进入"使用状况"窗口,如图 6-20 所示。

图 6-20 "使用状况"窗口

(2) 新增一种使用状况。在"使用状况目录表"中选择使用状况,单击"增加"按钮,显示该类别"单张视图";在编辑区录入上级名称、使用状况名称;根据使用状况和本单位实际情况判断该资产"是否计提折旧";单击"保存"按钮即可。

(3) 修改或删除一种使用状况。从使用状况目录中选中要修改或删除的使用状况,单击"修改"或"删除"按钮即可。

> **提示:**
> 修改某一使用状况的"是否计提折旧"的判断后,对折旧计算的影响从当期开始,不调整以前的折旧计算。
> "在用"状况下级缺省的内容因涉及卡片的大修理记录和停启用记录表的自动填写,不能删除,名称可以修改。修改名称后系统默认保持原有概念不变。

## 7. 折旧方法设置

折旧方法设置是系统自动计算折旧的基础。系统提供了常用的几种折旧方法：不提折旧、平均年限法(一)和(二)、工作量法、年数总和法、双倍余额递减法(一)和(二)，并列出了它们的折旧计算公式。这几种方法是系统默认的折旧方法，只能选用，不能删除或修改。另外，可能由于各种原因，这几种方法不能满足需要，系统提供了折旧方法的自定义功能，可以定义自己合适的折旧方法的名称和计算公式。

**例 6-7** 查看系统已设置的折旧方法。

**操作步骤：**

(1) 在固定资产子系统中，单击展开"设置"|"折旧方法"文件夹，进入"折旧方法"窗口，窗口中显示系统自带的几种折旧方法及计算公式，如图 6-21 所示。

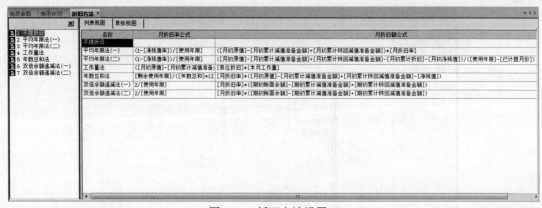

图 6-21 折旧方法设置

(2) 在"列表视图"选项卡中可查看系统已设置的折旧方法。

## 8. 卡片项目设置

卡片项目是资产卡片上要显示的用来记录资产信息的栏目，如原值、资产名称、使用年限、折旧方法等均是卡片最基本的项目。用友 ERP-U8 应用系统的固定资产子系统提供了一些常用卡片必需的项目，称为系统项目；由于不同的行业或单位，固定资产卡片的项目不尽相同，可以通过卡片项目定义中的增加、修改、删除功能来定义所需要的项目，定义的项目称为自定义项目，这两部分构成卡片项目目录。在定义卡片样式时，把这些项目选择到样式中，得到真正属于自己的卡片样式。

**例 6-8** 增加卡片项目"制造厂商"。

**操作步骤：**

(1) 在固定资产子系统中，单击展开"卡片"|"卡片项目"文件夹，打开"卡片项目"对话框。

(2) 单击"增加"按钮，在"名称"文本框中输入"制造厂商"；"数据类型"为"字符型"；"字符数"定义为"20"，如图 6-22 所示。

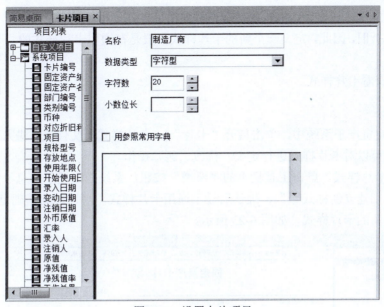

图 6-22　设置卡片项目

(3) 单击"保存"按钮。系统提示"数据成功保存！"。
(4) 单击"确定"按钮。

**提示：**

数据类型选择数字型，需要定义整数位长、小数位长和项目公式。整数位长度和小数位长度之和不能超过 15 位。

数据类型选择字符型，需要定义字符数，即该项目所能存放的最大字符数。

数据类型选择日期型，系统默认 10 个字符长，不能修改。

标签型卡片项目在卡片样式中显示已设置好的内容，不显示项目栏。

用参照常用字典：如果定义的项目应用率很高，可以选用该项，表示在卡片和变动单录入时可以参照常用字典，方便用户录入。

已定义的系统项目或自定义项目均不能修改数据类型。

所有系统项目都可以修改名称，修改名称后，卡片上相应项目名称随之改变，但该项目的含义不变。

系统项目及已使用的自定义项目不能删除。

## 9. 卡片样式设置

卡片样式指卡片的整个外观，包括格式(是否有表格线、对齐形式、字体大小、字型等)、所包含的项目和项目的位置。不同的企业或资产，由于管理的内容和侧重点不同，固定资产卡片的样式不尽相同，系统提供卡片样式定义功能，可增加灵活性。系统提供的卡片样式为通用样式。

卡片样式定义比较复杂，尤其是在很多系统项目样式上不能缺少，否则无法正确计算折旧，因此，定义一个新的卡片样式一般是在通用卡片样式的基础上得到。

例6-9　查看卡片样式。

**操作步骤：**

(1) 在固定资产子系统中，单击展开"卡片"|"卡片样式"文件夹，进入"卡片样式管理"窗口，可以对卡片样式进行定义、修改、删除操作。

(2) 新增卡片样式。单击工具栏上的"新增"按钮，系统弹出提示信息"是否以当前卡片样式为基础建立新样式？"，确认后显示通用卡片样式，可以在此基础上进行修改，完成后保存为新的卡片样式，如图6-23所示。

图6-23　通用卡片样式

(3) 在卡片格式上方，显示卡片名称"通用样式(一)"，可修改。

(4) 如果工具栏上没有显示"格式"栏，请将光标移至工具栏，右击，在显示的右键菜单中选择"格式"按钮菜单，显示格式工具栏。

(5) 定义卡片样式。可将系统项目或自定义项目移入或移出，调整固定资产卡片内容；可对卡片项目的行高、列宽进行调整；可对卡片显示出的文字的字型、字体、格式、在单元格中的位置进行设置。

(6) 单击"保存"按钮，或右击弹出快捷菜单在此单击"保存"按钮，即完成该样式的定义。

**提示：**

外币原值、汇率、币种单位3个项目要移动位置必须同时移动。工作总量、累计工作量、工作量单位3个项目要移动位置也必须同时移动。

卡片样式上必须同时有或同时没有"项目"和"对应折旧科目"。如果修改一个使用过的样式，会影响已使用该样式录入的卡片。已使用(类别设置中已选用，或已使用该样式录入卡片)的样式不允许删除。

## 6.2.3 原始卡片录入

固定资产卡片是固定资产核算和管理的基础依据,为保持历史资料的连续性,在使用固定资产子系统进行核算前,除了前面必要的基础工作外,必须将建账日期以前的数据录入系统中,保持历史数据的连续性。

原始卡片的录入不限制必须在第一个期间结账前,任何时候都可以录入原始卡片。

**例 6-10** 一品公司某固定资产原始卡片如表 6-4 所示。

表 6-4 一品公司某固定资产原始卡片

| 卡片编号 | 00001 | 开始使用日期 | 2016-02-11 |
|---|---|---|---|
| 固定资产编号 | 02100001 | 币种 | 人民币 |
| 固定资产名称 | 卡车 | 原值 | 190 000 |
| 类别编号 | 021 | 净残值率 | 5% |
| 类别名称 | 机械设备 | 净残值 | 9500 |
| 使用部门 | 销售部 | 累计折旧 | 26 000 |
| 增加方式 | 直接购入 | 月折旧率 | 0.0079 |
| 使用状况 | 在用 | 月折旧额 | 1501 |
| 使用年限 | 10 年 | 净值 | 164 000 |
| 折旧方法 | 平均年限法(一) | 对应折旧科目 | 销售费用——折旧费 |

**操作步骤:**

(1) 在固定资产子系统中,单击展开"卡片"|"录入原始卡片"文件夹,系统弹出"固定资产类别档案"对话框,选择录入卡片所属的资产类别,以便确定卡片的样式,如图 6-24 所示。

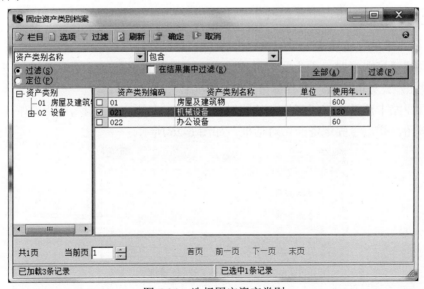

图 6-24 选择固定资产类别

(2) 单击工具栏中的"确定"按钮,进入"固定资产卡片"窗口,录入卡片中的所有内容,如图6-25所示。

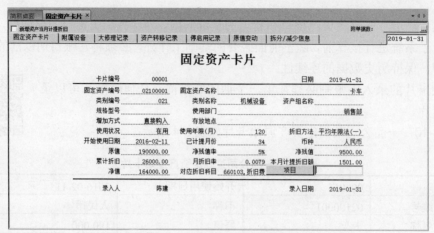

图6-25 固定资产卡片录入

> **提示:**
> 卡片中的固定资产编号根据初始化或选项设置中的编码方式,自动编码或需要用户手工录入。录入人自动显示为当前操作员,录入日期为当前登录日期。
> 在卡片窗口中,除主卡"固定资产卡片"外,还有若干的附属选项卡,附属选项卡上的信息只供参考,不参与计算,也不回溯。
> 录入固定资产数据时,有些卡片项目需直接手工录入,有些则可进行选择。例如,单击卡片项目出现类似 类别编号 按钮,单击该按钮显示"参照"对话框,选择需要的内容即可。

"固定资产卡片"窗口中各选项卡内容如下。

**"固定资产卡片"选项卡**

建立固定资产账套时,固定资产卡片编号方式设置为"类别编号+序号",且序号长度为5。因此,此处固定资产卡片编号为02100001。

在执行原始卡片录入或资产增加功能时,可以为一个资产选择多个使用部门。单击"部门名称"按钮,弹出"固定资产"对话框,如图6-26所示。

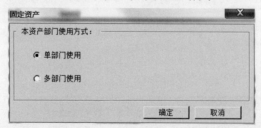

图6-26 "固定资产"对话框

在图 6-26 中，如选择"多部门使用"，单击"确定"按钮，进入"使用部门"选择对话框，单击"增加"按钮，新增一行空记录行，单击"参照"按钮，选择使用部门、对应折旧科目和对应项目，并手工录入使用比例，单击"确定"按钮，返回"录入原始卡片"窗口。

开始使用日期指资产开始使用的日期，它直接影响资产以哪种方式录入系统，也直接影响录入系统当月的折旧计提。当开始使用日期中的月份小于录入月份，则卡片为原始卡片，只能在"原始卡片录入"功能中录入，录入当月如符合计提折旧条件则该月计提折旧；当开始使用日期中的月份等于录入月份，则卡片为新卡片，只能通过"资产增加"功能录入系统，录入当月不计提折旧。

> **提示：**
> 开始使用日期，必须采用 YYYY-MM-DD 形式录入。其中只有年和月对折旧计提有影响，具体某日不会影响折旧的计提，但是也必须录入。

已计提月份是指已经计提折旧的月份数，由系统根据开始使用日期自动算出。该项要正确填写，以后每计提折旧期间结账后，系统自动在该项加 1。

累计工作量在采用工作量法时使用，指资产累计已完成的工作量，每一期间结账后将该期间的工作量累加到期初数量上，录入时的数量是录入当期期初的值，不包括录入当月的工作量。

> **提示：**
> 如果录入原值和净值，可自动计算累计折旧。
> 当资产为多部门使用时，原值、累计折旧等数据可以在多部门间按设置的比例分摊。
> 单个资产对应多个使用部门时，卡片上的对应折旧科目处不许录入，只能按使用部门选择时的设置确定。

### "附属设备"选项卡

用来管理资产的附属设备，附属设备的价值已包括在主卡的原值中。附属设备可在资产使用过程中随时添加或减少，其价值不参与折旧的计算。

### "拆分/减少信息"选项卡

资产减少后，系统根据录入的清理信息自动生成该表格的内容，该表格中只有清理收入和费用可以手工录入，其他内容不能手工录入。

### "大修理记录""资产转移记录""停启用记录""原值变动"选项卡

"大修理记录""资产转移记录""停启用记录""原值变动"内容均以列表的形式显示记录，第一次结账后或第一次做过相关的变动单后，根据变动单自动填写，不得手工录入。

(3) 录入完成后，单击"保存"按钮，系统弹出提示"数据成功保存！"，并自动显示新卡片以供录入。

## 6.3 固定资产管理日常业务处理

固定资产的日常管理主要涉及企业平时的固定资产卡片管理、固定资产增减管理固定资产变动管理和固定资产评估管理。

### 6.3.1 固定资产卡片管理

固定资产卡片管理是对固定资产系统中所有卡片所进行的综合管理，通过卡片管理可以进行查询卡片、修改卡片、删除卡片、打印卡片等操作。

**1. 查询卡片**

在卡片管理功能中可以分别按部门、按类别或按自定义的方法查询卡片。

**例 6-11** 查询销售部的固定资产。

**操作步骤：**

(1) 在固定资产子系统中，单击展开"卡片"|"卡片管理"文件夹，打开"卡片管理"对话框。

(2) 单击左侧框中的"销售部"，系统显示销售部的固定资产，如图 6-27 所示。

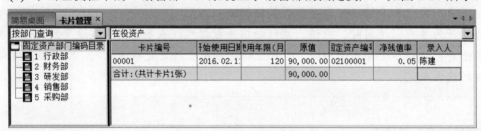

图 6-27 销售部的固定资产

(3) 单击左侧框中"按部门查询"下拉列表框中的下三角按钮，还可以选择"按类别查询"和"自定义查询"，如图 6-28 所示。

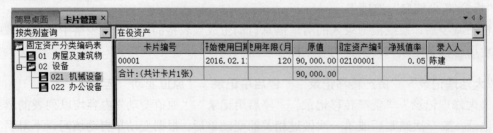

图 6-28 查询方式

## 2. 修改卡片

当发现卡片有录入错误，或资产在使用过程中有必要修改卡片的一些内容时，可通过卡片修改功能实现，这种修改为无痕迹修改，即在变动清单和查看历史状态时不体现，无痕迹修改前的内容在任何查看状态都不能再看到。

从卡片管理列表中双击选择要修改的卡片，单击"修改"按钮即可进行修改。

**提示：**

原始卡片的原值、使用部门、工作总量、使用状况、累计折旧、净残值(率)、折旧方法、使用年限、资产类别在没有做变动单或评估单情况下，在录入当月可无痕迹修改；如果做过变动单，只有删除变动单才能无痕迹修改；各项目在做过一次月末结账后，只能通过变动单或评估单调整，不能通过卡片修改功能改变。

通过资产增加录入系统的卡片，在没有制作凭证和变动单、评估单的情况下，录入当月可无痕迹修改；如果做过变动单，则只有删除变动单才能无痕迹修改；如果已制作凭证，则要修改原值或累计折旧必须删除凭证后，才能无痕迹修改。

卡片上其他项目，任何时候均可无痕迹修改。

## 3. 删除卡片

删除卡片，是指把卡片资料彻底从系统中清除，但不是资产清理或减少。该功能只有在下列两种情况下有效。

(1) 当月录入的卡片如有错误可以删除。在卡片管理窗口双击选择要删除的卡片，单击"删除"按钮即可。删除后，如果该卡片不是最后一张，则卡片编号保留空号。

(2) 通过"资产减少"功能减少的资产的资料，会计档案管理要求必须保留一定的时间，所以本系统在账套"选项"中设定删除的年限，对减少的资产的卡片只有在超过了该年限后，才能通过"卡片删除"将原始资料从系统中彻底清除，在设定的年限内，不允许删除。

**提示：**

非本月录入的卡片，不能删除。

卡片做过一次月末结账后不能删除。做过变动单或评估单的卡片删除时，提示先删除相关的变动单或评估单。

已制作过凭证的卡片删除时，提示"请删除相应凭证，然后删除卡片"。

## 4. 打印卡片

固定资产卡片可以打印输出，既可打印单张卡片，也可批量打印卡片，还可打印卡片列表。

## 6.3.2 固定资产增减管理

### 1. 固定资产增加

企业可以通过购进或其他方式增加资产,资产增加也是一种新卡片的录入,与原始卡片录入相对应。资产是通过"原始卡片录入"还是通过"资产增加"录入,取决于资产在本单位的开始使用日期,只有当开始使用日期的期间等于录入的期间时,才能通过"资产增加录入"。

**例 6-12** 2019 年 1 月 31 日,一品公司为财务部购入一台"惠普 R211"计算机并交付使用,该计算机预计使用年限为 5 年,原值 11 000 元,净残值率为 2%,采用双倍余额递减法(一)计提折旧。

**操作步骤:**

(1) 在固定资产子系统中,单击展开"卡片"|"资产增加"文件夹,打开"固定资产类别档案"对话框。

(2) 选择"022 办公设备",如图 6-29 所示。

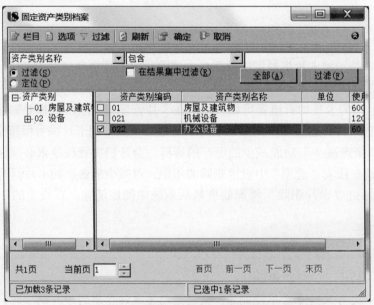

图 6-29 "固定资产类别档案"对话框

(3) 单击"确定"按钮。

(4) 录入卡片的所有内容,如图 6-30 所示。

图 6-30  已录入的新增固定资产卡片

(5) 单击"保存"按钮。系统提示"数据成功保存！"。

> **提示：**
> 卡片中"开始使用日期"栏的年份和月份不能修改。
> 新卡片录入的第一个月不计提折旧，折旧额为空或零。
> 原值录入的必须是卡片录入月月初的价值，否则将会出现计算错误。
> 如果录入的累计折旧、累计工作量大于零，说明是旧资产，该累计折旧或累计工作量是在进入本单位前的值。
> 已计提月份必须严格按照该资产在其他单位已经计提或估计已计提的月份数，不包括使用期间停用等不计提折旧的月份，否则不能正确计算折旧。

### 2. 固定资产减少

资产在使用过程中，会由于各种原因(如毁损、出售、盘亏等)退出企业，此时要做资产减少处理。本系统提供资产减少的批量操作，为同时清理一批资产提供方便。

操作步骤：

(1) 在固定资产子系统中，单击展开"卡片"|"资产减少"文件夹，系统提示"本账套需要进行计提折旧后，才能减少资产！"，如图 6-31 所示。

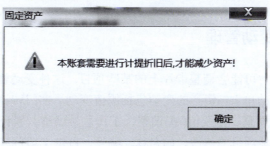

图 6-31  资产减少提示信息

(2) 单击"确定"按钮。

选择要减少的资产,有以下两种方法。

方法一:如果要减少的资产较少或没有共同点,则通过录入资产编号或卡片号,然后单击"增加"按钮,将资产添加到资产减少表中。

方法二:如果要减少的资产较多并且有共同点,则通过单击"条件"按钮,屏幕显示的窗口与卡片管理中自定义查询的条件查询窗口一样。录入查询条件,将符合条件的资产挑选出来进行减少。

(3) 在表内输入资产减少的信息:减少日期、减少方式、清理收入、清理费用、清理原因。如果当时的清理收入和费用还不知道,可以以后在该卡片的附表"清理信息"中录入。单击"确定"按钮,即完成该(批)资产的减少。

**提示:**

只有当账套开始计提折旧后才可以使用资产减少功能,否则,减少资产只有通过删除卡片来完成。

对于误减少的资产,可以使用系统提供的纠错功能来恢复。只有当月减少的资产才可以恢复。如果进行资产减少操作时已制作凭证,则必须删除凭证后才能恢复。

只要卡片未被删除,就可以通过卡片管理中"已减少资产"来查看减少的资产。

### 3. 撤销已减少资产

撤销资产减少的操作是一个纠错的功能,当月减少的资产可以通过本功能恢复使用。

**操作步骤:**

(1) 在"卡片管理"窗口中,选择查询"已减少资产"项。

(2) 在已减少的资产列表中,选中要恢复的资产,单击展开"卡片"|"撤销减少"文件夹,执行即可。

**提示:**

通过"资产减少"减少的资产只有在减少的当月可以恢复。

如果资产减少已制作凭证,必须删除凭证后才能恢复。

## 6.3.3 固定资产变动管理

资产在使用过程中,可能会调整卡片上的某些项目,这种变动要求留下原始凭证,制作的原始凭证称为"变动单"。资产的变动包括原值变动、部门转移、使用状况变动、使用年限调整、折旧方法调整、净残值(率)调整、工作总量调整、累计折旧调整、资产类别调整、变动单管理。其他项目的修改,如名称、编号、自定义项目等的变动等可直接在卡片上进行。

**提示：**

因为本月录入的卡片和本月增加的资产不允许进行变动处理，因此，要进行资产的变动处理，必须先计提 1 月份折旧并制单、结账后，再以 2019 年 2 月 1 日注册进入固定资产系统，才可进行下面的操作。

### 1. 原值变动

资产在使用过程中，其原值变动有以下 5 种情况。

(1) 根据国家规定对固定资产重新估价。
(2) 增加补充设备或改良设备。
(3) 将固定资产的一部分拆除。
(4) 根据实际价值调整原来的暂估价值。
(5) 发现原记录固定资产价值有误的。

**提示：**

变动单保存后不能修改，只能在当月删除后重新填制，所以保存前要慎重。
当月录入的原始卡片或新增卡片不能执行本功能。

### 2. 部门转移

资产在使用过程中，因内部调配而发生的部门变动应及时处理，否则将影响部门的折旧计算。资产的部门转移可通过系统提供的"变动单"|"部门转移"命令完成。

**提示：**

变动单保存后，固定资产主卡片上的"部门名称"自动修改，"附属设备"选项卡中的"资产转移记录"自动登记。
当月原始录入或新增的资产不允许做此种变动业务。

### 3. 使用状况变动

资产使用状况分为在用、未使用、不需用、停用、封存 5 种。资产在使用过程中，可能会因为某种原因，使得资产的使用状况发生变化，这种变化会影响设备折旧的计算，因此应及时调整。

### 4. 使用年限调整

资产在使用过程中，可能会由于资产的重估、大修等原因调整资产的使用年限。进行使用年限调整的资产在调整的当月就按调整后的使用年限计提折旧。可通过系统提供的"变动单"|"使用年限调整"命令完成，具体步骤可参照"部门调整"。

提示：

进行使用年限调整的资产在调整的当月就按调整后的使用年限计提折旧。

### 5. 折旧方法调整

一般来说，资产的折旧方法一年之内不应改变，但如有特殊情况需调整的，可通过系统提供的"变动单"|"折旧方法调整"命令完成。

提示：

所属类别是"总提折旧"的资产调整后的折旧方法，不能是"不提折旧"。
所属类别是"总不提折旧"的资产折旧方法不能调整。
进行折旧方法调整的资产在调整的当月就按调整后的折旧方法计提折旧。

### 6. 累计折旧调整

由于上述折旧方法调整属于会计政策变更，根据企业会计制度的规定，应采用追溯调整法进行调整。而本系统只在当月按照新的方法计提折旧，以前期间的数据不能自动调整，只能手工调整累计折旧额。资产在使用过程中，由于补提折旧或多提折旧需要调整已经计提的累计折旧，通过累计折旧调整功能实现。

提示：

资产累计折旧的调整：调整后的累计折旧必须保证大于等于净残值。

### 7. 其他调整

其他项目的调整可参照上述方法进行。

提示：

进行使用年限调整的资产在调整的当月就按调整后的使用年限计提折旧。
调整资产的工作总量：调整后的工作总量不能小于累计用量。
调整资产的净残值(率)：调整后的净残值必须小于净值。
调整资产所属的类别：调整后的类别和调整前的类别的计提属性必须相同。

## 8. 批量变动

为提高工作效率，用友 ERP-U8 应用系统还提供批量处理固定资产变动的功能，可通过"卡片"|"批量变动"命令完成。

**操作步骤：**

(1) 在固定资产子系统中，单击展开"卡片"|"批量变动"文件夹，进入"批量变动单"窗口，在"变动类型"下拉列表框中选择需要变动的类型。

(2) 选择批量变动的资产有以下两种方法。

- 手工选择：如果需批量变动的资产没有共同点，则可在"批量变动单"窗口中，直接录入卡片编号或资产编号，也可使用"参照"按钮，将资产一个一个地增加到批量变动表内进行变动。
- 条件选择：是指通过一些查询条件，将符合该条件集合的资产挑选出来进行变动。如果要变动的资产有共同之处，可以通过条件选择的方式选择资产，而不用逐个增加。单击"条件筛选"按钮，则屏幕显示条件筛选窗口，在该窗口中录入筛选条件集合后，单击"确定"按钮，则批量变动表中自动列示按条件筛选出的资产。

(3) 生成变动单。录入变动内容及变动原因后，右击，在弹出的快捷菜单中选择"保存"菜单，可将需要变动的资产生成变动单。

> **提示：**
> 可以对以下数据项统一填充变动数据：变动原因、净残值(率)调整单中的净残值率、使用年限调整单中的使用年限、类别调整单中的类别。先将焦点定位于可填充列，在单击"填充数据"按钮后，录入要统一变动的内容，单击"填充数据"按钮即可。

## 9. 变动单管理

变动单管理可以对系统制作的变动单进行综合管理。其基本内容同固定资产卡片管理。

在固定资产子系统中，单击展开"卡片"|"变动单"|"变动单管理"文件夹，可实现对变动单的各种操作。因为本系统遵循严格的序时管理，删除变动单必须从该资产制作的编号最大的变动单删起。

## 10. 资产盘点

企业要定期对固定资产进行清查，至少每年清查一次，清查是通过盘点来实现的。

本系统将固定资产盘点简称为资产盘点，是在对固定资产进行实地清查后，将清查的实物数据录入固定资产系统与账面数据进行比对，并由系统自动生成盘点结果清单的过程。本系统中盘点单的录入项可以按业务需要选择卡片项目，包括系统项目和自定义项目。此功能通过"卡片"|"资产盘点"命令完成。

> **提示：**
> 盘点日期为实际盘点的发生日期，最后生成的盘点结果清单是根据盘点日期系统数据与实际盘点数据的对比结果生成的。
> 盘点方式有按资产类别盘点、按使用部门盘点、按使用状态盘点3种。只能选择一种盘点方式。
> 选好盘点方式后，必须选择对应的明细分类，如选中"按资产类别盘点"，必须选择按照哪一种资产类别盘点，但不允许选择顶级类别。

## 6.3.4　固定资产评估管理

随着市场经济的发展，企业在经营活动中，根据业务需要或国家要求需要对部分资产或全部资产进行评估和重估，而其中固定资产评估是资产评估的重要组成部分。

### 1. 固定资产评估管理的主要功能

用友ERP-U8应用系统提供对固定资产评估作业的管理，主要包括如下几项。

- 将评估机构的评估数据手工录入或定义公式录入到系统。
- 根据国家要求手工录入评估结果或根据定义的评估公式生成评估结果。
- 对评估单的管理。

本系统资产评估功能提供可评估的资产内容，包括原值、累计折旧、净值、使用年限、工作总量、净残值率，可根据需要选择。

### 2. 资产评估的应用方法

实施资产评估包括以下5个步骤。

(1) 选择评估项目。

进行资产评估时，每次要评估的内容可能不一样，可以根据需要从系统给定的可评估项目中选择。

> **提示：**
> 原值、累计折旧和净值3项中必须且只能选择两个，另一个通过公式"原值—累计折旧=净值"推算得到。

(2) 选择要评估的资产。

每次要评估的资产也可能不同，可以采用手工选择或条件选择的方式挑出要评估的资产。

(3) 录入评估数据。

选择了评估项目和评估资产后，录入评估后数据或通过自定义公式生成评估后数据，评估单显示被评估资产所评估的项目在评估前和评估后的数据。

**提示：**

计算时公式中所包含的项目的值是评估前该项目的值。

定义的公式中折旧年限是以月份表示的。

定义公式中净残值率是指没有换算成百分数的数据。

(4) 评估单完成后，单击"保存"按钮即可，卡片上的数据根据评估单而改变。

(5) 当评估变动表中评估后的原值和累计折旧的合计数与评估前的数据不同时，通过"制单"按钮将变动数据输送到账务系统。

## 6.4 固定资产期末处理

### 6.4.1 折旧处理

自动计提折旧是固定资产系统的主要功能之一。可以根据录入系统的资料，利用系统提供的"折旧计提"功能，对各项资产每期计提一次折旧，并自动生成折旧分配表，然后制作记账凭证，将本期的折旧费用自动登账。

影响折旧计提的因素有原值、减值准备、累计折旧、净残值(率)、折旧方法、使用年限、使用状况。由于在使用过程中，上述因素可能产生变动，变动后的调整应遵循以下原则。

- 系统提供的直线法计算折旧时，总是以净值作为计提原值，以剩余使用年限为计提年限计算折旧，充分体现平均分摊的思想(平均年限法(一)除外)。
- 本系统发生与折旧计算有关的变动后，加速折旧法在变动生效的当期以净值为计提原值，以剩余使用年限为计提年限计算折旧，以前修改的月折旧额或单位折旧的继承值无效；直线法还以原公式计算(因公式中已考虑了价值变动和年限调整)。
- 当发生原值调整、累计折旧调整、净残值(率)调整时，当月计提的折旧额不变，下月按变化后的值计算折旧。
- 折旧方法调整、使用年限调整、工作总量调整当月按调整后的值计算折旧。
- 使用状况调整当月按调整前的数据判断是否计提折旧，即使用状况调整下月有效。
- 本系统各种变动后计算折旧采用未来适用法，不自动调整以前的累计折旧，采用追溯适用法的企业只能手工调整累计折旧。
- 折旧分配：部门转移和类别调整当月计提的折旧分配，分配到变动后部门和类别。
- 报表统计：将当月折旧和计提原值汇总到变动后的部门和类别。

当开始计提折旧时，系统将自动计提所有资产当期折旧额，并将当期的折旧额自动累加到累计折旧项目中。计提工作完成后，需要进行折旧分配，形成折旧费用，系统除了自动生成折旧清单外，同时还生成折旧分配表，从而完成本期折旧费用登账工作。

**例6-13** 一品公司计提2019年1月的固定资产折旧。

**操作步骤：**

(1) 在固定资产子系统中，单击展开"处理"|"计提本月折旧"文件夹，计提折旧后系统弹出提示信息"是否要查看折旧清单？"，如图6-32所示。

(2) 单击"是"按钮，系统再次提示，如图6-33所示。

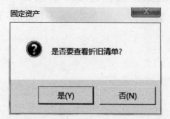 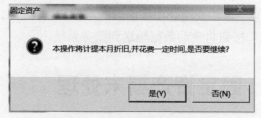

图6-32　计提折旧后是否要查看清单的提示　　　　图6-33　计提折旧将耗时的提示

(3) 单击"是"按钮，自动打开"折旧清单"窗口，如图6-34所示。

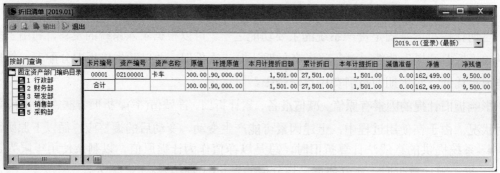

图6-34　"折旧清单"窗口

**提示：**

在一个期间内可以多次计提折旧，每次计提折旧后，只是将计提的折旧累加到月初的累计折旧上，不会重复累计。

若上次计提折旧已制单并传递到总账系统，则必须删除该凭证才能重新计提折旧。

计提折旧后又对账套进行了影响折旧计算分配的操作，必须重新计提折旧，否则系统不允许结账。

若自定义的折旧方法月折旧率或月折旧额出现负数，系统自动中止计提。

资产的使用部门和资产折旧要汇总的部门可能不同，为了加强资产管理，使用部门必须是明细部门，而折旧分配部门不一定分配到明细部门，不同的单位处理可能不同，因此要在计提折旧后，分配折旧费用时做选择。

(4) 单击"退出"按钮，打开"折旧分配表"窗口，如图6-35所示。

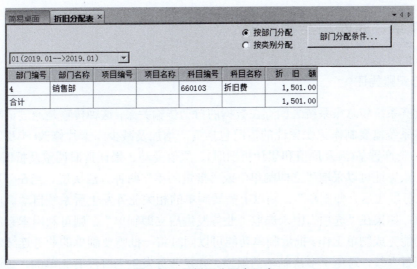

图 6-35 "折旧分配表"窗口

> **提示：**
> 如果要选择类别折旧分配表，则选择"按类别分配"选项，表体将按固定资产类别显示分配折旧额。

(5) 单击"凭证"按钮。生成一张记账凭证。
(6) 选择凭证类别为"转账凭证"后，单击"保存"按钮，如图 6-36 所示。

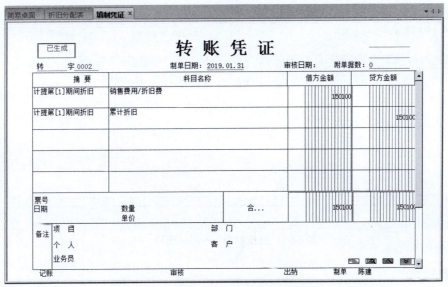

图 6-36 已生成的计提折旧的记账凭证

## 6.4.2 制单、对账与结账处理

### 1. 制作记账凭证

固定资产系统和总账系统之间存在数据的自动传输关系,这种传输是通过记账凭证来完成的。本系统需要制作记账凭证的情况包括资产增加及减少、卡片修改(涉及原值和累计折旧时)、资产评估(涉及原值和累计折旧时)、原值变动、累计折旧调整及折旧分配等。

制作记账凭证可以采取"立即制单"或"批量制单"两种方法实现。当在"选项"中设置了"业务发生后立即制单",则以上需要制单的相关业务发生后系统自动调出不完整凭证供修改;如果在"选项"中未选取"业务发生后立即制单",则可利用本系统提供的批量制单功能完成制单工作。批量制单功能可以同时将一批需要制单的业务连续制作凭证并传输到账务系统,避免了多次制单的烦琐。凡是业务发生当时没有制单的,该业务自动排列在批量制单表中,表中列示应制单而没有制单的业务发生的日期、类型、原始单据号,缺省的借贷方科目和金额及制单选择标志。

**例 6-14** 将1月份未制单的业务批量制单。

**操作步骤:**

(1) 在固定资产子系统中,单击展开"处理"|"批量制单"文件夹,打开"批量制单"对话框。

(2) 在"制单选择"选项卡中,双击"选择"栏,如图 6-37 所示。

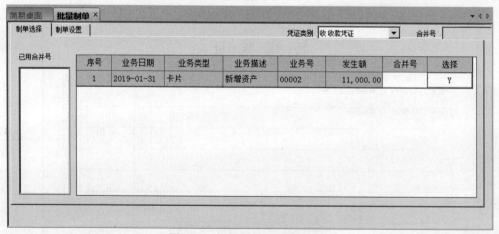

图 6-37 批量制单——制单选择

**提示:** 若要进行汇总制单,在"合并号"一栏下录入标记,以确定哪几张卡片汇总制作一张单据。

(3) 打开"制单设置"选项卡,如图 6-38 所示。

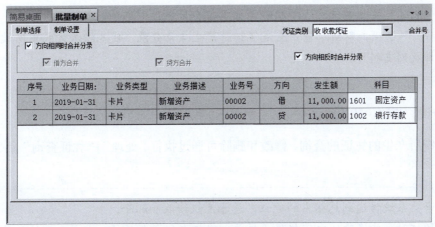

图 6-38　批量制单——制单设置

(4) 单击"凭证"按钮，将根据设置进行批量制单和汇总制单，屏幕显示出所制作的记账凭证。

(5) 选择凭证类别。

(6) 单击"保存"按钮，系统在凭证左上角显示"已生成"标志，如图 6-39 所示。

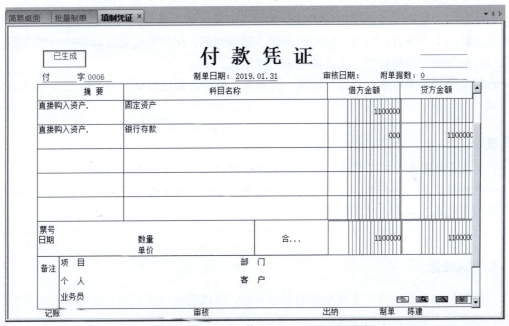

图 6-39　已生成并保存的增加固定资产的记账凭证

### 提示：

通过固定资产系统制作的凭证，必须保证借、贷方的合计数与原始单据的数值相等，例如，资产重估原值增加 500 元，则合法的凭证借、贷方合计必须等于 500 元。

如果在业务发生时立即制单，则摘要根据业务情况自动填入；如果使用批量制单方式，则摘要为空，需要手工录入。

若在"选项"按钮中选中了"执行事业单位会计制度"选项,且"增加方式"中选中了"列支科目"选项,则新增资产生成凭证时产生4条分录,代入增加方式中所设置的对应入账科目及列支科目。

### 2. 查询、修改、删除凭证

本系统所产生的凭证的查询、修改和删除可通过执行"处理"|"凭证查询"命令完成。

提示:

固定资产系统传递到总账中的凭证,总账无权修改和删除。

修改凭证时,能修改的内容仅限于摘要、用户自行增加的凭证分录、系统默认的分录的折旧科目,而系统默认的分录的金额是与原始单据相关的,不能修改。

### 3. 对账

只有在初始化或选项中选择了与账务系统对账,才可使用本系统的对账功能。

为保证固定资产系统的资产价值与总账系统中固定资产科目的数值相等,可随时使用对账功能对两个系统进行审查。对账的操作不限制时间,任何时候都可以进行对账。系统在执行月末结账时自动对账一次,并给出对账结果。

在固定资产子系统中,执行"处理"|"对账"命令,系统自动完成对账工作并给出对账结果。

提示:

只有设置账套参数时选择了"与账务系统进行对账",本功能才能操作。

如果对账不平,需要根据初始化时是否选中"在对账不平情况下允许固定资产月末结账"来判断是否可以进行结账处理。

### 4. 月末结账

当固定资产系统完成了本月全部制单业务后,可以进行月末结账。月末结账每月进行一次,结账后当期数据不能修改。

操作步骤:

(1) 在固定资产子系统中,单击"处理"|"月末结账"文件夹,打开"月末结账"对话框,如图6-40所示。

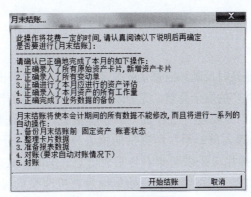

图 6-40　月末结账提示

(2) 阅读系统提示，单击"开始结账"按钮开始结账(单击"取消"按钮，此时暂不进行结账处理)。

(3) 稍候，系统提示"与账务对账结果"。

(4) 单击"确定"按钮，系统提示"月末结账成功完成！"。

至此，用户不能再对此账套本月任何数据进行修改，如果要开始下一会计期间的业务处理，需要执行"系统"|"重新注册"命令，用下一会计期间日期登录系统。

**提示：**

本期不结账，将不能处理下期的数据；结账前一定要进行数据备份，否则数据一旦丢失，将造成无法挽回的后果。

### 5. 恢复月末结账前状态

如果结账后发现有未处理的业务或者需要修改的事项，可通过系统提供的"恢复月末结账前状态"功能进行反结账。

**操作步骤：**

(1) 以要恢复结账的月份登录系统，单击选择"处理"|"恢复月末结账前状态"命令，屏幕显示恢复月末结账前状态的提示信息。

(2) 单击"是"按钮，系统即执行反结账操作。

(3) 反结账完成后，系统提示："成功恢复账套月末结账前状态！"，单击"确定"按钮返回。

**提示：**

不能跨年度恢复数据，即本系统年末结转后，不能利用本功能恢复年末结转。

由于成本系统每月从本系统提取折旧费数据，因此一旦成本系统提取了某期的数据，则该期不能反结账。

恢复到某个月月末结账前状态后，本账套内对该结账后所做的所有工作都无痕迹删除。

### 6.4.3 账表管理

固定资产管理的任务是及时反映和监督企业固定资产的增加、调出、保管、使用及清理报废等情况，起到保护企业财产的安全完整，充分发挥固定资产效能的作用，也便于成本计算。

固定资产管理过程中，需要及时统计资产的各类信息，并以账和表的形式将这些信息提供给财务人员和资产管理人员。系统所提供的报表分为 5 类：分析表、统计表、账簿、折旧表、自定义报表，选择相应账表可查看各报表信息。同时，账表管理提供了强大的联查功能，将各类账表与部门、类别明细和原始单据等有机地联系起来，真正实现了方便、快捷的查询模式。

#### 1. 分析表

分析表主要是通过对固定资产的综合分析，为管理者提供管理和决策依据。系统提供了 4 种分析表：部门构成分析表、价值结构分析表、类别构成分析表、使用状况分析表。管理者可以通过这些表了解本企业资产计提折旧的程度和剩余价值的大小。

#### 2. 统计表

统计表是出于管理资产的需要，按管理目的统计的数据。系统提供了 8 种统计表：固定资产原值一览表、固定资产到期提示表、固定资产统计表、评估汇总表、评估变动表、盘盈盘亏报告表、逾龄资产统计表、役龄资产统计表。这些表从不同的侧面对固定资产进行统计分析，使管理者可以全面细致地了解企业对资产的管理和分布情况，为及时掌握资产的价值、数量及新旧程度等指标提供依据。

其中，"固定资产到期提示表"主要用于显示当前期间使用年限已到期的固定资产信息，以及即将到期的资产信息，以丰富查询分析功能，提高产品的管理性能。与此相对应，在"选项"中增加"每次登录系统时显示资产到期提示表"的选项，根据该参数判断是否当用户每次登录固定资产系统时自动显示该表。

> **提示：**
> 固定资产到期提示表显示所选期间使用年限恰好到期的资产信息，期间可以选择"1~12"，对于未处理的期间也可以提前查看资产即将到期的数据，但折旧数据仅为已计提期间的数据。
> 如果在"选项"中选择了"每次登录系统时显示资产到期提示表"，则无论是否有到期的固定资产，都会显示资产到期提示表。

#### 3. 账簿

系统自动生成的账簿有：(单个)固定资产明细账、(部门、类别)明细账、固定资产登记簿、固定资产总账。这些账簿以不同方式序时地反映了资产变化情况，在查询过程中可联查某时期(部门、类别)明细及相应原始凭证,从而获得所需财务信息。

### 4. 折旧表

系统提供了 5 种折旧表:(部门)折旧计提汇总表、固定资产折旧清单表、固定资产折旧计算明细表、固定资产及累计折旧表(一)和固定资产及累计折旧表(二)。通过该类表可以了解并掌握本企业所有资产本期、本年乃至某部门计提折旧及明细情况。

(1) (部门)折旧计提汇总表。

(部门)折旧计提汇总表反映该账套内各使用部门计提折旧的情况,包括计提原值和计算的折旧额信息。

该表既可选择某一个月份汇总折旧数据,又可选择期间段进行查询。如果用户选择期间段数据,如选择 2~3 月,则报表栏目中隐藏"计提原值"列,仅显示按期间段汇总的"折旧额"数据,并且不允许联查明细账。

(2) 固定资产折旧清单表。

固定资产折旧清单表用于查询按资产明细列示的折旧数据及累计折旧数据信息,以完善系统报表查询功能。该报表可以按部门、资产类别查询固定资产的明细折旧数据信息。

(3) 固定资产折旧计算明细表。

折旧计算明细表是按类别设立的,反映资产按类别计算折旧的情况,包括上月计提情况、上月原值变动和本月计提情况。

> **提示:**
>
> 本系统不限制只能在建账当期录入原始卡片,因为系统使用过程中录入的原始卡片在当月计提折旧,所以在当期或上期录入原始卡片的情况下,上月计提原值+上月增加原值-上月减少原值≠本月计提原值。
>
> 当有多个使用部门的资产发生原值变动时,变动的原值在各部门之间按比例分配,分配比例可通过修改使用部门和分配比例改变,按比例变动出现的差额,按分配部门顺序,归最后一个部门。

(4) 固定资产及累计折旧表(一)。

固定资产及累计折旧表(一)是按期编制的反映各类固定资产的原值、累计折旧(包括年初数和期末数)和本年折旧的明细情况。

> **提示:**
>
> 建账当年的年初数是指建账当期的期初数。

(5) 固定资产及累计折旧表(二)。

本表是固定资产及累计折旧表(一)的续表,反映本年截止到查询期间固定资产的增减情况。本表与固定资产及累计折旧表(一)的数值之间是有联系的,它们之间的关系可用以下公式描述。

固定资产原值期末数合计＝原值年初数合计＋本年增加的原值合计－本年减少的原值合计
固定资产累计折旧期末数合计＝累计折旧年初数合计＋本年折旧额合计＋本年增加累计折旧合计－本年减少累计折旧合计

但上述公式不是绝对成立的，如在资产发生原值变动情况下，表(一)反映该变动，而表(二)不反映。

### 5. 自定义报表

当系统提供的报表不能满足企业要求时，可以自己定义报表，可存放在自定义账套文件夹中。

### 6. 图形分析

所谓图形分析，是将报表中的数据用图形反映出来。可进行图形分析的报表有：固定资产总账、部门折旧计提汇总表、固定资产使用状况分析表、固定资产部门构成分析表、固定资产及累计折旧表(二)。

产生固定资产使用状况图形分析的操作过程如下：在固定资产子系统中，单击展开"账表"|"我的账表"文件夹，进入"我的账表"窗口；双击分析表中的"固定资产使用状况分析表"，选择期间；单击"确定"按钮，出现要查看的分析表；单击分析表中"图形分析"按钮，出现图形后可在图形分析窗中选择图形工具，确定图形的形式。

## 6.5 固定资产数据维护

### 6.5.1 数据接口管理

如果用户在使用用友 ERP-U8 固定资产管理系统之前，已经使用了固定资产核算系统，那么利用数据接口管理功能可以方便地将已有的资产卡片数据导入到本系统中，以减少手工卡片录入的工作量，提高工作效率。

卡片引入分两步实现。第一步是数据导入，即将所需要的数据导入临时表中，数据导入后可以查看已经导入临时表的数据内容；第二步是写入系统，是将导入到临时表的数据写入系统当前账套。

导入卡片时，如果数据源为非用友 ERP-U8 数据库，提供文本、DBase 和 Access 3 种文件格式的导入；如果数据源为用友 ERP-U8 数据库，提供 Access 和 SQL Server 两种数据库文件的导入。

### 6.5.2 重新初始化账套

如果系统正常运行后，发现账套有很多错误或太乱，无法通过执行"设置"|"选项"

命令纠错，那么可以选择"维护"|"重新初始化账套"命令，将该账套内容全部清空，然后重新建账。

**提示：**

重新初始化账套是对打开的账套而言。

执行重新初始化账套会删除对该账套所做的所有操作，所以要慎用。

本章例题的操作结果已经备份到了教学资源"211 账套(例题)备份/"第 6 章例题账套备份"中。

## 复习思考题

1. 系统中提供了哪些固定资产编号的自动编码的形式？
2. 设置资产类别时应注意哪些问题？
3. 固定资产卡片在什么情况下可以进行无痕迹修改？
4. 批量制单及其特点有哪些？
5. 在什么情况下应使用重新初始化功能？有何作用？

## 上机实验

(具体实验内容请见第 8 章)

实验七　固定资产系统初始化

实验八　固定资产业务处理

实验九　固定资产期末处理

# 第 7 章

# UFO 报表

---

**┤教学目的与要求├**

系统学习自定义报表和使用报表模板生成报表的方法。

能够使用报表模板生成报表数据、进行自定义报表；了解修改报表公式和设置关键字的方法。

---

## 7.1 UFO 报表概述

会计报表管理系统是会计信息系统中一个独立的子系统，它为企业内部各管理部门及外部相关部门提供综合反映企业一定时期财务状况、经营成果和现金流量的会计信息。

### 7.1.1 UFO 报表的主要功能

用友 UFO 报表系统是报表事务处理的工具，利用 UFO 报表系统既可编制对外报表，又可编制各种内部报表。它的主要任务是设计报表的格式和编制公式，从总账系统或其他业务系统中取得有关会计信息自动编制各种会计报表，对报表进行审核、汇总，生成各种分析图，并按预定格式输出各种会计报表。

UFO 报表系统是真正的三维立体表，提供了丰富的实用功能，完全实现了二维立体表的四维处理能力。

UFO 报表的主要功能有文件管理、格式管理、数据处理、图表功能和二次开发功能，提供各行业报表模板(包括现金流量表)。

- 文件管理：对报表文件的创建、读取、保存和备份进行管理。能够进行不同文件格式的转换。例如，文本文件、*.MDB 文件、*.DBF 文件、Excel 文件、LOTUS 1-2-3

文件。支持多个窗口同时显示和处理,可同时打开的文件和图形窗口多达 40 个。提供了标准财务数据的"导入"和"导出"功能,可以和其他流行财务软件交换数据。

- 格式管理:提供了丰富的格式设计功能,如定义组合单元、画表格线(包括斜线)、调整行高列宽、设置字体和颜色、设置显示比例等,可以制作各种要求的报表。
- 数据处理:UFO 报表以固定的格式管理大量不同的表页,能将多达 99 999 张具有相同格式的报表资料统一在一个报表文件中管理,并且在每张表页之间建立有机的联系。数据处理提供了排序、审核、舍位平衡、汇总功能;提供了绝对单元公式和相对单元公式,可以方便、迅速地定义计算公式;提供了种类丰富的函数,可以从账务等用友产品中提取数据,生成财务报表。
- 图表功能:将数据表以图形的形式进行表示。采用"图文混排",可以很方便地进行图形数据组织,制作包括直方图、立体图、圆饼图、折线图等 10 种图式的分析图表。图表功能可以编辑图表的位置、大小、标题、字体、颜色等,打印输出图表。
- 二次开发:强大的二次开发功能使其又不失为一个精炼的 MIS 开发应用平台。系统提供了批命令和自定义菜单,自动记录命令窗中录入的多个命令,可将有规律性的操作过程编制成批命令文件,还提供了 Windows 风格的自定义菜单,综合利用批命令,可以在短时间内开发出本企业的专用系统。

## 7.1.2 UFO 报表与其他子系统的主要关系

编制会计报表是每个会计期末最重要的工作之一,从一定意义上说编制完会计报表是一个会计期间工作完成的标志。在报表管理系统中,会计报表的数据来源一般有总账系统的账簿和会计凭证、其他报表、人工直接录入等,还可以从应收、应付、工资、固定资产、销售、采购、库存等系统中提取数据,生成财务报表。UFO 报表系统与其他子系统之间的主要关系如图 7-1 所示。

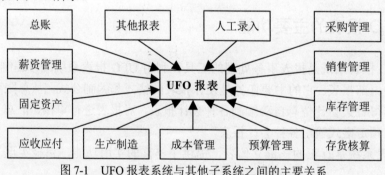

图 7-1　UFO 报表系统与其他子系统之间的主要关系

## 7.1.3　基本操作流程

制作报表的基本操作流程如图 7-2 所示。

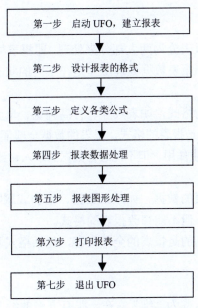

图 7-2  制作报表的基本操作流程

在以上步骤中,第一、二、四、七步是必需的,因为要完成一般的报表处理,一定要有启动系统建立报表、设计格式、数据处理、退出系统这些基本过程。实际应用时,具体的操作步骤应视情况而定。

## 7.1.4  基本术语

**1. 报表结构**

按照报表结构的复杂性,可将报表分为简单表和复合表两类。简单表是规则的二维表,由若干行和列组成。复合表是简单表的某种组合。大多数的会计报表如资产负债表、利润表、现金流量表等都是简单表。

简单表的格式一般由4个基本要素组成:标题、表头、表体和表尾。不同的报表,上述4个基本要素是不同的。

(1) 标题:用来描述报表的名称。报表的标题可能不止一行,有时会有副标题、修饰线等内容。

(2) 表头:用来描述报表的编制单位名称、日期等辅助信息和报表栏目。特别是报表的表头栏目名称,是表头的最主要内容,它决定报表的纵向结构、列数及每一列的宽度。有的报表表头栏目比较简单,只有一层,而有的报表表头栏目却比较复杂,需分若干层次。

(3) 表体:是报表的核心,决定报表的横向组成。它是报表数据的表现区域和主体。表体在纵向上由若干行组成,这些行称为表行;在横向上,每个表行又由若干个栏目构成,这些栏目称为表列。

(4) 表尾:指表体以下进行辅助说明的部分及编制人、审核人等内容。

## 2. 格式状态与数据状态

UFO报表将含有数据的报表分为两大部分来处理，即报表格式设计工作与报表数据处理工作。报表格式设计工作和报表数据处理工作是在不同的状态下进行的。

(1) 格式状态。

在格式状态下设计报表的格式，如表尺寸、行高列宽、单元属性、报表公式等。

在格式状态下，所看到的是报表的格式，报表的数据全部都隐藏了；在该状态下所做的操作对本报表所有的表页都发生作用，但不能进行数据的录入、计算等操作。

(2) 数据状态。

在数据状态下可管理报表的数据，如录入数据、增加或删除表页、审核、舍位平衡、作图形、汇总和合并报表等，但不能修改报表的格式。

在数据状态下时，所看到的是报表的全部内容，包括格式和数据。

## 3. 二维表与三维表

确定某一数据位置的要素称为"维"。在一张有方格的纸上填写一个数据，这个数据的位置可通过行和列(二维)来描述。

如果将一张有方格的纸称为表，那么这个表就是二维表，通过行(横轴)和列(纵轴)可以找到这个二维表中的任何位置的数据。

如果将多个相同的二维表叠在一起，找到某一个数据需增加一个要素，即表页号(Z轴)。这一叠表称为一个三维表。

如果将多个不同的三维表放在一起，要从这多个三维表中找到一个数据，又需增加一个要素，即表名。三维表中的表间操作即称为"四维运算"。

## 4. 报表文件及表页

一个或多个报表以文件的形式保存在存储介质中称为报表文件，每个报表文件都有一个名字，如"利润表.REP"。

表页是由若干行和列组成的一个二维表，一个报表中的所有表页具有相同的格式，但其中的数据不同，每一张表页是由许多单元组成的。一个UFO报表最多可容纳99 999张表页。

为了便于管理和操作，一般把经济意义相近的报表放在一个报表文件中，例如，各月编制的利润表就可归集在"利润表.REP"报表文件中。在报表文件中，确定一个数据所在的位置，其要素是"表页号""行号""列号"。由此可见，报表文件就是一个三维表，如图7-3所示。

| 项　目 | 期末数 | 年初数 |
|---|---|---|
| 现　金 | 77 700 | 129 000 |
| …… | | |

表页1　表页2　表页3

图7-3　报表文件

UFO报表的技术指标如下。

行数：　1~9 999　　　　　(缺省值为50行)
列数：　1~255　　　　　　(缺省值为7列)
行高：　0~160毫米　　　　(缺省值为5毫米)
列宽：　0~220毫米　　　　(缺省值为26毫米)
表页数：1~99 999页　　　　(缺省值为1页)

### 5. 单元及单元属性

表中由表行和表列确定的方格称为单元，专门用于填制各种数据。单元是组成报表的最小单位，每个单元都可用一个名字来标识，称为单元名。单元名用所在行和列的坐标表示，行号用数字1~9 999表示，列号用字母A~IU表示，例如，C2表示报表中第2行第C列对应的单元。

单元属性包括单元类型、对齐方式、字体颜色、表格边框等。

单元类型有数值型、字符型和表样型。

- 数值单元：是报表的数据，在数据状态下录入。数值单元必须是数字，可直接录入，也可由单元中存放的公式运算生成。建立一个新表时，所有单元的单元类型均默认为数值型。
- 字符单元：是报表的数据，在数据状态下录入。字符单元的内容可以是汉字、字母、数字及各种键盘可录入的符号组成的一串字符。字符单元的内容可以直接录入，也可以由单元公式生成。
- 表样单元：是报表的格式，是在格式状态下录入的所有文字、符号或数字。表样单元对所有表页都有效。表样单元在格式状态下录入和修改，在数据状态下只能显示而无法修改。

表单元的对齐方式有左对齐、右对齐、居中等。

### 6. 区域与组合单元

区域由一张表页上的一组单元组成，自起点单元至终点单元是一个完整的矩形块。

在UFO报表中，区域是二维的，最大的区域是一个二维表的所有单元(整个表页)，最小的区域是一个单元。

在描述一个区域时，开始单元(左上角单元)与结束单元(右下角单元)之间用半角冒号"："连接，如C3:F6。

组合单元由相邻的两个或更多的单元组成，这些单元必须是同一种单元类型(表样、数值、字符)，UFO报表在处理报表时将组合单元视为一个单元。组合单元的名称可以用区域的名称或区域中的单元的名称来表示。例如，把B2到B3定义为一个组合单元，这个组合单元可以用"B2""B3"或"B2:B3"表示。

### 7. 固定区与可变区

固定区是指组成一个区域的行数和列数的数量是固定的数目。一旦设定好以后，在固定区域内其单元总数是不变的。

可变区是屏幕显示一个区域的行数或列数是不固定的数字,可变区的最大行数或最大列数是在格式设计中设定的。

在一个报表中只能设置一个可变区,或是行可变区或是列可变区。行可变区是指可变区中的行数是可变的;列可变区是指可变区中的列数是可变的。

设置可变区后,屏幕只显示可变区的第一行或第一列,其他可变行列隐藏在表体内。在以后的数据操作中,可变行列数随着使用时的需要而增减。

有可变区的报表称为可变表,没有可变区的报表称为固定表。

### 8. 关键字

关键字是游离于单元之外的特殊数据单元,可以唯一标识一个表页,用于在大量表页中快速选择表页。

UFO报表共提供了以下6种关键字,关键字的显示位置在格式状态下设置,关键字的值则在数据状态下录入,每个报表可以定义多个关键字。

- 单位名称:字符(最大28个字符),为该报表表页编制单位的名称。
- 单位编号:字符型(最大10个字符),为该报表表页编制单位的编号。
- 年:数字型(1980—2099),该报表表页反映的年度。
- 季:数字型(1~4),该报表表页反映的季度。
- 月:数字型(1~12),该报表表页反映的月份。
- 日:数字型(1~31),该报表表页反映的日期。

除此之外,UFO报表有自定义关键字功能,可以用于业务函数中。

## 7.2 报表格式设计

会计报表系统基础设置一般包括创建新的会计报表、报表格式设计、报表公式定义等。

UFO报表在格式状态下设计报表的表样,如表尺寸、行高列宽、单元属性、组合单元、关键字、可变区等;在格式状态下定义报表的公式,如单元公式、审核公式、舍位平衡公式等。

### 7.2.1 设计表样

在设计表样之前应在"企业应用平台"中启动"UFO报表"管理系统,创建一个新的会计报表文件。UFO报表建立的是一个报表簿,可容纳多张报表。

新表创建完成后,应进行报表的格式设计,报表格式设计是制作报表的基本步骤,它决定了整张报表的外观和结构。

会计报表格式设置的主要内容有设置报表大小、画表格线、标题、表日期、表头、表尾和表体固定栏目的内容、设置单元属性等。

进行报表格式设计，可使用菜单功能进行操作，也可使用命令操作。

### 1. 设置报表尺寸

设置报表尺寸是指设置报表的行数和列数。

**例7-1** 设置报表尺寸为12行、6列。

**操作步骤：**

(1) 单击"财务会计"|"UFO报表"选项，进入"UFO报表"窗口。

(2) 单击"文件"|"新建"菜单，增加一张报表。

(3) 选择"格式"|"表尺寸"命令，打开"表尺寸"对话框。

(4) 直接录入或单击"行数"文本框的微调按钮选择"12"、"列数"文本框的微调按钮选择"6"，如图7-4所示。

图 7-4 "表尺寸"对话框

(5) 单击"确认"按钮。

> **提示：**
> 报表的尺寸设置完之后，还可以单击"格式"菜单中的"插入"或"删除"命令，增加或减少行或列来调整报表大小。

### 2. 定义报表的行高和列宽

如果报表中某些单元的行或列要求比较特殊，则需要调整该行的行高或列的列宽。

**例7-2** 定义报表第1行行高为12mm，第2~12行的行高为8mm。

**操作步骤：**

(1) 将光标移动到A1单元单击，拖动鼠标至F1单元(即选中第1行)，选择"格式"|"行高"命令，打开"行高"对话框。

(2) 直接录入或单击"行高"文本框的微调按钮选择"12"，单击"确认"按钮。

(3) 选中第2~12行，选择"格式"菜单中的"行高"命令，打开"行高"对话框，直接录入或选择"8"，单击"确认"按钮。

**例7-3** 定义第1列(A列)和第4列(D列)列宽为44mm；第2列(B列)、第3列(C列)、第5列(E列)和第6列(F列)列宽为20mm。

**操作步骤：**

（1）将光标移至A1单元单击，拖动鼠标至A12单元(即选中第1列)，选择"格式"|"列宽"命令，打开"列宽"对话框，如图7-5所示。

（2）直接录入或单击"列宽"文本框的微调按钮，选择"44"，单击"确认"按钮。

（3）用同样的方法继续设置其他列的列宽。

图7-5 "列宽"对话框

 **提示：**

行高和列宽的定义，可以通过菜单操作，也可以直接利用鼠标拖动某行或某列来调整行高和列宽。

### 3. 画表格线

报表的尺寸设置完成之后，在数据状态下，该报表是没有任何表格线的，所以为了满足查询和打印的需要，还需要画上表格线。

**例7-4** 将单元A4:F12画上网线。

**操作步骤：**

（1）将光标移动到A4单元单击，拖动鼠标至F12单元，选择需要画线的区域A4:F12。

（2）选择"格式"菜单中的"区域画线"命令，打开"区域画线"对话框，如图7-6所示。

（3）单击"网线"单选按钮，确定画线类型和样式。

（4）单击"确认"按钮。

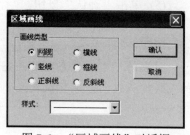

图7-6 "区域画线"对话框

 **提示：**

画好的表格线在格式状态下变化并不明显。操作完以后可以在数据状态下查看效果。

### 4. 定义组合单元

有些内容如标题、编制单位、日期及货币单位等信息可能一个单元容纳不下，所以为了实现这些内容的录入和显示，需要定义组合单元。

**例7-5** 将单元A1:F1组合成一个单元。

**操作步骤：**

（1）将光标移动到A1单元单击，拖动鼠标至F1单元，选择需要合并的区域A1:F1。

（2）选择"格式"|"组合单元"命令，打开"组合单元"对话框，如图7-7所示。

图 7-7 "组合单元"对话框

(3) 单击"按行组合"或单击"整体组合"按钮。

 提示：

组合单元可以用该区域名或者区域中的任一单元名来加以表示。

组合单元实际上就是一个大的单元，所有针对单元的操作对组合单元均有效。

若要取消所定义的组合单元，可以在"组合单元"对话框中，单击"取消组合"按钮实现。

5. 录入表间项目

报表表间项目指报表的文字内容，主要包括表头内容、表体项目和表尾项目等。

例7-6 根据以下表样录入表样文字。

|   | A | B | C | D | E | F |
|---|---|---|---|---|---|---|
| 1 | 资产负债表 | | | | | |
| 2 | | | | | | |
| 3 | | | | | | |
| 4 | 资产 | 期末余额 | 年初余额 | 负债及所有者权益 | 期末余额 | 年初余额 |
| 5 | 一、流动资产 | | | | | |
| 6 | 货币资金 | | | | | |
| 7 | 交易性金融资产 | | | | | |
| 8 | 应收票据 | | | | | |

操作步骤：

(1) 将光标移到A1单元，录入"资产负债表"。

(2) 将光标移到A4单元，录入"资产"。

(3) 将光标移到A5单元，录入"一、流动资产"。

(4) 重复以上操作，录入完成所有表样文字。

 提示：

在录入报表项目时，编制单位、日期一般不需要录入，财务报表系统将其单独设置为关键字。

项目录入完之后,默认的格式均为普通宋体12号,居左。

一个表样单元最多能录入63个字符或31个汉字,允许换行显示。

#### 6. 定义单元属性

单元属性主要指单元类型、数字格式、边框样式等内容的设置。

**例7-7** 分别将区域B6:C12和E6:F12设置为数值型的单元类型、逗号的数字格式。

**操作步骤:**

(1) 将光标移到B6单元格单击,拖动鼠标至C12单元(即选中B6:C12),选择"格式"|"单元属性"命令,打开"单元格属性"对话框,如图7-8所示。

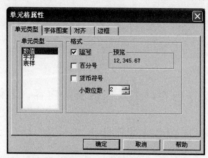

图7-8 "单元格属性"对话框

(2) 单击"单元类型"列表中的"数值"选项,选中数字"格式"中的"逗号"复选框。
(3) 单击"确定"按钮。用同样的方法继续设置E6:F12的单元格属性。

 **提示:**

报表新建时,所有单元的单元格属性均默认为数值型。

格式状态下,录入的内容均默认为"表样"单元。

#### 7. 设置单元风格

单元风格主要指的是单元内容的字体、字号、字型、对齐方式、颜色图案等设置。设置单元风格会使报表更符合阅读习惯,更加美观清晰。

**例7-8** 将"资产负债表"设置字体为宋体、字型为粗体、字号为20、水平方向和垂直方向居中。

**操作步骤:**

(1) 将光标移到A1单元单击(即"资产负债表"所在单元),选择"格式"|"单元属性"命令,打开"单元格属性"对话框,选择"字体图案"选项卡。

(2) 选择"字体"下拉列表框中的"宋体"选项；选择"字型"下拉列表框中的"粗体"选项；选择"字号"下拉列表框中的"20"，如图7-9所示。

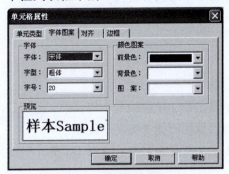

图 7-9　设置字体图案

(3) 打开"对齐"选项卡，单击"水平方向"的"居中"及"垂直方向"的"居中"单选按钮，如图7-10所示。

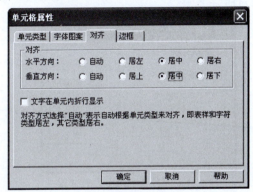

图 7-10　设置对齐方式

(4) 单击"确定"按钮。

**例7-9**　将"资产""期末余额""年初余额""负债及所有者权益""期末余额""年初余额"设置字体为宋体、字型为粗体、字号为14、水平方向和垂直方向居中。

**操作步骤：**

(1) 将光标移到 A4 单元（"资产"所在单元）单击，拖动鼠标至 F4 单元，即用鼠标选中 A4:F4。

(2) 选择"格式"|"单元属性"命令，打开"单元格属性"对话框，选择"字体图案"选项卡。

(3) 分别选择"字体""字型"下拉列表框中的"宋体""斜体"选项，选择"字号"下拉列表框中的"14"选项，单击"水平方向"的"居中"及"垂直方向"的"居中"单选按钮。

(4) 单击"确定"按钮。

> **提示：**
> 
> 设置完之后可以在预览窗口中查看效果。

### 7.2.2 设置关键字

关键字主要有 6 种：单位名称、单位编号、年、季、月、日，另外，还可以自定义关键字。可以根据自己的需要设置相应的关键字。

**例 7-10** 在 A3 单元中定义"单位名称"，在 D3 单元中定义"年"，在 E3 单元中定义"月"。

**操作步骤：**

(1) 将光标移到A3单元单击，选择"数据"|"关键字"|"设置"命令，打开"设置关键字"对话框，如图7-11所示。

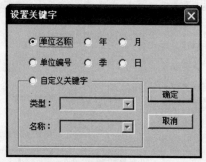

图 7-11 "设置关键字"对话框

(2) 单击"单位名称"单选按钮，单击"确定"按钮，完成 A3 单元关键字的设置。

(3) 将光标移到D3单元单击，选择"数据"|"关键字"|"设置"命令，打开"设置关键字"对话框。

(4) 单击"年"单选按钮，单击"确定"按钮，完成 D3 单元关键字的设置。

(5) 重复步骤(3)和(4)，完成 E3 单元"月"的设置。

> **提示：**
> 
> 关键字在格式状态下定义，关键字的值则在数据状态下录入。
> 
> 每张报表可以同时定义多个关键字。
> 
> 关键字如年、月等会随同报表数据一起显示，在定义关键字时，既要考虑编制报表的需要，又要考虑打印的需要。
> 
> 如果关键字的位置设置错误，可以选择"数据"|"关键字"|"取消"命令，取消后再重新设置。
> 
> 关键字在一张报表中只能定义一次，即同一张报表中不能有重复的关键字。

## 7.2.3 编辑公式

在财务报表中,由于各种报表之间存在着密切的数据间的逻辑关系,所以报表中各种数据的采集、运算的钩稽关系的检测就用到了不同的公式,报表公式主要有计算公式、审核公式和舍位平衡公式。

计算公式是指为报表单元赋值的公式,利用它可以将单元赋值为数值,也可以赋值为字符。对于需要从报表本身或其他模块如总账、工资、固定资产、核算等模块中取数,以及一些小计、合计、汇总等数据的单元,都可以利用单元公式进行取数。

由于报表中各个数据之间一般都存在某种钩稽关系,可以利用这种钩稽关系定义审核公式来进一步检验报表编制的结果是否正确。

报表的数据生成后往往非常庞大,不方便阅读。另外,在报表汇总时,各个报表的货币计量单位有可能不统一,这时,需要将报表的数据进行位数转换,将报表单位数据由个位转换为百位、千位或万位,如将"元"单位转换为"千元"或"万元"单位,这种操作称为进(舍)位操作。

**1. 定义单元公式**

在定义公式时,可以直接录入单元公式,也可以利用函数向导定义单元公式。

**直接录入公式**

**例7-11** 直接录入C6单元"货币资金""期末余额"的计算公式。

**操作步骤:**

(1) 将光标移动到 C6 单元单击。

(2) 选择"数据"|"编辑公式"|"单元公式"命令,打开"定义公式"对话框,如图 7-12 所示。

图 7-12  "定义公式"对话框

(3) 直接录入"货币资金""期末余额"的取数公式为"C6=QM("1001",月,,,年,,)+ QM ("1002",月,,,年,,)+ QM ("1012",月,,,年,,)"。

(4) 单击"确认"按钮。

> **提示:**
> 单元公式在录入时,凡是涉及数学符号和标点符号的均需录入英文半角字符,否则系统将认为公式录入错误而不能被保存。

**利用函数向导录入公式**

如果用户对财务报表的函数不太了解，直接定义单元公式有困难，可以利用函数向导引导录入公式。

**例7-12** 使用"函数向导"录入C8单元(即"应收票据"年初余额单元)公式。

**操作步骤：**

(1) 将光标移动到 C8 单元单击。

(2) 选择"数据"|"编辑公式"|"单元公式"命令，打开"定义公式"对话框。

(3) 单击"函数向导"按钮，打开"函数向导"对话框。

(4) 选择函数分类"用友账务函数"和函数名"期初(QC)"，如图 7-13 所示。

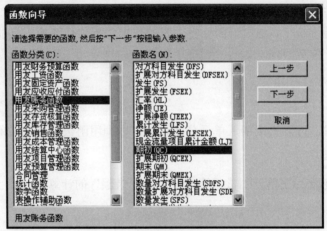

图 7-13 "函数向导"对话框

(5) 单击"下一步"按钮，打开"用友账务函数"对话框，如图 7-14 所示。

图 7-14 "用友账务函数"对话框

(6) 单击"参照"按钮，打开"账务函数"对话框，如图7-15所示。

图 7-15　"账务函数"对话框

(7) 单击"科目"栏右侧的 ▦ 按钮,选择"1121 应收票据"选项。
(8) 单击"确定"按钮。

> **提示:**
> 
> 账套号和会计年度如果选择默认,以后在选择取数的账套时,需要进行账套初始工作。如果直接录入,则无须再进行账套初始工作。
> 
> 如果录入的会计科目有辅助核算,还可以录入相关辅助核算内容。如果没有辅助核算,则"辅助核算"选择框呈灰色,不可录入。

**2. 定义审核公式**

一般的报表中,有关项目之间或同其他报表之间存在一定的钩稽关系,可以根据这些关系定义审核公式。

**例7-13**　设置C12=G12的审核公式,即资产总计的年初数=负债及所有者权益的年初数。

**操作步骤:**

(1) 选择"数据"|"编辑公式"|"审核公式"命令,打开"审核公式"对话框,如图7-16所示。

图 7-16　"审核公式"对话框

(2) 在"审核关系"列表框中录入"C12=G12　MESS"资产总计的年初数<>负债及所

有者权益的年初数";"。

(3) 单击"确定"按钮。

**提示**：
审核公式在格式状态下编辑，在数据状态下执行。

### 7.2.4 保存报表

报表的格式设置完成之后，为了确保今后能够随时调出使用并生成报表数据，应将会计报表的格式保存起来。

**例7-14** 将报表文件保存为"资产负债表"。

**操作步骤：**

(1) 在格式状态下，选择"文件"|"保存"命令(或者按 Ctrl+S 键)，打开"保存为"对话框。

(2) 在"文件名"文本框中录入"资产负债表"。

(3) 单击"保存"按钮。

**提示**：
.REP 为用友报表文件专用扩展名。
如果没有保存就退出，系统将弹出"是否保存报表？"信息提示对话框。

## 7.3 报表数据处理

报表数据处理主要包括生成报表数据、审核报表数据和舍位平衡操作等工作，数据处理工作必须在数据状态下进行。处理时，计算机会根据已定义的单元公式、审核公式和舍位平衡公式自动进行取数、审核及舍位等操作。

报表数据处理一般是针对某一特定表页进行的，因此，在数据处理时还涉及表页的操作，如增加、删除、插入、追加表页等。

报表的数据包括报表单元的数值和字符及游离于单元之外的关键字。数值单元能生成数字，而字符单元既能生成数字又能生成字符；数值单元和字符单元可以由公式生成，也可以由键盘录入，关键字则必须由键盘录入。

## 7.3.1 进入报表数据状态

进入报表数据处理状态既可以使用菜单进入,也可以直接使用"数据/格式"切换按钮进入。

**例7-15** 进入"资产负债表"数据状态。

**操作步骤:**
方法一:
(1) 选择"文件"|"打开"命令。
(2) 在"打开"对话框中,选择"资产负债表",单击"打开"按钮。
方法二:
直接在资产负债表的格式状态下,单击报表左下角的"数据/格式"按钮进入报表的数据状态。

## 7.3.2 录入关键字

关键字是表页定位的特定标识,在格式状态下设置完成关键字以后,只有在数据状态下对其实际赋值才能真正成为表页的鉴别标志,为表页间、表间的取数提供依据。

**例7-16** 录入关键字的内容:年"2019",月"1",日"31"。

**操作步骤:**
(1) 选择"数据"|"关键字"|"录入"命令,打开"录入关键字"对话框。
(2) 录入年"2019",月"1",日"31"。
(3) 单击"确认"按钮,系统弹出"是否重算第1页?"信息提示对话框,如果此时就要生成有关报表数据,单击"是"按钮,否则单击"否"按钮退出。

**提示:**
每一张表页均对应不同的关键字,输出时随同单元一起显示。
日期关键字可以确认报表数据取数的时间范围,即确定数据生成的具体日期。

## 7.3.3 整表重算

当完成报表的格式设计并完成账套初始和关键字的录入之后,便可以计算指定账套并指定报表时间的报表数据了。计算报表数据是在数据处理状态下进行的,它既可以在录入完成报表的关键字后直接计算,也可以使用菜单功能计算。

**例7-17** 计算一品股份有限公司2019年1月的资产负债表数据。

**操作步骤：**

(1) 选择"数据"|"表页重算"命令，系统弹出信息提示对话框，如图7-17所示。

图 7-17 表页重算提示对话框

(2) 单击"是"按钮，系统经过自动计算生成了一品股份有限公司2019年1月的资产负债表的数据。

## 7.4 报表模板

前面各步骤介绍的是自定义报表，自定义报表可以设计出个性化的报表，但对于一些会计实务上常用的、格式基本固定的财务报表，如果逐一自定义无疑费时、费力。针对这种情况，用友财务报表系统为用户提供了多个行业的各种标准财务报表格式。用户可以套用系统提供的标准报表格式，并在标准格式基础上根据自己单位的具体情况加以局部的修改，免去从头至尾建立报表、定义格式公式的烦琐工作。

利用报表模板可以迅速建立一张符合需要的财务报表。另外，对于一些本企业常用但报表模板没有提供标准格式的报表，在定义完这些报表以后可以将其定制为报表模板，以后使用时可以直接调用这个模板。

### 7.4.1 调用报表模板并生成报表数据

系统中提供了多个行业的标准财务报表模板。报表模板即建立了一张标准格式的会计报表。如果用户需使用系统内的报表模板，则可以直接调用。

**例7-18** 调用执行"一般企业(2007年新会计准则)"会计制度的"资产负债表"模板，生成一品公司2019年1月31日的资产负债表。

**操作步骤：**

(1) 在 UFO 报表窗口中，选择"文件"|"新建"命令，打开"新建"对话框。
(2) 选择"格式"|"报表模板"命令，打开"报表模板"对话框。
(3) 单击"您所在的行业"下拉列表框中的下三角按钮，选择"2007年新会计制度科目"，单击"财务报表名"下拉列表框中的下三角按钮，选择"资产负债表"，如图7-18所示。

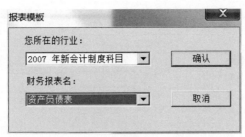

图 7-18 “报表模板”对话框

(4) 单击“确认”按钮，系统弹出“模板格式将覆盖本表格式！是否继续？”信息提示对话框，单击“确定”按钮，打开“资产负债表”窗口，如图 7-19 所示。

| | A | B | C | D | E | F | G | H |
|---|---|---|---|---|---|---|---|---|
| 1 | | | | | 资产负债表 | | | |
| 2 | | | | | | | | 会企01表 |
| 3 | 编制单位: | | xxxx 年 | xx 月 | xx 日 | | | 单位:元 |
| 4 | 资 产 | 行次 | 期末余额 | 年初余额 | 负债和所有者权益 | 行次 | 期末余额 | 年初余额 |
| 5 | | | | | （或股东权益） | | | |
| 6 | 流动资产: | | | | 流动负债: | | | |
| 7 | 货币资金 | 1 | 公式单元 | 公式单元 | 短期借款 | 32 | 公式单元 | 公式单元 |
| 8 | 交易性金融资产 | 2 | 公式单元 | 公式单元 | 交易性金融负债 | 33 | 公式单元 | 公式单元 |
| 9 | 应收票据 | 3 | 公式单元 | 公式单元 | 应付票据 | 34 | 公式单元 | 公式单元 |
| 10 | 应收账款 | 4 | 公式单元 | 公式单元 | 应付账款 | 35 | 公式单元 | 公式单元 |
| 11 | 预付款项 | 5 | 公式单元 | 公式单元 | 预收款项 | 36 | 公式单元 | 公式单元 |
| 12 | 应收利息 | 6 | 公式单元 | 公式单元 | 应付职工薪酬 | 37 | 公式单元 | 公式单元 |
| 13 | 应收股利 | 7 | 公式单元 | 公式单元 | 应交税费 | 38 | 公式单元 | 公式单元 |
| 14 | 其他应收款 | 8 | 公式单元 | 公式单元 | 应付利息 | 39 | 公式单元 | 公式单元 |
| 15 | 存货 | 9 | 公式单元 | 公式单元 | 应付股利 | 40 | 公式单元 | 公式单元 |
| 16 | 一年内到期的非流动资产 | 10 | | | 其他应付款 | 41 | 公式单元 | 公式单元 |
| 17 | 其他流动资产 | 11 | | | 一年内到期的非流动负债 | 42 | | |
| 18 | 流动资产合计 | 12 | 公式单元 | 公式单元 | 其他流动负债 | 43 | | |
| 19 | 非流动资产: | | | | 流动负债合计 | 44 | 公式单元 | 公式单元 |
| 20 | 可供出售金融资产 | 13 | 公式单元 | 公式单元 | 非流动负债: | | | |
| 21 | 持有至到期投资 | 14 | 公式单元 | 公式单元 | 长期借款 | 45 | 公式单元 | 公式单元 |
| 22 | 长期应收款 | 15 | 公式单元 | 公式单元 | 应付债券 | 46 | 公式单元 | 公式单元 |
| 23 | 长期股权投资 | 16 | 公式单元 | 公式单元 | 长期应付款 | 47 | 公式单元 | 公式单元 |
| 24 | 投资性房地产 | 17 | 公式单元 | 公式单元 | 专项应付款 | 48 | 公式单元 | 公式单元 |
| 25 | 固定资产 | 18 | 公式单元 | 公式单元 | 预计负债 | 49 | 公式单元 | 公式单元 |
| 26 | 在建工程 | 19 | 公式单元 | 公式单元 | 递延所得税负债 | 50 | 公式单元 | 公式单元 |
| 27 | 工程物资 | 20 | 公式单元 | 公式单元 | 其他非流动负债 | 51 | | |
| 28 | 固定资产清理 | 21 | 公式单元 | 公式单元 | 非流动负债合计 | 52 | 公式单元 | 公式单元 |
| 29 | 生产性生物资产 | 22 | 公式单元 | 公式单元 | 负债合计 | 53 | 公式单元 | 公式单元 |

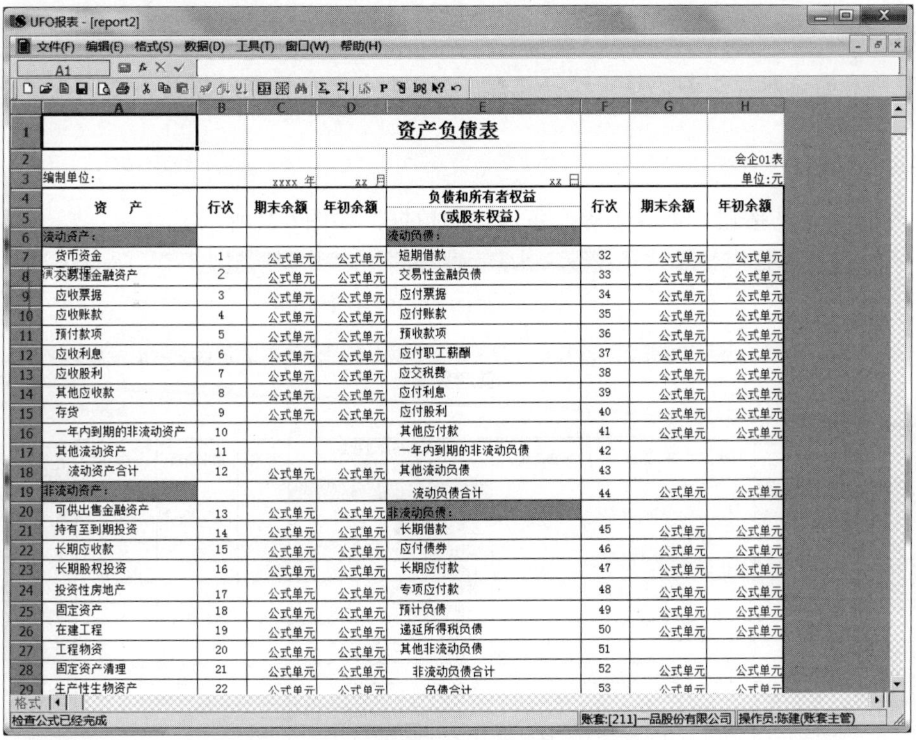

图 7-19 调用的“资产负债表”模板

**提示:**

如果所需要的报表格式或公式与调用的模板有所不同，可以在格式状态下直接修改，然后再进行系统初始、录入关键字、计算报表数据等设置。

(5) 录入编制单位“一品股份有限公司”。

(6) 单击左下角的“格式”按钮，进入资产负债表的数据状态。

(7) 选择“数据”|“关键字”|“录入”命令，打开“录入关键字”对话框，录入“年”“月”“日”关键字，如图 7-20 所示。

图 7-20　录入关键字

(8) 单击"确认"按钮。系统弹出"是否重算第1页"的信息提示对话框。

**提示：**
此时所有的记账凭证都已经审核并记账。已经生成了结转期间损益的记账凭证并已审核记账。

(9) 单击"是"按钮。生成了资产负债表的数据，如图7-21所示。

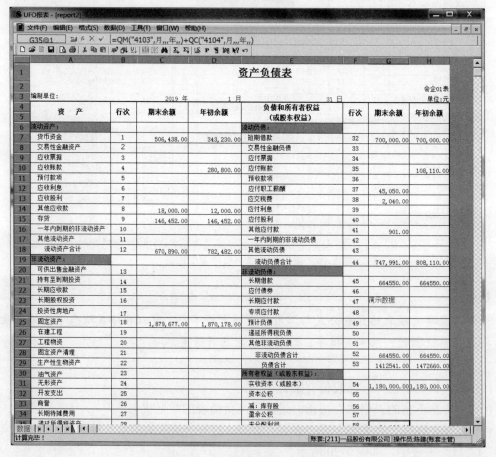

图 7-21　生成数据的资产负债表

> **提示:**
> 利用模块文件生成财务数据之前,要保证所有的凭证都已经记账。
> 生成资产负债表之前,要保证对由薪资和固定资产系统传递到总账系统的凭证上相关科目的数据进行对应结转和期间损益结转,否则资产负债表不平衡。
> 用同样的方法可以生成"利润表"等报表模板。

### 7.4.2 自定义报表模板

用户除了使用系统中的会计报表模板外,还可以根据本单位的实际需要定制内部报表模板,并将自定义的模板加入系统提供的模板库内,也可以根据本行业的特征,增加或删除各个行业及其内置的模板。

自定义报表模板主要需要定义报表的所属行业及报表名称。

**例7-19** 自定义报表模板。

**操作步骤:**

(1) 在财务报表窗口中,设计出要定制为模板的会计报表。
(2) 选择"格式"|"自定义模板"命令,打开"自定义模板"对话框。
(3) 单击"增加"按钮,打开"定义模板"对话框,录入模板所属的行业名称,单击"确定"按钮,返回"自定义模板"对话框。
(4) 单击"下一步"按钮,再单击"增加"按钮,选择要定义为报表模板的报表路径和报表文件。
(5) 单击"添加"按钮,再单击"完成"按钮,该报表便定制为一个会计报表模板。

> **提示:**
> 如果某张报表不需要了,还可以在此状态下删除。

## 复习思考题

1. 应如何进行报表格式设计?
2. 应如何自行设计一张表格?
3. 应如何根据报表"新会计制度科目—资产负债表"模板生成一张会计报表?

## 上机实验

(具体实验内容请见第8章)
实验十 报表格式设计

实验十一　报表数据处理
实验十二　利用报表模板生成报表

# 第 8 章

# 上机实验

## 实验一  系统管理与基础设置

**实验准备**

安装用友 ERP-U8 V0.1 系统，将系统日期修改为"2019 年 1 月 3 日"。

**实验要求**

1. 设置用户。
2. 建立账套(直接启用"总账"系统，启用日期为 2019 年 1 月 1 日)。
3. 设置用户权限。
4. 设置部门档案。
5. 设置职员档案。
6. 设置客户分类。
7. 设置客户档案。
8. 设置供应商档案。

**实验资料**

1. 操作员及其权限(见表 8-1)

表 8-1  操作员及其权限

| 编号 | 姓名 | 口令 | 所属部门 | 角色 | 权限 |
|------|------|--------|----------|--------|------------------|
| KJZW | 张薇 | 123456 | 财务部 | 账套主管 | |
| CWCF | 陈峰 | 123456 | 财务部 | | 财务会计 |
| KJLQ | 刘强 | 123456 | 财务部 | | 出纳签字和出纳的权限 |

2. 账套信息

账套号：311
单位名称：信一股份有限公司
单位简称：信一公司
单位地址：北京市海淀区北清路 16 号
法人代表：王强
邮政编码：100099
税号：100012200289900
启用会计期：2019 年 1 月
企业类型：工业
行业性质：2007 年新会计制度科目
账套主管：张薇
基础信息：对客户进行分类
分类编码方案：
　　科目编码级次：4222
　　客户分类编码级次：123
　　部门编码级次：122

3. 部门档案(见表 8-2)

表 8-2　部门档案

| 部门编码 | 部门名称 |
| --- | --- |
| 1 | 行政部 |
| 2 | 财务部 |
| 3 | 市场部 |
| 301 | 采购部 |
| 302 | 销售部 |

4. 人员档案(见表 8-3)

表 8-3　人员档案

| 人员编码 | 人员姓名 | 性别 | 部门名称 | 雇佣状态 | 人员类别 |
| --- | --- | --- | --- | --- | --- |
| 1 | 张建(业务员) | 男 | 行政部 | 在职 | 正式工 |
| 2 | 宁静(业务员) | 女 | 行政部 | 在职 | 正式工 |
| 3 | 张薇(业务员) | 女 | 财务部 | 在职 | 正式工 |
| 4 | 陈峰(业务员) | 男 | 财务部 | 在职 | 正式工 |
| 5 | 刘强(业务员) | 男 | 财务部 | 在职 | 正式工 |
| 6 | 杨阳(业务员) | 女 | 采购部 | 在职 | 正式工 |
| 7 | 陈强(业务员) | 男 | 销售部 | 在职 | 正式工 |

5. 客户分类(表8-4)

表8-4 客户分类

| 类 别 编 码 | 类 别 名 称 |
|---|---|
| 1 | 东北地区 |
| 2 | 华北地区 |
| 3 | 西北地区 |

6. 客户档案(见表8-5)

表8-5 客户档案

| 客 户 编 码 | 客 户 简 称 | 所 属 分 类 |
|---|---|---|
| 01 | 长春大伟纸业公司 | 1 东北地区 |
| 02 | 哈鑫公司 | 1 东北地区 |
| 03 | 蒙力公司 | 2 华北地区 |
| 04 | 中兴公司 | 2 华北地区 |
| 05 | 银飞食品集团 | 3 西北地区 |

7. 供应商档案(见表8-6)

表8-6 供应商档案

| 供应商编码 | 供应商简称 | 所 属 分 类 |
|---|---|---|
| 01 | 北京清远公司 | 00 |
| 02 | 大力公司 | 00 |
| 03 | 英华公司 | 00 |

# 实验二 总账系统初始化

**实验准备**

已经完成了实验一的操作,可以引入教学资源中的"311上机实验账套备份\实验一备份"。将系统日期修改为"2019年1月3日",由操作员"KJZW"(密码:123456)注册进入"用友U8 V10.1"企业应用平台。

**实验要求**

1. 设置系统参数。
2. 设置会计科目。
3. 设置凭证类别。
4. 输入期初余额。
5. 设置结算方式。

**实验资料**

**1. 311账套总账系统的参数**

可以使用应收受控科目和应付受控科目,不允许修改、作废他人填制的凭证。

**2. 会计科目**

(1) 指定"1001 库存现金"为现金总账科目、"1002 银行存款"为银行总账科目。

(2) 增加会计科目,如表8-7所示。

表8-7 增加会计科目

| 科目编码 | 科目名称 | 辅助账类型 |
|---|---|---|
| 100201 | 招行存款 | 日记账、银行账 |
| 122101 | 应收职工借款 | 个人往来 |
| 222101 | 应交增值税 | |
| 22210101 | 进项税额 | |
| 22210102 | 销项税额 | |
| 22210103 | 转出未交增值税 | |
| 222102 | 未交增值税 | |
| 660201 | 办公费 | 部门核算 |
| 660202 | 差旅费 | |
| 660203 | 工资 | 部门核算 |
| 660204 | 折旧费 | |
| 660205 | 工会经费 | |

(3) 修改会计科目。

修改"1122 应收账款"科目辅助账类型为"客户往来"、"2202 应付账款"科目辅助账类型为"供应商往来"。

**3. 凭证类别(见表8-8)**

表8-8 凭证类别

| 类别名称 | 限制类型 | 限制科目 |
|---|---|---|
| 收款凭证 | 借方必有 | 1001,1002 |
| 付款凭证 | 贷方必有 | 1001,1002 |
| 转账凭证 | 凭证必无 | 1001,1002 |

**4. 期初余额**

库存现金:15 000(借)

招行存款:185 000(借)

应收职工借款——杨阳——出差借款:10 000(借)

库存商品:60 000(借)

短期借款：50 000(贷)

实收资本：220 000(贷)

### 5. 结算方式

结算方式包括现金结算、现金支票结算、转账支票结算及银行汇票结算。

## 实验三　总账系统日常业务处理

**实验准备**

已经完成了实验二的操作，可以引入教学资源中的"311 账套备份\实验二备份"。将系统日期修改为"2019 年 1 月 31 日"，由操作员"KJZW"(密码：123456)注册进入"用友 U8 V10.1"企业应用平台。

**实验要求**

1. 由操作员"KJZW"设置常用凭证并审核凭证，由操作员"CWCF"填制凭证、记账，由"KJLQ"进行出纳签字并进行银行对账。
2. 填制凭证。
3. 审核凭证。
4. 出纳签字。
5. 修改第 2 号付款凭证的金额为 1000 元。
6. 删除第 1 号转账凭证并整理断号凭证。
7. 设置常用凭证。
8. 记账。
9. 查询已记账的第 1 号转账凭证。
10. 冲销第 1 号付款凭证并在审核、出纳签字后记账。
11. 查询日记账。
12. 查询资金日报表。
13. 银行对账。

**实验资料**

1. 常用凭证(见表 8-9)

表 8-9　常用凭证

| 摘　　要 | 科目名称 | 结算方式 |
|---|---|---|
| 从银行提取现金 | 库存现金(1001) | 现金支票 |
| | 银行存款——招行存款(100201) | |

2. 2019 年 1 月发生如下经济业务

(1) 1 月 8 日,以现金支付办公费 800 元。

  借:管理费用——办公费(660201)(财务部)  800
    贷:库存现金(1001)         800

(2) 1 月 8 日,以招行存款 1300 元支付销售部修理费。

  借:销售费用(6601)          1300
    贷:银行存款——招行存款(100201)(转账支票 1122)  1300

(3) 1 月 11 日,销售给哈鑫公司库存商品一批,货税款 60 960 元(货款 60 000 元,税款 9600 元)尚未收到。

  借:应收账款(1122)(哈鑫公司)     69 600
    贷:主营业务收入(6001)       60 000
      应交税费——增值税——销项税额(22210102)  9600

(4) 1 月 22 日,杨阳报销差旅费 7000 元。

  借:管理费用——差旅费(660202)    7000
    贷:其他应收款——应收职工借款——杨阳(122101)  7000

(5) 1 月 23 日,销售商品并收到一张转账支票(No.36956),货税款共计 23 200 元。其中货款 20 000 元,销项税额 3200 元。

  借:银行存款——招行存款(100 201)    23 200
    贷:主营业务收入(6001)      20 000
      应交税费——增值税——销项税额(22210102)  3200

(6) 1 月 31 日,采购原材料一批,货款 18 100 元,收到一张税率为 16% 的增值税专用发票。当即开出一张转账支票支付全部款项 20 996 元。

  借:原材料(1403)         18 100
    应交税费——增值税——进项税额(22210101)  2896
    贷:银行存款——招行存款(100201)    20 996

3. 银行对账期初数据

单位日记账调整前余额为 185 000 元,有银行已收而企业未收的未达账(2018 年 12 月 20 日)15 000 元。银行对账单调整前期初余额为 200 000 元。

4. 2019 年 1 月银行对账单(见表 8-10)

表 8-10  2019 年 1 月银行对账单

| 日期 | 结算方式 | 票号 | 借方金额 | 贷方金额 | 余额 |
|---|---|---|---|---|---|
| 2019.01.08 | 转账支票 | 1122 | | 1000 | 199 000 |
| 2019.01.22 | 转账支票 | 1234 | 6000 | | 205 000 |
| 2019.01.23 | 转账支票 | 36956 | 23 200 | | 228 200 |

## 实验四  总账期末业务处理及账簿管理

**实验准备**

已经完成了实验三的操作，可以引入教学资源中的"311 账套备份\实验三备份"。将系统日期修改为"2019 年 1 月 31 日"，由操作员"KJZW"(密码：123456)注册进入"用友 U8 V10.1"企业应用平台。

**实验要求**

1. 定义"应交税费——未交增值税"自定义转账分录和结转期间损益的转账分录。
2. 生成期末自动结转的转账凭证。
3. 审核凭证并记账。
4. 查询"6601 销售费用"三栏式总账，并联查明细账及第 2 号付款凭证。
5. 查询余额表并联查专项资料。
6. 查询"6602 管理费用"明细账。
7. 定义"6602 管理费用"多栏账。
8. 查询部门总账(财务部)。

**实验资料**

1. "应交税费——应交增值税——销项税额(22210102)"贷方发生额减去"应交税费——应交增值税——进项税额(22210101)"借方发生额，转入"应交税费——未交增值税"。
2. "期间损益"转入"本年利润"。

## 实验五  薪资系统初始化

**实验准备**

已经完成了实验三的操作，可以引入教学资源中的"311 账套备份\实验三备份"。将系统日期修改为"2019 年 1 月 8 日"，由操作员"KJZW"(密码：123456)注册进入"用友 U8 V10.1"企业应用平台。

**实验要求**

1. 启用"薪资管理"系统(启用日期:2019年1月1日)。
2. 建立工资账套。
3. 基础设置。
4. 设置工资项目。
5. 设置人员档案。
6. 设置计算公式。

**实验资料**

**1. 311账套工资系统的参数**

工资类别为"单个",工资核算本位币为"人民币",从工资中代扣所得税,个人所得税的扣税基数为"5000元",不进行扣零处理,人员编码与公共平台的人员编码保持一致,薪资管理系统的启用日期为"2019年1月1日"。

**2. 工资项目**(见表8-11)

表8-11 工资项目

| 工资项目名称 | 类 型 | 长 度 | 小 数 | 增减项 |
|---|---|---|---|---|
| 基本工资 | 数字 | 8 | 2 | 增项 |
| 餐补 | 数字 | 8 | 2 | 增项 |
| 通信补贴 | 数字 | 8 | 2 | 增项 |
| 交通补贴 | 数字 | 8 | 2 | 增项 |
| 奖金 | 数字 | 8 | 2 | 增项 |
| 病假扣款 | 数字 | 8 | 2 | 减项 |
| 事假扣款 | 数字 | 8 | 2 | 减项 |
| 社会保险 | 数字 | 8 | 2 | 减项 |
| 住房公积金 | 数字 | 8 | 2 | 减项 |
| 个人上年平均工资 | 数字 | 2 | 2 | 其他 |
| 病假天数 | 数字 | 2 | 1 | 其他 |
| 事假天数 | 数字 | 2 | 1 | 其他 |

**3. 人员档案**(见8-12)

表8-12 人员档案

| 职员编号 | 人员姓名 | 所属部门 | 人员类别 | 银行名称 | 银行代发账号 |
|---|---|---|---|---|---|
| 1 | 张建 | 行政部(1) | 在职人员 | 招商银行 | 11022033001 |
| 2 | 宁静 | 行政部(1) | 在职人员 | 招商银行 | 11022033002 |

(续表)

| 职员编号 | 人员姓名 | 所属部门 | 人员类别 | 银行名称 | 银行代发账号 |
|---|---|---|---|---|---|
| 3 | 张薇 | 财务部(2) | 在职人员 | 招商银行 | 11022033003 |
| 4 | 陈峰 | 财务部(2) | 在职人员 | 招商银行 | 11022033004 |
| 5 | 刘强 | 财务部(2) | 在职人员 | 招商银行 | 11022033005 |
| 6 | 杨阳 | 采购部(301) | 在职人员 | 招商银行 | 11022033006 |
| 7 | 陈强 | 销售部(302) | 在职人员 | 招商银行 | 11022033007 |

4. 计算公式

事假扣款=(基本工资/20.83)*事假天数
病假扣款=(基本工资/20.83)*病假天数*0.5
销售部的交通补助为 200 元，其他人员的交通补助为 60 元。
每人每月餐补 300 元，通信补贴 60 元。
社会保险=个人上年平均工资*0.10
住房公积金=个人上年平均工资*0.12

# 实验六　薪资业务处理

### 实验准备

已经完成了实验五的操作，引入实验五备份。将系统日期修改为"2019 年 1 月 31 日"，由操作员"KJZW"（密码：123456）注册进入"用友 U8 V10.1"企业应用平台。

### 实验要求

1. 录入并计算 1 月份的工资数据。
2. 扣缴个人所得税。
3. 分摊工资并生成转账凭证。
4. 月末处理。

### 实验资料

#### 1. 扣税基数

个人所得税应按"实发工资"扣除 5000 元后计税。

**2. 2019年1月有关的工资数据(见表8-13)**

表8-13  2019年1月有关的工资数据

| 职员编号 | 人员姓名 | 所属部门 | 基本工资 | 奖金 | 病假天数 | 事假天数 | 个人上年平均工资 |
|---|---|---|---|---|---|---|---|
| 1 | 张建 | 行政部 | 6000 | 800 | | | 7000 |
| 2 | 宁静 | 行政部 | 5000 | 800 | 2 | | 5800 |
| 3 | 张薇 | 财务部 | 6000 | 800 | | 1 | 6800 |
| 4 | 陈峰 | 财务部 | 4800 | 800 | | | 5600 |
| 5 | 刘强 | 财务部 | 4500 | 1000 | | | 5000 |
| 6 | 杨阳 | 采购部 | 3800 | 1200 | | | 5000 |
| 7 | 陈强 | 销售部 | 4200 | 1100 | | | 5000 |

**3. 工资分摊的类型**

工资分摊的类型为"应付工资"和"工会经费"。

**4. 有关计提标准**

按工资总额的2%计提工会经费。

**5. 分摊构成设置(见表8-14)**

表8-14  分摊构成设置

| 计提类型名称 | 部门名称 | 人员类别 | 项目 | 借方科目 | 贷方科目 |
|---|---|---|---|---|---|
| 应付职工薪酬 | 行政部 | 在职人员 | 应发合计 | 管理费用——工资(660203) | 应付工资(2211) |
| | 财务部 | 在职人员 | 应发合计 | 管理费用——工资(660203) | 应付工资(2211) |
| | 采购部 | 在职人员 | 应发合计 | 管理费用——工资(660203) | 应付工资(2211) |
| | 销售部 | 在职人员 | 应发合计 | 销售费用(6601) | 应付工资(2211) |
| 工会经费 | 行政部 | 在职人员 | 应发合计 | 管理费用——工会经费(660205) | 其他应付款(2241) |
| | 财务部 | 在职人员 | 应发合计 | 管理费用——工会经费(660205) | 其他应付款(2241) |
| | 采购部 | 在职人员 | 应发合计 | 管理费用——工会经费(660205) | 其他应付款(2241) |
| | 销售部 | 在职人员 | 应发合计 | 销售费用(6601) | 其他应付款(2241) |

# 实验七 固定资产系统初始化

**实验准备**

已经完成了实验四的操作，可以引入教学资源中的"311账套备份\实验四备份"。将系统日期修改为"2019年1月8日"，由操作员"KJZW"(密码：123456)注册进入"用友U8 V10.1"企业应用平台。

**实验要求**

1. 启用"固定资产"系统(启用日期：2019年1月1日)。
2. 建立固定资产子账套。
3. 基础设置。
4. 录入原始卡片。

**实验资料**

**1. 账套固定资产系统的参数**

固定资产账套的启用月份为"2019年1月"，固定资产采用"平均年限法(二)"计提折旧，折旧汇总分配周期为一个月；当"月初已计提月份=可使用月份－1)"时将剩余折旧全部提足。固定资产编码方式为"2-1-1-2"；固定资产编码方式采用手工录入方法；序号长度为"5"。要求固定资产系统与总账进行对账；固定资产对账科目为"1601 固定资产"；累计折旧对账科目为"1602 累计折旧"；对账不平衡的情况下允许固定资产月末结账。

固定资产入账科目为"1601 固定资产"，累计折旧入账科目为"1602 累计折旧"，减值准备入账科目为"1603 固定资产减值准备"；增值税进项税额缺省入账科目为"22210101 进项税额"；固定资产缺省入账科目为"1606 固定资产清理"。

**2. 部门对应折旧科目(见表8-15)**

表8-15 部门对应折旧科目

| 部门名称 | 贷方科目 |
| --- | --- |
| 行政部 | 管理费用——折旧费(660204) |
| 财务部 | 管理费用——折旧费(660204) |
| 采购部 | 管理费用——折旧费(660204) |
| 销售部 | 销售费用(6601) |

### 3. 固定资产类别(见表 8-16)

表 8-16　固定资产类别

| 类别编码 | 类别名称 | 使用年限 | 净残值率 | 计提属性 | 折旧方法 | 卡片样式 |
|---|---|---|---|---|---|---|
| 01 | 房屋及建筑物 | | | | 平均年限法(二) | 通用样式(二) |
| 011 | 办公楼 | 50 | 2% | 正常计提 | 平均年限法(二) | 通用样式(二) |
| 012 | 厂房 | 50 | 2% | 正常计提 | 平均年限法(二) | 通用样式(二) |
| 02 | 机器设备 | | | | 平均年限法(二) | 通用样式(二) |
| 021 | 办公设备 | 5 | 3% | 正常计提 | 平均年限法(二) | 通用样式(二) |

### 4. 固定资产增减方式(见表 8-17)

表 8-17　固定资产增减方式

| 增加方式 | 对应入账科目 | 减少方式 | 对应入账科目 |
|---|---|---|---|
| 直接购入 | 银行存款——工行存款(100201) | 出售 | 固定资产清理(1606) |
| 投资者投入 | 实收资本(4001) | 投资转出 | 长期股权投资(1511) |
| 盘盈 | 待处理固定资产损溢(1901) | 盘亏 | 待处理固定资产损溢(1901) |
| 在建工程转入 | 在建工程(1604) | 报废 | 固定资产清理(1606) |

### 5. 固定资产原始卡片(见表 8-18)

表 8-18　固定资产原始卡片

| 卡片编号 | 00001 | 00002 | 00003 |
|---|---|---|---|
| 固定资产编号 | 01100001 | 01200001 | 02100001 |
| 固定资产名称 | 1号楼 | 2号楼 | DW计算机 |
| 类别编号 | 011 | 012 | 021 |
| 类别名称 | 办公楼 | 厂房 | 办公设备 |
| 部门名称 | 行政部 | 行政部 | 财务部 |
| 增加方式 | 在建工程转入 | 在建工程转入 | 直接购入 |
| 使用状况 | 在用 | 在用 | 在用 |
| 使用年限 | 30年 | 40年 | 5年 |
| 折旧方法 | 平均年限法(二) | 平均年限法(二) | 平均年限法(二) |
| 开始使用日期 | 2015-01-08 | 2016-05-10 | 2016-06-01 |
| 币种 | 人民币 | 人民币 | 人民币 |
| 原值 | 400 000 | 450 000 | 20 000 |
| 净残值率 | 2% | 2% | 3% |
| 累计折旧 | 37 800 | 25 515 | 8003 |
| 对应折旧科目 | 管理费用——折旧费 | 管理费用——折旧费 | 管理费用——折旧费 |

## 实验八　固定资产业务处理

### 实验准备

已经完成了实验七的操作，可以引入教学资源中的"311 账套备份\实验七备份"。将系统日期修改为"2019 年 1 月 31 日"，由操作员"KJZW"(密码：123456)注册进入"用友 U8 V10.1"企业应用平台。

### 实验要求

1. 修改固定资产卡片。
2. 增加固定资产。

### 实验资料

#### 1. 修改固定资产卡片

将卡片编号为"00003"的固定资产(计算机)的折旧方式由"平均年限法(二)"修改为"双倍余额递减法(一)"。

#### 2. 新增固定资产

2019 年 1 月 31 日，直接购入并交付销售部使用一台"CCK 计算机"，预计使用年限为 5 年，原值为 12 000 元，全部款项以转账支票支付。净残值率为 3%，采用"年数总和法"计提折旧。

## 实验九　固定资产期末处理

### 实验准备

已经完成了实验八的操作，将系统日期修改为"2019 年 1 月 31 日"，由操作员"KJZW"(密码：123456)注册进入"用友 U8 V10.1"企业应用平台。

### 实验要求

1. 折旧处理。
2. 生成增加固定资产的记账凭证。
3. 在总账系统中对未审核的凭证进行审核、记账并进行期末期间损益的结转。

> **提示：**
> 在教学资源中已将完成固定资产业务的账套备份为"311 账套备份/实验九备份"。

## 实验十  报表格式设计

### 实验准备

已经完成了实验九的操作，可以引入教学资源中的"311 账套备份\实验九"。将系统日期修改为"2019 年 1 月 31 日"，由操作员"KJZW"(密码：123456)注册进入"用友 U8 V10.1"企业应用平台。

### 实验要求

1. 设计简易的"利润表"格式。
2. 按"一般企业(2007 年新会计制度科目)"设计利润表的计算公式。
3. 将报表保存至"我的文档"中"311 账套 2019 年 1 月份利润表"。

### 实验资料

1. 表样内容(见表 8-19)

表 8-19  表样内容

| | | |
|---|---|---|
| 1 | 利　润　表 | |
| 2 | 编制单位： | 年　　　月 |
| 3 | 项　　目 | 本 期 金 额 |
| 4 | 一、营业收入 | |
| 5 | 　减：营业成本 | |
| 6 | 　　　营业税金及附加 | |
| 7 | 　　　销售费用 | |
| 8 | 　　　管理费用 | |
| 9 | 　　　财务费用 | |
| 10 | 　加：投资收益(损失以"－"号填列) | |
| 11 | 二、营业利润(亏损以"－"号填列) | |
| 12 | 　加：营业外收入 | |
| 13 | 　减：营业外支出 | |
| 14 | 三、利润总额(亏损总额以"－"号填列) | |
| 15 | 　减：所得税费用 | |
| 16 | 四、净利润(净亏损以"－"号填列) | |

## 2. 报表中的计算公式(见表8-20)

表8-20 报表中的计算公式

| 位　置 | 单　元　公　式 |
|---|---|
| B4 | FS("6001",月,"贷",,年)+FS("6051",月,"贷",,年) |
| B5 | FS("6401",月,"借",,年)+FS("6402",月,"借",,年) |
| B6 | FS("6403",月,"借",,年) |
| B7 | FS("6601",月,"借",,年) |
| B8 | FS("6602",月,"借",,年) |
| B9 | FS("6603",月,"借",,年) |
| B10 | FS("6111",月,"借",,年) |
| B11 | B4-B5-B6-B7-B8-B9+B10 |
| B12 | FS("6301",月,"贷",,年) |
| B13 | FS("6711",月,"借",,年) |
| B14 | B11+B12-B13 |
| B15 | FS("6801",月,"借",,年) |
| B16 | B14-B15 |

# 实验十一　报表数据处理

**实验准备**

已经完成了实验十的操作。将系统日期修改为"2019年1月31日",由操作员"KJZW"注册进入311账套"用友U8 V10.1"系统。

**实验要求**

1. 生成"311账套2019年1月份利润表"数据。
2. 分别将"311账套2019年1月份利润表"保存为*.REP格式和*.XLS格式。

**实验资料**

1. 编制单位为"信一股份有限公司"。
2. 编制时间为"2019年1月"。

## 实验十二　利用报表模板生成报表

### 实验准备

已经完成了实验四的操作，可以引入教学资源中的"311 账套备份\311-4"。将系统日期修改为"2019 年 1 月 31 日"，由操作员"KJZW"(密码：123456)注册进入"用友 U8 V10.1"企业应用平台。

### 实验要求

1. 按"一般企业(2007 年新会计制度科目)"生成 311 账套 1 月份的"资产负债表"。
2. 分别将"资产负债表"保存为*.REP 格式和*.XLS 格式。

### 实验资料

1. 单位名称为"信一股份有限公司"。
2. 编制时间为"2019 年 1 月"。

## 综合实验

### 实验准备

已经完成信一股份有限公司 2019 年 1 月份的业务处理。可以引入教学资源中的"311 账套备份\综合实验一初始数据"。将系统日期修改为"2019 年 2 月 28 日"。

### 实验要求

1. 由操作员"CWCF"(密码：123456)完成总账和固定资产业务的处理；由操作员"KJZW"(密码：123456)完成总账及薪资业务的处理，由"KJLQ"(密码：123456)进行出纳签字。
2. 完成总账业务处理。
3. 完成职工薪酬业务处理。
4. 完成固定资产业务处理。
5. 完成期末业务处理。
6. 利用报表模板生成"资产负债表"和"利润表"。

### 2019 年 2 月发生如下经济业务

(1) 2 月 8 日，采购原材料一批，货款 112 800 元，收到一张税率为 16%的增值税专用发票。当即开出一张转账支票支付全部款项 130 848 元。

(2) 2月8日，以转账支票(1500元)支付行政部办公费。

(3) 2月11日，销售给蒙力公司库存商品一批，开出一张税率为16%的增值税专用发票。货税款180 032元(货款155 200元，税款24 832元)，收到一张180 032元的转账支票。

(4) 2月22日，杨阳报销差旅费2800元(其原借款尚余3000元)交回现金200元。

(5) 2月23日，以转账支票支付销售部房屋租赁费5500元。

(6) 2月28日，采购原材料一批，货款7700元，收到一张税率为16%的增值税专用发票，当即开出一张转账支票支付全部款项8932元。

(7) 2月28日，以转账支票(6500元)支付行政部房屋租赁费(提示：需要增加"660206 管理费用——租赁费(部门核算)"的会计科目后再进行本业务的处理)。

(8) 2月28日，销售给中兴公司产品一批，货款12 890元，开出一张税率为16%的增值税专用发票。收到一张期限为60天，票面值为14 952.4元的商业承兑汇票。

(9) 2月份有关的工资数据如表8-21所示。

表8-21　2月份有关的工资数据

| 职员编号 | 人员姓名 | 所属部门 | 基本工资 | 奖　　金 | 病假天数 | 事假天数 | 个人上年平均工资 |
|---|---|---|---|---|---|---|---|
| 1 | 张建 | 行政部 | 6000 | 900 | 1 |  | 7000 |
| 2 | 宁静 | 行政部 | 5000 | 900 |  |  | 5800 |
| 3 | 张薇 | 财务部 | 6000 | 900 |  |  | 6800 |
| 4 | 陈峰 | 财务部 | 4800 | 900 |  |  | 5600 |
| 5 | 刘强 | 财务部 | 4500 | 1100 |  |  | 5000 |
| 6 | 杨阳 | 采购部 | 3800 | 1400 |  | 2 | 5000 |
| 7 | 陈强 | 销售部 | 4200 | 1500 |  |  | 5000 |

(10) 2月28日，直接购入并交付行政部使用一台"DDC计算机"，预计使用年限为5年，原值为15 000元，全部款项以转账支票支付。净残值率为3%，采用"年数总和法"计提折旧(提示：在固定资产系统的选项中，将编码方式修改为"自动编码"，设置"业务发生后立即制单")。

(11) 2月28日，直接购入并交付销售部使用"金杯XL货车"一台，原值为65 000元，全部款项以转账支票支付。采用"工作量法"计提折旧，预计使用年限为10年，累计工作量200000千米，净残值率为3%(提示：需先增加固定资产类别"机器设备"项下的"运输设备")。

(12) 2月28日，以转账支票支付销售部会议费900元。

(13) 2月28日，结转销售成本133 300元。

(14) 生成自定义结转的转账凭证并审核记账。

(15) 生成结转期间损益的转账凭证并审核记账(提示：由于新增了管理费用的二级科目，在结转期间损益前应重新设置将期间损益结转至"本年利润"的转账分录)。